JN271118

ネットワーク論に何ができるか
「家族・コミュニティ問題」を解く

野沢慎司
NOZAWA Shinji

Social Network Approaches to
the Family-Community Question

勁草書房

まえがき——家族・コミュニティ・ネットワーク

　本書は，都市家族研究と都市コミュニティ研究をネットワーク論によって架け橋する試みである。そのような試みに，どのような意味があるのか。本論に入る前にそれを簡単に説明しておこう。
　家族の研究も，コミュニティの研究も，社会学という学問領域の中では歴史の古い，伝統的な研究分野であり，多くの知見が蓄積されてきた。そして，研究の世界に限らず，都市の家族とコミュニティへの社会的関心はますます強まっているように見える。しかしその一方で，家族についても，コミュニティについても，現代的な固定観念が常識と化して私たちの認識を拘束し，視野を狭め，柔軟な現実理解を妨げている。「核家族化した」という定冠詞をつきで語られる都市家族については，夫婦や親子など家族メンバー間の絆が弱まっており，外部社会から孤立していることが疑いの余地ない大前提とされることが多い。一方，地域社会が崩壊していることが当然視される都市コミュニティについては，子どもであれ，若者であれ，高齢者であれ，あるいは子育て中の母親であれ，都市化した地域に住む者は，人間関係が希薄化し，孤立した存在としてイメージされることが常である。いつ，どこの事例かを特定されない郷愁に満ちた過去の理想化された家族・コミュニティイメージと対比されるこうした「常識」は，実は決して自明ではないにもかかわらず，経験的なデータによって検証されることはめったにない。
　こうした事情は，つい最近まで，社会一般の論議においてだけではなく社会学研究においてもあまり違いはなかった。社会学の世界が拡大するにしたがって，その内部が専門分化して，家族研究者の「コミュニティ」とコミュニティ研究者の「コミュニティ」が分離してしまったことがその一因と考えられる。家族研究者はおもに世帯内の人間関係に焦点を定めて家族関係を分析している。しかし，世帯外の人間関係については，上記のような常識に依拠して，家族関係にあまり影響を及ぼさないものとして視野の外に追いやりがちである。コミュニティ研究者は，居住地域内の世帯外（間）関係にスポットライトを当てて，

まえがき——家族・コミュニティ・ネットワーク

地域社会のなかの関係構造を捉えようとする。しかし，世帯内で（ときには世帯外で）どのような夫婦関係や親子関係が作られ，維持されているのかについては，やはり常識的理解——例えば，性別役割分業化した夫婦が子どもを育てている孤立した核家族というようなイメージ——で満足してしまう傾向があった。それぞれの研究者コミュニティ内では，多様性の現実が発見されても，2つの研究コミュニティを分断する溝が大きいため，両者の関連が真剣に検討される機会はいまだに少ない。

　不確かなイメージが常識化したもうひとつの要因は，家族研究が家族を世帯集団とみなし，コミュニティ研究がコミュニティを居住地域内の集団によって捉えようとする伝統に求めることができるだろう。一緒に暮らしている親族集団こそが家族であると考える傾向は，一緒に暮らしていない親族同士の関係を過小評価する危険性がある。また，コミュニティを近隣に住む者同士の連帯的な関係という狭い意味で捉えてしまうと，離れたところに住む友人や同僚などとの関係を過小評価してしまうことになる。単純化のリスクを承知で言えば，これまでの社会学は，地縁と血縁を過大評価していた。しかし，現代の，とくに都市的環境に暮らす人々にとっては，地縁・血縁以外の様々な「縁」の重要性が高まっている。

　そう考えると，現代都市の家族とコミュニティを論じようとするときに，従来の常識に縛られない視点で，私たちを包み込んでいる人間関係を広く捉える方法論がどうしても必要になる。私たちは，同居・別居の家族・親族との関係をもつだけでなく，職場の同僚や学校のクラスメイト，近隣やもう少し広い範囲の居住地域内の友人・知人，そして遠距離の場所に住む友人や親族，さらに近年では距離が意識されないインターネット上の「コミュニティ」などに，多様な人間関係を築いている。そうした複数の生活領域・交流場面で接触する多様な相手との関係の複雑なマトリックスのなかで私たちの人生は展開しており，家族もコミュニティもそうしたマトリックスのなかの（直接・間接に関連しあう）重要な一部分として理解される必要がある。伝統的な家族研究とコミュニティ研究は，地縁・血縁を基盤とした連帯的な集団・組織に眼を奪われるあまり，それ以外の見えにくい紐帯へのまなざしを決定的に欠いていた。しかし，1990年代以降，こうした状況はかなり改善された。社会的ネットワーク——とりわけその下位概念であるパーソナル・ネットワーク——という概念が日本の社会学に本格的に導入されたためである。この概念を使うことによって，家族とコ

ミュニティを架け橋する分析が可能になった。

　ネットワーク論の系譜は決して新しいものではなく，北米や英国などを中心として，短めに見積もっても半世紀以上の発展史をもっている。私自身は，とりわけ1950年代のエリザベス・ボットの古典的研究と（それを整理・発展させた側面をもつ）バリー・ウェルマンの1970年代末から1990年代にかけての一連の研究に触発され，それを動力源として家族とコミュニティの研究を続けてきた（この二人の貢献を含むネットワーク論の展開については，野沢編・監訳『リーディングス ネットワーク論』〔勁草書房，2006年〕を参照）。ネットワーク概念を応用すれば，高度経済成長期をひとつの転換点として，日本の家族とコミュニティが相互に連動しつつ，どのように変動してきたのか，という問いに新しい視角から解答が出せるように思えたのだ。

　この問いを「家族・コミュニティ問題」と呼ぶことにしよう。ウェルマンの著名な論文のタイトル「コミュニティ問題」(Wellman 1979=2006)を少しだけひねった呼び名である。第一次的紐帯のネットワークという概念を導入してコミュニティをめぐる議論のねじれを明快に解きほぐしたウェルマンだが，家族をブラックボックスとしたまま，世帯内の紐帯を暗黙のうちに分析から排除している点には不満が残る。この点は，先祖返りしてボット（Bott 1955=2006）の着想にまで遡る必要があった。本書は，このような研究系譜に自らを定位し，パーソナル・ネットワークという分析道具を使って，「家族・コミュニティ問題」を多面的に探究した成果を一冊にまとめたものである。

*

　「家族・コミュニティ問題」を明示的に追究しているのは，冒頭の第1章である。東京郊外と伝統的地方都市における調査から得られた数量データと質的データの両方を使って，夫婦関係と夫妻それぞれのパーソナル・ネットワークとの関連を分析したこの章は，上述した家族とコミュニティの連動的な変動の帰結を地域比較という視点から傍証する試みである。続く各章は，必ずしも「家族・コミュニティ問題」を掲げていないが，この問いへの解答のバリエーションを成している。

　第2章では，改めて社会的ネットワーク論の基本概念およびその理論的志向性を解説しながら，ネットワーク論を家族に応用する意義を論じている。さらに，既存研究を幅広くレビューしながら，第1章の知見を高度経済成長期の家

族・コミュニティ再編成という文脈から再解釈する。

第3章は，東京圏の核家族世帯の妻と夫と子どもの3者を対象とした調査データを使用して，3者それぞれのパーソナル・ネットワークの構造が核家族の連帯の強さとどう関わっているかという問題を扱っている。第1章では，ボット同様，「家族・コミュニティ問題」を夫婦という2者関係に限定して検討したが，この章ではさらに親子関係を含めた核家族に対象を拡張している。

第4章は，東京23区内のインナーサバーブに居住する若年未婚者を対象とした調査データに基づき，結婚意欲のネットワーク分析を試みたものである。コミュニティが崩壊したとされる，現代の個人化した結婚という常識的イメージに反するような，ネットワーク現象としての結婚に光を当てる。そして，未婚化・晩婚化についての「パラサイト・シングル」論仮説を批判的に検討している。

第5章は，東京都内の5市区の居住者を対象とした調査データから，居住地選好に関わる意識とパーソナル・ネットワークの関連を分析している。人は孤立した消費者として住宅市場のなかで自由にどこに住みたいかを考えるわけではなく，居住地選択が個人のネットワークから影響を受ける傾向が見出された。これは，居住地移動はネットワークの再編行動であり，ネットワークが移動を誘発する（あるいは抑止する），という視点の有用性を示唆している。

第6章では，マクロな社会変動下のミクロな個人の自己形成過程に着目し，親子関係のような強い紐帯と知人などの弱い紐帯の双方が人生航路の軌跡にそれぞれ異なった作用をもたらす過程を考察する。東京都心の下町地域に暮らすひとりの職人への生活史インタビューの事例から，高度経済成長期前後の東京における社会変動とライフコースの変容を読み解くという無謀な試みではあるが，ライフコース論とネットワーク論の交差が豊かな洞察をもたらす可能性を例証できているなら幸いである。

結論的な位置づけの第7章では，ネットワーク論を家族研究に応用する意義を再度論じる。個人化，ライフスタイル化など家族社会学が近年よく取り上げてきたテーマを再検討しながら，ネットワーク論の視点から，いわゆる「パラダイム転換」論の陥穽を批判的に論じている。最近の内外の諸研究を整理したうえで，現代の家族変動を導く要因として自律促進と拘束強化（あるいは解放と連帯）というネットワークの構造効果の二面性に注意を促している。ネットワークがもたらす効果のこうした二面性は，本書全体に通底する主題だと言って

まえがき——家族・コミュニティ・ネットワーク

もよい．

＊

　各章は，いずれも既発表の論文である．発表からいくぶん時間が経ったものもあり，新たな関連文献や文章を補いたい部分が少なくないものの，加筆・修正は最小限に止めた．初出は以下の通りである．

　【第1章】「パーソナル・ネットワークのなかの夫婦関係——家族・コミュニティ問題の都市間比較分析」松本康編『増殖するネットワーク』勁草書房，1995年．
　【第2章】「家族研究と社会的ネットワーク論」野々山久也・渡辺秀樹編『家族社会学入門——家族研究の理論と技法』文化書房博文社，1999年．
　【第3章】「核家族の連帯性とパーソナル・ネットワーク——夫婦・親子間紐帯の構造分析」『季刊家計経済研究』第49号，2001年．
　【第4章】「未婚者の結婚意欲とパーソナル・ネットワーク——関係構造の圧力効果と満足度の効果」財団法人家計経済研究所編『若年世代の現在と未来』国立印刷局，2005年．
　【第5章】「定住意志を決めるもの——ネットワークのなかの定住と移住」松本康編『東京で暮らす——都市社会構造と社会意識』東京都立大学出版会，2004年．
　【第6章】「職人の生活史と東京下町の変貌——時代と磁場と自我のジレンマ」倉沢進先生退官記念論集刊行会編『都市の社会的世界』UTP制作センター，1998年．
　【第7章】「ネットワーク論的アプローチ——家族社会学のパラダイム転換再考」野々山久也・清水浩昭編『家族社会学の分析視角——社会学的アプローチの応用と課題』ミネルヴァ書房，2001年．

＊

　ネットワーク論に依拠して研究を開始した当初の展望に比べると，「家族・コミュニティ問題」研究の肥沃な領土のほんの一角が開拓されたに過ぎない．ネットワーク論に何ができるか，という自問と挑戦は当分続くことになる．しかし，このささやかな中間報告でさえ，私自身のネットワークを介してつなが

まえがき——家族・コミュニティ・ネットワーク

る多くの師や学友からの導きと支えなくしてはありえなかった。この場を借りて心より感謝の意を表したい。

　私にとっての都市社会学的父である大学院時代の指導教授，倉沢進先生には長年にわたってご指導いただいてきた。本書の第6章は大学院生時代の倉沢ゼミでのフィールドワークの成果を発展させたものである。同様に大学院時代から今まで指導を仰いできた家族社会学的父，石原邦雄先生は，本書の第2章や第7章の原型になった研究報告を後押ししてくださった。私は，1995-96年に滞在したトロント大学のバリー・ウェルマン先生とボニー・エリクソン先生の教えによって，ネットワーク思考に開眼した。その後もネットワーク分析の間口の広さと奥行きの深さを教えられ続けているが，その影響は本書全体に及んでいる。学部生時代の指導教授，井門富二夫先生，そして客員教授として筑波大学滞在中に学生の私を調査助手として雇って実地教育してくださった（そして十数年後にカナダと静岡で再会した直後に急逝された）故アドルフ・エーレントラウト先生（元ウィンザー大学教授）は，私を社会学研究の世界へと導いてくださった。また，私が勝手に家族社会学的祖父と仰いでいる森岡清美先生には，個人的にご指導や励ましをいただいてきた。さらに，高橋勇悦先生，森岡清志先生，園部雅久先生，牛島千尋先生，藤崎宏子先生，大江守之先生など，お名前を挙げきれない多くのメンターから受けた学恩に深謝したい。

　私の研究歴は，そのほとんどが共同研究によって成り立っている。本書の第1章はニッセイ基礎研究所の共同研究プロジェクト，第5章は東京都立大学都市研究所における共同研究プロジェクトの成果の一部である。いずれも松本康氏のリーダーシップによるもので，氏からは長年にわたって知的刺激を受け続けている。また，第3章と第4章は，いずれも家計経済研究所の研究プロジェクトへの参加から生まれた成果である。永井暁子氏や久木元真吾氏をはじめとする共同研究者との協働から学んだことは限りない。本書で触れ得なかった別のプロジェクトでの共同研究者であり，折々のメール交換によって社会学のおもしろさを繰り返し思い出させてくれた旧知の学兄，竹中英紀氏と江上渉氏の友情に感謝したい。また畏友稲葉昭英氏にも共同研究などを通して深い学恩を負っている。やはり本書で触れることのできなかったいくつかの共同プロジェクトのメンバーを含む前勤務先の静岡大学人文学部と現勤務先の明治学院大学社会学部の同僚諸氏にも様々に助けられ，導かれてきた。重ねて感謝したい。

　勁草書房編集部の徳田慎一郎氏には，早くに本書の出版企画を快諾いただき

ながら，私の怠慢により出版が遅れることになってしまった。ねばり強く支えていただいたことをありがたく思う。なお，本書の出版にあたっては，明治学院大学学術振興基金による2008年度出版補助金を得たことを記して，謝意を表したい。

2009年2月

白金台の研究室にて

野沢慎司

ネットワーク論に何ができるか
「家族・コミュニティ問題」を解く

目次

目次

まえがき——家族・コミュニティ・ネットワーク

第1章　家族・コミュニティ問題——ネットワークのなかの夫婦関係

1. コミュニティ研究と家族研究の交差　1
   (1) 家族・コミュニティ問題
   (2) 夫婦関係とパーソナル・ネットワーク
2. 家族・コミュニティ問題の都市間比較分析　6
   (1) 朝霞と山形の比較調査
   (2) 地域定着型社会と地域移動型社会
   (3) 夫婦間の援助とネットワークからの援助
   (4) 夫婦の絆とネットワーク——競合か両立か
   (5) 夫婦の絆を規定するもの——世帯内要因とネットワーク要因
3. 磁場としてのネットワークと家族　27
   (1) 2つの都市に共通する傾向
   (2) 山形の特性——夫の地縁的ネットワークと妻への情緒的依存
   (3) 朝霞の特性——職場・近隣ネットワークのなかの性別役割分業
   (4) 磁場としてのネットワークと夫婦家族
4. 現代日本の家族・コミュニティ変動　46

第2章　ネットワーク論の意義と方法——家族研究への応用

1. ネットワークのなかの家族　51
2. 社会的ネットワーク論とは何か　52
   (1) ネットワーク論の理論的視角
   (2) ネットワークの把握
   (3) 家族研究への応用
3. ネットワークのなかの家族／ネットワークとしての家族　57
4. 資源としてのネットワーク／拘束としてのネットワーク　60
5. 家族とネットワークの変動論——空間と構造　63

6．家族・ネットワーク論の展望　66

第3章　核家族の連帯性とネットワーク

1．個人化する家族／連帯する家族　69
2．家族の連帯とパーソナル・ネットワーク　70
3．データと方法　72
　(1)　サンプルとデータの特性——首都圏核家族の夫・妻・子ども
　(2)　変数構成と分析手続き
4．分析結果——家族関係構造とネットワーク構造　78
　(1)　世帯特性と家族紐帯の強さ
　(2)　世帯外ネットワークと家族紐帯の強さ
　(3)　家族紐帯の強さを従属変数とした重回帰分析
5．考察と結論——家族の個人化とパーソナル・ネットワークの構造　85

第4章　若年世代の結婚意欲とネットワーク

1．結婚はネットワーク現象か　89
　(1)　親子関係と結婚は競合するのか
　(2)　友人ネットワークの連帯は結婚を抑制するか
　(3)　職場は結婚を促進／抑制する要因となっているか
　(4)　女と男では結婚の見え方がどう違うのか
2．分析枠組と主要な変数——結婚意欲・親子関係・ネットワーク・職業満足度　95
　(1)　データ
　(2)　従属変数——結婚意欲
　(3)　統制変数としての個人属性変数——年齢・教育年数・年収・職種
　(4)　独立変数——親子関係・職業・ネットワーク
3．結婚意欲を規定する要因　103
　(1)　統制変数・独立変数と従属変数との相関
　(2)　重回帰分析の結果
4．結婚意欲に対するネットワーク効果とジェンダー　109

(1)　親子間の支援関係は結婚意欲を高める
　　　(2)　友人中心のネットワークは恋人のいない女性の結婚意欲を低減させる
　　　(3)　恋人を含む密度の高いネットワークは女性の結婚意欲を高める
　　　(4)　同僚中心ネットワークは男性の結婚意欲を低める
　　　(5)　恋人のいない女性には仕事と結婚のトレードオフ関係が妥当する
　　　(6)　ジェンダーによって異なる結婚をめぐるネットワーク効果

第5章　ネットワークのなかの定住と移住

　　1．ライフコースの脱標準化と住み替えパターンの多様化　　113
　　2．定住・移住志向とパーソナル・ネットワーク　　116
　　3．対象者3グループの個人・世帯特性とネットワーク特性　　118
　　4．現住地での定住意志　　127
　　　(1)　サンプル全体の傾向
　　　(2)　高齢既婚者層
　　　(3)　若年未婚者層
　　　(4)　若年既婚者層
　　5．現住市区内での定住意志　　130
　　　(1)　サンプル全体の傾向
　　　(2)　高齢既婚者層
　　　(3)　若年未婚者層
　　　(4)　若年既婚者層
　　6．定住と移住を方向付けるネットワーク　　134

第6章　生活史とネットワーク――時代と磁場と自我のジレンマ

　　1．都市の社会的世界と個人史　　137
　　2．東京下町と時代の文脈　　140
　　3．和家具職人の世界とその変容――親父の時代　　143
　　4．自我と磁場――父親との葛藤　　146
　　5．職人と営業マンの狭間――人生の遠回り　　149
　　6．空間をめぐるジレンマ――下がるか留まるか　　151

7. 下町の変貌　157
8. 時代と磁場と自我のジレンマ　159

第7章　ネットワーク論の可能性 ── 家族社会学のパラダイム転換再考

1. なぜネットワークなのか　163
2. 家族は集団ではないのか　164
   (1) 分析概念としてのネットワーク
   (2) 認知ネットワークとしての家族
   (3) 仮説としての家族集団
3. 個人化する家族／ライフスタイル化する家族　170
   (1) アイデンティティとネットワーク
   (2) サポートとネットワーク
   (3) 家族の個人化とネットワーク
   (4) 家族のライフスタイル化とネットワーク
4. ネットワーク現象としての家族　177

参考文献／索引

第1章　家族・コミュニティ問題
―― ネットワークのなかの夫婦関係

1．コミュニティ研究と家族研究の交差

(1) 家族・コミュニティ問題

　1980年代以降，コミュニティ研究と家族研究は，いずれも方法論的なパラダイム転換を経験しつつあるという認識が広がっている。このふたつの領域における方法論的革新の背後に共通に存在しているのは，これまでのコミュニティ研究および家族研究が前提としていた方法論的視角では，現在進行しているコミュニティおよび家族の変動を正確に把握できないのではないかという認識である。

　おもに都市社会学の領域で展開されてきたコミュニティ論のなかでは，一定の地理的範域としての地域（あるいは近隣）を分析の単位として，居住地の近接を前提とした社会関係や社会集団の形成・維持に分析の焦点が限定されがちであったが，こうした研究視角に対する批判的検討を通して新たな研究アプローチが登場してきた。個人を分析単位とし，居住の近接によらず空間的に多様な距離にある相手との紐帯を含むパーソナル・ネットワークとしてのパーソナル・コミュニティの研究がそれである。

　B. ウェルマンは，大規模な社会システムの分業が様々な第一次的紐帯の組織のされ方やその内容にどのようなインパクトを与えているのかを問う「コミュニティ問題」こそがコミュニティ研究の主題であったはずだと再規定し，このコミュニティ問題を追究する方法としてパーソナル・ネットワーク論に依拠する (Wellman, 1979=2006)。従来の地域限定型のコミュニティ研究の枠内での「コミュニティ喪失論」からそれへの反証としての「コミュニティ存続論」へというこれまでの議論の展開に対して，第3の仮説としての「コミュニティ解

放論」を提示し，現代のマクロレベルの社会変動は，地理的に分散し，領域ごとに分岐した構造をもつネットワークのなかに暮らす個人を生み出していることを，都市居住者のパーソナル・ネットワークに関する経験的研究から明らかにしようとしている。同様にネットワークとしてのパーソナル・コミュニティという概念に依拠するC.フィッシャーは，とくに都市化あるいは都市居住の与えるインパクトに焦点を絞った議論を展開している。都市を多様で非通念的な下位文化を増殖・強化する場と捉える「下位文化理論」の立場から経験的調査を行い，いわば都市的環境がコミュニティ解放化を促進することを明らかにしている（Fischer 1982=2002, 1984=1996）。北米におけるこれらの先行研究の影響を受けながら，日本においても理論的・方法論的検討（前田1991；松本1992a など）や経験的研究（大谷 1992；野沢 1992b；前田 1993b；松本 1994a など）が展開し始めた[1]。

一方，家族社会学の分野では，これまで支配的であった集団論的アプローチの限界が指摘されるようになった（落合 1989：6章）[2]。日本における集団的アプローチによる家族研究の主導者のひとりであった森岡清美も，現在進行しつつあると考えられる「家族の個人化」という現象を論じる際に，小集団としての家族から「関係複合態としての家族」への変化として捉える視点を提示するに至っている（森岡 1993：215）。こうした指摘がなされる背後には，（半ば）閉じた集団としての家族を外部環境（とりわけ世帯外部の社会関係）から切り離したうえで世帯内の夫婦関係や親子関係などの家族関係を分析する研究や，集団としての家族を分析の単位として親族関係などの世帯間関係を分析する研究では，現代の家族の状況を充分に説明できないという認識がある。たとえば，コミュニティと家族をともに個人のネットワークと捉えることによって，「さらにコミュニティと家族との境界があいまいになって，状況により『家族』の範囲が伸縮するような極めて刺激的かつ現代的な家族論への展望も開けてくる」と主張する落合（1993：102）の見解は，こうした認識を反映している。

このようなコミュニティ研究と家族研究における方法論的視座の転換は，こ

---

1 1980年代における日本の都市コミュニティ研究を概観・整理した松本（1994）は，コミュニティ・モデルの転換およびアーバニズム理論・コミュニティ理論の革新が進行しつつあることを示唆している。
2 日本における家族研究の歴史的動向を整理した石原（1992）は，1980年代を集団論パラダイムの動揺期と位置づけている。

れまでのところほぼ独立した研究潮流として並行して展開しているのが現状である。前者は，基本的に個人を分析の単位とし，世帯外の社会的ネットワークのみを分析の対象としてきた。後者は，集団としての家族が内部あるいは外部にもっている社会関係のいずれかのみを対象とすることが多かった[3]。だが，ウェルマン（Wellman 1979=2006）による上述の「コミュニティ問題」に関する再規定に準拠すれば，家族内関係研究とコミュニティ研究は，ともに「大規模な社会変動の影響下で今日の人間関係がどのような性格をもつようになっているか」という同一の基本的な関心に基づくものであったはずである（Wellman & Wellman 1992：385）。家族とコミュニティそれぞれの変動を正確に捉えようとすれば，家族領域とコミュニティ領域の相互の関連をみる必要がある。

　現代の社会変動の文脈のなかで，家族とコミュニティが相互にどのように関連しあい，どのように変容しているのか，という問いを，ここでは「家族・コミュニティ問題」と呼びたい[4]。本章の目的は，この家族・コミュニティ問題にアプローチするひとつの試みとして，現代の夫婦関係と夫婦それぞれの世帯外のパーソナル・ネットワークとの相互連関をとくに都市化との関連から追究することにある。こうした研究の視角と問題の焦点を検討したうえで，東京の近郊都市（朝霞市）と地方都市（山形市）の夫婦を対象とした調査データの比較分析を通して，この問題への解答の手がかりをつかみたい。

(2) 夫婦関係とパーソナル・ネットワーク

　パーソナル・ネットワーク研究の源流のひとつであり，家族・コミュニティ問題にとって古典的な重要性をもっているのが，イギリスの人類学者E.ボットの『家族と社会的ネットワーク』に関する研究である（Bott 1971 [1957], 1955=2006）。彼女は，ロンドン在住の家族20ケースにインタビューし，そこから魅力的な仮説を導き出した。すなわち，夫婦の役割分離の程度は，家族がもっている社会的ネットワークの結合度（密度）によって直接的に変化するという仮説である。そして，ネットワークに含まれる人々の多くが互いに知り合い

---

[3] 日本で1970年以降に発表された夫婦関係に関する家族社会学関連の論文を広範にレビューした長津ほか（1996）は，夫婦関係と家族の外部体系との関連を扱った研究が希少であると指摘している。

[4] こうした問題設定に向けて，これまでの理論的，経験的研究の潮流を整理したものとして，野沢（1992a）を参照。

であるような緊密なネットワークをもつ家族では夫婦関係が分離的になり，逆にネットワークに含まれる人々が相互に接触をもたないような緩やかなネットワークに囲まれた家族においては，夫婦関係が合同的になる，と主張した。

彼女は，家族のネットワークと夫婦役割関係との間にこのような規定関係が成立する根拠を次のように説明する。すなわち，緊密なネットワークでは，ネットワーク内のメンバー間に規範的な合意が成立しやすい。そうしたネットワークのメンバーは，相互にその規範に同調するように一貫してインフォーマルな圧力をかけ合い，相互に接触を保ち，援助し合おうとする。妻も夫も世帯外のネットワークから援助を得られるため，配偶者に頼る必要がなく，分離的な夫婦役割関係が成立し得る。一方，緩やかなネットワークのなかにはこうした一貫した規範は成立しにくい。世帯外ネットワークからの社会的コントロールや援助はばらばらで一貫性のないものになりがちなので，夫婦間で情緒的な満足を求めたり，夫婦が協力して家族内の仕事をこなす必要がでてくる，というのである（Bott 1971：60）。

ボットの研究は，家族をとりまく社会的環境（コミュニティ）を組織化された集団としてではなく社会的ネットワークとして捉え，家族内の領域にある夫婦関係との関連を追究したという点で画期的であり，後続の研究に影響を与えた。この仮説に関して，多様な調査地で，数量的なデータ分析を含む多くの追試研究が行われた。これらの後続研究は，必ずしもボット仮説を支持せず，むしろボット仮説や後続研究における方法論的な問題点を浮き彫りにした[5]。しかし，方法論的な問題ばかりでなく，ボットの仮説が成立し得るような社会的条件が消失しつつあるのではないかという新たな論点が近年になって出された。先に触れたコミュニティ解放論を主張するウェルマンらの研究がそれである。

ウェルマンとウェルマンは，1978年にトロントで行われた既婚男女20人を対象としたインタビュー調査のデータ分析から，夫婦間の援助と世帯外ネットワークからの援助は，ボット説のように競合し合うものではなく，両立している，という知見を導き出した。夫婦間の援助の程度もネットワークからの援助の程度も家族の状況によって多様性をみせるが，夫婦間の援助が少なく世帯外ネットワークからの援助のみが多いというパターンだけはほとんどみられなかった。つまり，きわめて援助的な世帯外ネットワークの形成は，相互に援助的な夫婦

5　ボット仮説および後続研究の方法論的問題点については，藤崎（1981）が詳しい検討をしている。なお，ボット自身による後続研究のレビュー（Bott 1971: 248-330）も参照。

関係にある場合に限られるようにみえた。彼らは，ボット仮説に反するこのような知見を，(1)コミュニティ解放化，(2)コミュニティの私化あるいは家庭中心化，(3)世帯内ニーズ説，という3つの論点から説明している（Wellman & Wellman 1992)。

第1に，1950年代のイギリスと比較すると，社会階層および居住地の面で社会移動が増大している1970年代以降の北米の都市社会では，パーソナル・ネットワークとしてのコミュニティが，前述のように狭い居住地域内の一元的な連帯性から解放されて，地理的に分散し，生活の領域ごとに分岐した構造をもつものへと全般的に変化してしまった。そのため，ボットが観察したような，世帯外のネットワークに規範が生じて夫婦間の関係をコントロールするほどの強い連帯性をもつ状況が一般に消失してしまった。

第2に，このように変化したパーソナル・コミュニティは，近隣などの公的空間から切り離された家庭という私的な空間を中心にして維持されている。コミュニティは，居住地の離れたネットワーク・メンバー間で，家庭を訪問し合ったり電話をかけ合うというかたちで，家庭を中心に私的な接触を通じて選択的に維持される傾向を強めた。こうしたネットワーク維持に中心的な役割を果たしているのは女性であるが，家庭を中心に夫婦が世帯外のネットワークに一緒に関わることが多いため夫婦間の結びつきは強められている。

第3に，このようなネットワークをもつ夫婦は，子どもの年齢や妻の就業状態などによって増減する世帯内のニーズにしたがって，配偶者および世帯外のネットワークから援助を調達する。したがって，援助ニーズが大きい世帯は，夫婦間での援助のやりとりも世帯外のネットワークからの援助も増えるが，ニーズが少ない状況では夫婦間およびネットワークからの援助のいずれも減少する。ただし，基本的に夫婦間の紐帯を世帯外の紐帯よりも優先するために，夫婦間の援助が多いが世帯外のネットワークからの援助は少ないという状況はありえても，その逆の状況は出現しがたい。

以上が，コミュニティ解放論の延長線上で主張されているウェルマンらの論点である。彼らがボット説に対して加えた修正点は，(1)夫婦関係と世帯外ネットワークとの間の規定関係は，世帯の中からその外側にあるネットワークをコントロールする方向へと働いているのであり，その逆ではない，(2)もっとも援助的なネットワークは，もっとも援助的な夫婦関係と競合するのではなく，両立している，という2点である。彼らの主張は，ボット仮説のなかに明示され

た基本軸上の一方の極に位置づけられていた（夫婦が分離的に維持している）緊密なネットワークの存在が極少化し，もう一方の極に位置づけられた緩やかなネットワークの存在（コミュニティ解放化）が一般化するような社会変動によって，ボット仮説の妥当性が弱められたとする見解であると言い換えることができる。

しかし，北米トロントの少数のサンプルを対象としたウェルマンら（Wellman & Wellman 1992）の研究に対しては，次のような疑問が残る。第1に，彼らの対象者が世帯内ニーズを規定するライフステージの面で多様な人々を含んでいたのに対し，ボットの調査対象サンプルは，幼少の子どもをもつライフステージの家族に限定されており，世帯内ニーズを一応コントロールしたうえで，夫婦関係と世帯外ネットワークのバリエーションを問題にしていた。世帯内特性に関する変数の影響をコントロールしても，夫婦関係とネットワークの両立説は成り立つのかどうか，より大きなサンプルで検証してみる必要がある。第2に，ウェルマンらの研究は，現代の社会のなかでも，トロントというとりわけ移動性の高い，都市的な環境におけるサンプルの傾向を一般化している。しかし，フィッシャーの研究（Fischer 1982=2002）が示していたように，パーソナル・ネットワークとしてのコミュニティの解放化の傾向は，居住地の都市度の高さなどによって促進されると考えられる。社会全体の都市化，移動性の進展が夫婦関係とネットワークとの関連性を変化させたとするウェルマンらの論点を検証する意味でも，異なる環境にある地域間の比較研究が要請される。第3に，知見の一般化という点に関わるが，北米の都市社会とは，家族やコミュニティの変動の点で社会・文化的文脈を異にすると思われる日本の都市社会において，同様の傾向が確認されるのかどうか，比較検討の余地がある。私自身の関心からすれば，むしろ現代の日本における家族・コミュニティ問題を探究するうえで，北米での知見を比較の対象とすることになる。

2．家族・コミュニティ問題の都市間比較分析

(1) 朝霞と山形の比較調査

以上のような問題関心から，首都圏の郊外都市である埼玉県朝霞市と地方都市のひとつの典型としての山形市で行った調査のデータをもとに，現代日本社会における家族・コミュニティ問題へのひとつの解答を模索したい。ここで扱

うのは，朝霞市と山形市に居住の夫の年齢が20歳から65歳までの夫婦（妻と夫）を対象とし，層化二段無作為抽出法によって得られた大量サンプル（標本数，各地域620組）に対する調査票調査（留置き法）と，両都市の夫婦各5組（合計20人）に対して行われた事例研究的な半構造化インタビューから得たデータである。大量調査票調査からは，朝霞市で402組，山形市で453組（回収率はそれぞれ64.8%，73.1%）の有効回収票を得た。以下の分析においては，おもに調査票調査データを使用し，分析結果の解釈等において夫婦インタビュー調査の結果を援用することにする。分析の主眼は，夫婦間の援助関係が，世帯外のネットワークの特性やそこからの援助とどのように関連しあっているか，という点を両地域の比較を中心に明らかにすることにある[6]。

以下の分析において主要な変数となる調査項目は，対象となった妻と夫それぞれの世帯外パーソナル・ネットワークの関係別・距離別規模，世帯外ネットワークからの援助および配偶者からの援助に関するいくつかの項目である。これらについては，妻と夫それぞれに対する調査票から個別にデータを得ている。ネットワークに関しては，「別居の親類の方（両親も含む）」，「職場の方（同僚，上司，部下など）」，「近所の方」，「（上記以外の）友人の方」という4つの関係カテゴリー別に，「日頃から何かと頼りにし，親しくしている」人数を回答してもらった（この人数を，以下ではそれぞれ，親族数，職場関係数，近隣関係数，友人数と呼ぶ）。なお，近隣関係以外の3種のネットワーク規模は，相手との居住地間距離別に回答してもらった[7]。世帯外ネットワークからの援助に関しては，実用的なものから情緒的なものまでを含む6つの援助項目について，①別居している親または子（直系核親族），②それ以外の親戚（拡大親族），③職場の人，④近所の人，⑤その他の友人，のそれぞれから該当するカテゴリーを複数回答で答えてもらった[8]。各カテゴリーが回答された回数を足し上げたものを，それぞれ直系核親族依存度，拡大親族依存度，職場援助依存度，近隣援助依存度，友人

---

[6] この調査は，ニッセイ基礎研究所との共同研究プロジェクトとして行われた（研究主査：松本康・野沢慎司）。調査票調査は，1993年6月から7月，夫婦インタビュー調査は，同年11月に実施された。調査の方法，内容，基礎的な分析結果などの詳細に関しては，ニッセイ基礎研究所（1994）を参照。

[7] どのような交通機関を利用するかにかかわらず，通常の所要時間として，①30分以内，②30分から1時間以内，③1時間から2時間以内，④2時間以上，の4カテゴリーごとに該当する人数を回答してもらった。なお，「近所」がどの範囲かは，回答者の主観に依存している。

援助依存度と呼ぶことにする。

　妻と夫がそれぞれ配偶者から得る援助に関しては，夫婦間のコミュニケーションにかかわる情緒的な援助と家事にかかわる実用的な援助とに分けて考えることにした。情緒的な援助については，①いやなことがあってグチをこぼしたいようなとき夫（または妻）に話をすること，②判断に迷ったり，どうしたらよいか確信がもてなかったりするとき夫（または妻に）相談すること，③将来の生活設計について，夫（または妻に）意見を求めることのそれぞれの頻度を3件法で回答してもらった。各項目の回答を点数化（0点から2点）し，3項目について足し上げて作成した変数（0点から6点）を，以下では夫への情緒的依存度および妻への情緒的依存度と呼ぶ。夫婦間の実用的な援助に関しては，過去1週間に夫が行った家事項目数（妻による回答）を採用した[9]。

　すでに述べたように，夫婦間の関係と夫婦それぞれが世帯外に形成・維持しているネットワークとの関連を考える場合，ボトム流に世帯外のネットワークの特性が夫婦間の関係に影響を与えると考える立場と，ウェルマンらのように夫婦間の関係が前提となって世帯外のネットワークが選択的に形成・維持・活用される点を強調する立場がある。変数間の因果関係を統計的な分析のなかで明らかにすることは困難である。ここでは，とりあえず夫婦間の援助関係に関する変数を被説明変数とし，妻と夫の世帯外ネットワーク変数および世帯と個人に関する主要な属性変数を説明変数あるいはコントロール変数とした分析を試みる。つまり，夫婦間の関係が，世帯内，世帯外のどのような要因によって規定されているか，そしてその規定メカニズムの点で，両地域間にどのような差異が存在するかを検討してみたい。ただし，その際上記のように世帯内外の規定関係の方向性の問題については，とくに事例インタビュー調査から得られたデータをもとに次節で考察を加えたい。

8　使用した援助6項目は，①1週間くらい家をあけるときの郵便物や宅配の受け取りを頼める相手，②配偶者が1ヶ月入院したとき，手伝いを頼める相手，③借金や資産の運用などについて相談する相手，④子どもの教育や老後の問題などについて相談する相手，⑤個人的な悩みごとについて相談する相手，⑥気軽におしゃべりをしたり気晴らしをする相手，である。

9　調査票の選択肢として示した家事項目は以下の9項目。①料理，②食器洗い，③掃除，④洗濯，⑤ふだんの買い物，⑥ゴミ出し，⑦風呂の掃除，⑧布団の上げ下ろし，⑨その他。とりあえずここでは，夫の家事項目数が多いほど夫から妻への実用的援助が多く，ボトムのいわゆる「合同的夫婦役割関係」に近づくと想定している。

表1-1 地域別・夫と妻の出身地（中学卒業時居住地）

朝霞　N	市内	県内	関東地方	それ以外
夫（402）	17.9%	9.5%	34.8%	37.8%
妻（401）	11.5%	16.2%	38.7%	33.7%
山形　N	市内	県内	東北地方	それ以外
夫（453）	65.6%	24.9%	4.6%	4.9%
妻（450）	52.0%	36.9%	6.9%	4.2%

(2) 地域定着型社会と地域移動型社会

　ところで，ここで念頭に置かれているのは，東京という大都市の都市化とともに，そこへの通勤者家族の居住地として外部からの長距離移住者が人口の多数派を構成するにいたった都市（朝霞市）と，比較的居住地移動の少ない人口によって構成されている地方都市（山形市）の比較によって，とりわけ高度経済成長期の都市化が家族・コミュニティの様態にもたらしたインパクトを理解するための示唆を得ることである。もちろん，時間軸のなかで進行する社会変動は，一時点での調査データの比較によっては充分に明らかにできない。大都市の都市化の進展と連動して人口移動の供給源となった地域や都市も同時に変化しているからである。しかし，都市化に随伴する定住型の社会から移動型の社会への変動がもたらしたインパクトを考察する際には，このような地域比較分析にも一定の意義がある。こうした社会全体の変動を前提とする限り，一定の限界の枠内においてではあるが，有益な示唆を得ることも可能であろう。

　こうした観点から朝霞と山形の回答者の特性を比較してみると，まず妻と夫の出身地（中学卒業時の居住地）においてきわめて顕著な差異が確認できる（表1-1）。朝霞の回答者では，市内の出身者は夫で約20％，妻で約10％であり，県外出身者がいずれも約70％を占める。しかも，関東地方以外からの長距離移入者が35％前後とかなりの割合に上っている。それに対して山形の場合は，市内出身者が夫で65％，妻で52％と過半数を占め，山形県内出身者までを含めた地元層は夫婦ともに約90％の圧倒的多数派を形成している。

　地理的移動の増大をともなった都市化のインパクトは，山形のような地方都市の居住者にとっては，そのパーソナル・ネットワークをなす家族や親族あるいは友人などの一部が長距離の移動を経験している可能性を高めたという意味

で，また朝霞のような大都市圏内にある比較的新しい住宅地の多くの居住者にとっては，そのパーソナル・ネットワークの構成が自らの長距離移動経験の影響を受けたものになっているという意味で，いずれの地域の家族・コミュニティ状況にもそれぞれ変容をもたらしたと考えられる。

　移動型社会に向かう社会変動が，こうした規模も性格も異なる地域社会における家族・コミュニティ状況を平準化してしまうとは考えられないが，一定のギャップをともなって進行する変動の軸に重ね合わせて両地域を比較分析する余地はあるだろう。換言すれば，一方で山形を地元出身者によって構成された地域定着性を強く残している社会を代表するものとして，もう一方で朝霞を地域移動型の社会の特性を先端的に代表する地域として捉え[10]，日本社会のとりわけ高度経済成長期に顕著であった都市化というマクロな社会変動のミクロな家族・コミュニティ状況へのインパクトの意味を問い直す作業の一環とすることが，ここでの分析上の戦略である[11]。

(3) 夫婦間の援助とネットワークからの援助

　夫婦間の援助，ネットワーク特性およびネットワークからの援助のそれぞれについて，朝霞と山形の差異に注目しながら概観してみよう。はじめに夫婦間

---

[10] ただし，山形の地域的な特殊性に注意する必要がある。都道府県レベルでみると，山形県は日本のなかでもっとも老親と子ども夫婦の同居率が高い地域のひとつである（清水1992：185）。西日本に比較すると山形に代表される東北日本は，いわゆる家規範が強い地域であると推測される。日本における家族・親族関係に関する伝統的文化（規範）を，いわゆる家規範によって一元的に特徴づけること対しては，日本社会の地域的多様性の点で一定の留保が必要である。また，大都市内部も多様な特性をもつ下位地域に分化している。その点，朝霞は大都市郊外住宅地としての特性を強く示す地域であり，知見の一般化には限界がある。東京のいわゆる下町地域と山の手地域が，住民のフォーマル集団やインフォーマル集団への参加の面で異質な地域特性を示すことを明らかにした研究としては，園部(1989) を参照。名古屋の都心部と郊外の2つの集合住宅団地を対象として，居住者のパーソナル・ネットワークの比較分析を行った研究としては，松本(1992b) を参照。

[11] 逆に言えば，フィッシャー流に移動の効果をコントロールして純粋に居住地の人口規模（都市度）のネットワーク特性への影響をみるという戦略を不可能にするほど，両地域の移動経験率には極端な差異が存在する。以下では，両調査対象地域における移動性・定着性の差異は，とりわけ親族関係の地域性の差異を生み出す前提条件として扱い，地域ごとに家族・コミュニティ状況との関連を分析する際には，独立変数，コントロール変数として扱うことは避けている。

2. 家族・コミュニティ問題の都市間比較分析

表 1-2　地域別・夫婦関係尺度の平均値・標準偏差および一元配置の分散分析結果

		N	平均値	標準偏差	信頼性係数(α)
夫への情緒的依存度	サンプル全体	851	4.52	1.55	.78
	朝霞	402	4.41*	1.64	
	山形	449	4.63	1.47	
妻への情緒的依存度	サンプル全体	852	3.92	1.58	.75
	朝霞	401	3.71***	1.56	
	山形	451	4.12	1.58	
夫の家事参加項目数	サンプル全体	855	2.06	1.67	.53
	朝霞	402	1.88**	1.66	
	山形	453	2.23	1.69	

注) ***$p<.001$, **$p<.01$, *$p<.05$.

の援助関係を取り上げよう。表1-2は，夫への情緒的依存度，妻への情緒的依存度，夫の家事参加項目数という3つの夫婦関係尺度の平均値および標準偏差を示している[12]。朝霞と山形の地域差に着目すると，これら3変数いずれに関しても朝霞より山形の夫婦の方が高くなっており，しかもこうした地域差は統計的に有意なものである。つまり大都市郊外の夫婦に比べて，地方都市山形の夫婦は，情緒的援助に関しても，実用的援助に関しても，相互に依存し合い，それぞれの抱える問題や世帯の生活課題を夫婦間で共有し合う傾向が強い。これら3つの変数のレベルでみるかぎり，地方都市よりも大都市郊外において，夫婦関係はボットのいわゆる「分離型」に近づく，というのが第1の興味深い知見である。

では，夫と妻のそれぞれの認知に基づくパーソナル・ネットワークの特性において，両地域間にどのような差異が存在するのであろうか。妻と夫のネットワーク特性を両地域間で比較した表1-3から探ってみたい。まず，ネットワークの形態的特性についてみると，妻と夫いずれの場合も，山形の地域内親族数が朝霞のそれを圧倒的に上回っている。それと対応して，地域外の親族関係

---

[12] 表1-2に示されているように，夫への情緒的依存度および妻への情緒的依存度に関しては信頼性係数（α係数）の値はかなり高いが，夫の家事参加項目数に関しては必ずしも高い値が得られていない。しかし，ここではどの家事をやるかは多様だが，より多くの家事項目に参加しているほど夫婦間の援助関係がより合同的になると考えて，あえてこの加算尺度をそのまま使用している。

第1章 家族・コミュニティ問題

表1-3 地域別・ネットワーク関連変数の平均値および一元配置の分散分析結果

		妻	N	平均値	夫	N	平均値
地域内親族数		全体	847	2.56	全体	849	2.44
		朝霞	394	1.87***	朝霞	396	1.71***
		山形	453	3.16	山形	453	3.08
地域外親族数		全体	837	3.84	全体	841	3.62
		朝霞	385	4.90***	朝霞	388	4.44***
		山形	452	2.94	山形	453	2.91
地域内友人数		全体	845	1.85	全体	852	1.80
		朝霞	393	1.66	朝霞	399	1.26***
		山形	452	2.01	山形	453	2.27
地域外友人数		全体	836	1.92	全体	844	2.33
		朝霞	384	2.70***	朝霞	391	2.69
		山形	452	1.25	山形	453	2.02
近隣関係数		全体	851	3.13	全体	852	2.40
		朝霞	399	3.44*	朝霞	399	2.36
		山形	452	2.86	山形	453	2.43
職場関係数		全体	820	2.01	全体	838	4.70
		朝霞	377	2.02	朝霞	387	4.43
		山形	443	1.99	山形	451	4.94
直系核親族援助依存度		全体	810	2.52	全体	814	1.98
		朝霞	383	2.42	朝霞	385	1.97
		山形	427	2.61	山形	429	2.00
拡大親族援助依存度		全体	810	1.80	全体	814	1.60
		朝霞	383	1.64*	朝霞	385	1.37***
		山形	427	1.94	山形	429	1.80
友人援助依存度		全体	810	1.84	全体	814	1.49
		朝霞	383	1.89	朝霞	385	1.43
		山形	427	1.80	山形	429	1.55
近隣援助依存度		全体	810	1.60	全体	814	.96
		朝霞	383	1.83***	朝霞	385	1.03
		山形	427	1.39	山形	429	.92
職場援助依存度		全体	810	.42	全体	814	.97
		朝霞	383	.40	朝霞	385	1.08*
		山形	427	.44	山形	429	.87
配偶者との親友共有度		全体	818	3.49	全体	796	3.56
		朝霞	383	3.39**	朝霞	372	3.45***
		山形	435	3.59	山形	424	3.66

注) ***p<.001, **p<.01, *p<.05.

数では，朝霞が山形を大きく上回っている[13]。友人関係に関しても同様の傾向がみられる。ただし，分散分析で統計的に有意な差異を示したのは，朝霞の妻の地域外友人数が山形のそれより多く，山形の夫の地域内友人数が朝霞のそれより多いという傾向に関してだけであった。既述したように，朝霞が長距離移動者家族の居住地であり，山形が地元出身者家族の居住地域であることが，こうしたネットワーク特性上の地域差に反映していると思われる。移動型社会である朝霞の夫婦にとっても，現住地への移動以前から存在していたと考えられる親族や友人との関係の多くが，距離を超えて維持されていることが示唆されている。要約すれば，山形の夫婦が地理的に限定された生活空間内に存在する親族・友人を中心としたパーソナル・ネットワークに暮らしているのに対して，朝霞ではそうした個人的な関係は空間的に分散したパーソナル・ネットワークとして維持されているといえる。

しかし，朝霞の夫婦が地域からまったく遊離しているかというと，少なくとも妻に関してはそうはいえない。妻の近隣関係数は，山形よりも朝霞で有意に大きくなっている。朝霞の妻のパーソナル・ネットワークは，地理的に比較的広範囲に分散する親族・友人とともに，距離的にもっとも近い場所に形成・維持された比較的豊富な非親族との紐帯から構成されている点にその特徴がある。彼女たちは，地理的移動に先だって形成された紐帯のうちの重要な部分を維持しつつ，移動先の居住地においておそらく主婦としての必要に応じて近隣との関係を新たに形成していると思われる[14]。それとの関連では，両地域を通じて夫たちのネットワークのなかでは，職場でつくられる関係が相対的に大きな比重を占めていることをつけ加えておこう。

つぎに，こうした世帯外のネットワークが，具体的な援助源としてどれほどの重要性をもっているのかを，同じく**表1-3**から検討しよう。ここでは先述した5種類の関係カテゴリー別の援助依存度を両地域間で比較している。朝霞

---

13 ここでは，居住地間の距離が30分以内である紐帯を「地域内」と呼び，30分を越える距離にある紐帯の数をすべて加算し，「地域外」と呼んでいる。後出の友人関係数の分類についても同様である。なお，職場関係数については，職場が主要な接触の場であると考え，居住地別の分類はせずに総数を算出している。

14 イマムラは，東京郊外の主婦のコミュニティ形成に関する調査研究の中で，夫の職場のコミュニティに対して，妻たちが主婦役割遂行上の必要に応じて隣人や地域内の母親との間で作り上げるネットワークも，ある種の「職業的コミュニティ」であると述べている(Imamura 1987：111)。

と山形で有意な差異を示しているのは，第1に，きょうだいを含む拡大親族からの援助である。朝霞の夫妻に比べて，山形の妻と夫は拡大親族から，より多様な援助を得ている。こうした地域間の差異は，夫に関してとくに顕著であるようにみえる。先にみたように，山形は地域内に親族関係が多く維持されている地域社会であるが，朝霞でも直系の核親族（別居の親や子）からの援助では差はなく，それ以外の親族全体から得られる援助の多様さにその特徴がある。朝霞ではとくに妻において親や子からの援助が圧倒的に厚いが，山形ではとくに夫において傍系を中心とした広範な親族からの援助の多様性が親や子からのそれに匹敵するほど豊富である。

第2に，既に述べたように朝霞の妻の近隣関係の豊富さに対応して，彼女らの近隣援助依存度も山形の妻たちに比較して高くなっている。友人援助依存度に統計的に有意な地域差がみられないことからすると，朝霞の妻は，山形の妻が手にしている地域内に豊富に存在する親族からの援助を欠いているため，それを補うかたちで近隣との多様な援助の交換を行っているのではないだろうか[15]。第3に，朝霞の夫たちの方が，山形の夫たちに比べて，職場でのネットワークから多くの援助を得ている。この点も，やはり朝霞において地域内親族が相対的に希薄であることと照応していると考えられる。多様な援助を親族関係から得ている山形の夫に比べて，日常的に接触可能な親族関係の少ない朝霞の夫にとっては，職場に構造的に用意されている関係がそれに代替しているようだ。夫のパーソナル・ネットワーク内に占める職場ネットワークの重要性は，やはり大都市郊外の居住者の場合に相対的に高くなっている。

これまでの分析結果から導かれた両地域の世帯内外の援助関係に関する知見を要約してみよう。朝霞の夫婦では，維持されている親族関係の多くが遠方に居住しており，親族関係からの援助に頼る傾向は（親子関係を除けば）少なくなる。そして，妻は近隣において親しい関係を多くつくり，そこから多様な援助を得る傾向があり，夫は職場でつくられた関係からより多くの援助を引き出している。しかも，こうした朝霞の夫婦相互の援助依存関係は相対的に希薄である。それに対して山形の夫婦は，維持されている親族関係が日常的に接触可能な居住地域内に集中しており，夫婦いずれも親子関係に限らず広い範囲の親族から多様な援助を得る傾向が顕著である。そして，山形の場合，夫婦間の援助

---

15 落合は，都市部の育児期にある女性に関して，近隣ネットワークが親族ネットワークに代替していると指摘している（落合 1993：120-121）。

の交換も相対的に多くなっているのである。

両地域における夫妻それぞれのネットワーク特性の差異は，居住地移動と職住分離の程度などの要因から比較的容易に推論され得ることかもしれない。しかし，夫婦間の情緒的，実用的な援助関係に関する差異は必ずしも自明ではない。しかも，このような世帯内（夫婦間）の援助関係と世帯外の援助ネットワークに関する両地域の特徴（の組み合わせ）は，ボット仮説に反するようにもみえる。基本的に組織化されている程度が高く，ネットワークの密度も高いと思われる地域内親族ネットワークに取り囲まれた山形の夫婦の方がボットの言う「合同型の夫婦関係」に近いようにみえるからである。

夫婦間の援助の交換の程度は，夫婦それぞれの援助ネットワークの特性とどのように関連しているのだろうか。朝霞と山形におけるネットワーク特性の顕著な差異を考慮に入れるならば，世帯内外の援助関係の関連メカニズムは両地域間で異質なものになっている可能性は大きい。とりあえず夫婦間の援助関係を被説明変数とし，世帯外援助ネットワークを説明変数として，地域ごとに両者の関連を探ることが，以下での分析の焦点になる。

(4) 夫婦の絆とネットワーク──競合か両立か

ボットの古典的な命題が示唆している夫婦の絆と世帯外ネットワークとの競合仮説に対し，近年の北米での調査知見から導かれたウェルマン流の世帯（夫婦）を中心としたネットワーク・マネージメントによる両立モデルの一般化が主張されていた。こうした文脈にのせて，朝霞と山形のデータからはどのようなことが言えるだろうか。**表1-4**は，夫婦関係に関する変数群と世帯外のネットワーク・援助に関する変数群との相関（ピアソンの積率相関係数 r）を地域別に示したものである。3つの夫婦関係変数ごとに朝霞と山形を比較しながら傾向を読みとってみよう。

まず，妻が夫に情緒的に依存する程度と負の相関を示すネットワーク・援助変数は，いずれの地域においても存在せず，いくつかのネットワーク・援助とは有意な正の相関を示している。両地域に共通して，妻の直系核親族援助依存度が高いほど妻は情緒的に夫に頼る傾向があるが，これはとりわけ朝霞において顕著である。また，夫の直系核親族援助依存度とも，いずれの地域においても中程度の正の相関を示す。両地域間で異なっているのは，朝霞では，夫婦それぞれの認知する地域外親族数がともに中程度の正の相関を示しているのに対

第1章 家族・コミュニティ問題

表1-4 妻と夫のネットワーク・援助項目と配偶者への情緒的依存・家事参加の関連（相関係数 r）

	朝度			山形		
	夫への情緒的依存度	妻への情緒的依存度	夫の家事参加項目数	夫への情緒的依存度	妻への情緒的依存度	夫の家事参加項目数
[妻のネットワーク・援助変数]						
地域内親族数	-.0269	.0501	-.0827	.0982*	.0778	-.0950*
地域外親族数	.1194*	.0670	.0270	.0794	-.0083	.0030
地域内友人数	-.0591	-.0447	-.0389	-.0043	-.0535	-.0284
地域外友人数	.0116	-.0438	-.0004	.0135	.0491	.0040
近隣関係数	-.0427	-.0086	-.1292*	.0307	.0310	-.0165
職場関係数	-.0831	-.0166	-.0174	.0609	-.0162	-.0991*
直系核親族援助依存度	.2654***	.1776**	.1145*	.1955***	.0380	.1072*
拡大親族援助依存度	.0601	.0689	.0170	.0439	.0286	.0377
友人援助依存度	.0085	.0562	-.0515	-.0326	-.0520	-.0860
近隣援助依存度	-.1001	-.0180	-.0650	-.0375	-.0314	-.0215
職場援助依存度	-.0347	.0071	.0654	.0572	-.1338**	-.0067
夫との親友共有度	-.1378***	.2061***	.0716	.1496**	-.1539**	.0097
[夫のネットワーク・援助変数]						
地域内親族数	.0783	.1265*	-.0302	.1141*	.1829***	-.0039
地域外親族数	.1547**	.0106	.0258	.0622	.0773	.0392
地域内友人数	-.0176	-.0455	-.1069*	.0747	.0756	.0526
地域外友人数	.0532	-.0455	-.0420	.0017	.0342	.0467
近隣関係数	.0171	.0289	-.1386***	.0213	.1296**	.0333
職場関係数	.0147	-.0353	-.1089*	-.0247	.0497	.0281
直系核親族援助依存度	.1567**	.1423**	.0757	.1098*	.0915	-.0005
拡大親族援助依存度	.0976	.1100*	.0076	.0586	.1957***	.0733
友人援助依存度	.0361	-.0062	-.0720	.0870	.0294	-.0140
近隣援助依存度	.0563	.0785	.0095	-.0597	-.0497	-.0034
職場援助依存度	.1067**	.0409	.0585	.0592	-.0000	.0067
妻との親友共有度	.1010	.2281***	-.0524	.0671	.1925***	.0088

注）***p＜.001，**p＜.01，*p＜.05．

し，山形では，夫婦それぞれの認知する地域内の親族数がやはりいずれも中程度の正の相関を示している点である。これは，既にみたような両地域のネットワークの地理的分散の程度を反映していると思われる。なお，妻の夫への情緒的依存度は，(夫のではなく) 妻自身の親友を夫と共有する程度と比較的高い正の相関を示す[16]。

つぎに，夫の妻への情緒的依存度に関しては，地域間の差異がよりはっきりしている。朝霞の夫の場合は，妻の場合と同様，妻および夫の直系核親族依存度とかなり高い正の相関を示す。ただし，それ以外では妻の場合と異なり，夫の認知する地域内親族数や拡大親族援助依存度とも中程度の正の相関をみせる。これに対して，山形の夫が妻に情緒的に依存する程度は，妻の親族ネットワークの状況からまったく影響を受けていないようである。そして，夫の認知する地域内親族数や拡大親族援助依存度が高いほど，妻に頼るという強い傾向が存在する点に山形の特徴がある。また，山形では夫の近隣関係数が多いほど妻に頼る傾向もみられる。両地域に共通しているのは，夫妻いずれの友人であっても，夫婦共通の知り合いになっているほど，夫が妻に情緒的に頼る傾向が高まるという点である。

第3の変数である夫の家事参加については，地域間の差異がさらに顕著である。朝霞においてのみ，非親族関係に関するいくつかの変数が，統計的に有意な負の相関を示している点に注目したい。朝霞では，妻の直系核親族援助依存度が夫の家事参加の程度と中程度の正の相関を示しているものの，妻と夫の近隣関係数，夫の職場関係数と地域内友人数が多いほど夫の家事参加項目数が減少する傾向がある。山形ではこうした傾向はみられない。山形の夫の家事参加は，妻の直系核親族援助依存や地域内の親族数と正の相関を示すばかりでなく，妻の職場関係数や職場援助依存度とも有意な正の相関がある。山形では，夫のネットワーク要因は，夫の家事参加に影響を与えていないようにみえる。

こうした知見が示唆しているのは，第1に，夫婦間の情緒的な援助関係のレベルに関しては，親族関係との間に，競合関係ではなく，両立的な現象が両地域に共通してみられることである。とりわけ (直系核) 親族への援助依存を強

---

[16] 配偶者との親友共有度については，妻と夫それぞれの調査票において，親族以外の友人でもっとも親しい人2人について，配偶者の認知の程度を尋ねている。よく知っている (2点)，名前だけは知っている (1点)，知らない (0点) の3件法で回答に点数を与え，2人の友人に関する点数を加算して尺度化している。

めたり，より多くの親族との関係を維持するという状況は，配偶者への情緒的援助の交換を頻繁に行う状況と重なり合う傾向がある。ただし，第2に，こうした夫婦間の情緒的関係と親族関係との関連の仕方には，地域差がある。とくに山形の夫の場合，妻に情緒的に頼る頻度が，夫自身が多数の地域内親族との紐帯を維持し，夫の認知する拡大親族からの多様な援助に依存している状況と強く関連しており，夫婦が別居の親や子どもと多様な援助の交換をしていることとは関連していない点が朝霞の夫と異なる。第3に，夫の家事参加からみた夫婦間の実用的援助関係に関しては，朝霞でのみ非親族関係との競合現象がみられる。朝霞では，妻が近隣関係を豊富に形成・維持し，また夫も居住地域近辺の非親族的関係や職場での関係を広げている状況と，家事が専ら妻に任される状況とが重なりやすいことが示唆されている。

　これらの点は，世帯（夫婦）中心のネットワーク維持モデルが導く夫婦関係・ネットワーク両立仮説が，現代日本において一定程度妥当することを傍証するものであると同時に，その限界を例証することにもなる。また，現代の日本のなかにおいても，地域特性の異なる居住地間では，夫婦関係と世帯外ネットワーク相互の影響関係メカニズムが異質なものである疑いがますます強められた。ウェルマンらの議論では，両立説が成り立つのは世帯内のニーズに応じて世帯内の夫婦間の絆と世帯外のネットワークの両方から援助を調達しようとするからだと主張されていた。そこで，以下では世帯内のニーズを反映すると考えられるいくつかの属性変数などを取り入れて，さらに夫婦の援助関係を規定する要因を地域別に検討してみたい。

(5)　**夫婦の絆を規定するもの——世帯内要因とネットワーク要因**

　社会的な紐帯から援助を得るという行為がなされるのは，特定の援助ニーズが高く，特定の相手がそうしたニーズに応じた援助を提供できる状態にあり，かつその相手に援助を求めることが規範的にも適切であると考えられている場合であろう。規範の問題（これはボット仮説のなかの重要な論点でもあるが）は，ネットワーク特性の地域差の問題と関連させて後述することとし，ここでは配偶者に援助を求めるかどうかを規定するとみられる世帯内ニーズや配偶者の援助能力・資源に関わるとみられる変数群を独立変数とし，既に取り上げた夫婦関係諸変数を従属変数として一元配置の分散分析を行った。地域別にその結果を示したのが**表1-5**である。

2．家族・コミュニティ問題の都市間比較分析

表1-5 世帯・個人属性変数を独立変数とした一元配置の分散分析結果

独立変数	df	朝霞 夫への情緒的依存度 Eta	F	朝霞 妻への情緒的依存度 Eta	F	朝霞 夫の家事参加項目数 Eta	F	山形 夫への情緒的依存度 Eta	F	山形 妻への情緒的依存度 Eta	F	山形 夫の家事参加項目数 Eta	F
ライフステージ（末子基準）	4	.21	4.49**	.15	2.30	.13	1.70	.13	1.90	.15	2.50*	.13	2.03
妻の年齢	2	.17	5.87**	.09	1.78	.02	.09	.08	1.43	.11	2.81	.11	2.98
夫の年齢	2	.20	8.29***	.03	.23	.08	1.21	.10	2.48	.10	2.13	.15	4.95**
世帯類型	2	.04	.32	.05	.47	.16	5.29**	.10	2.25	.07	.95	.15	4.91**
夫の職種	2	.19	7.52***	.03	.22	.09	1.74	.08	1.24	.06	.71	.10	2.20
夫の就業状態	3	.11	1.57	.14	2.73*	.23	6.93***	.04	.27	.11	1.79	.16	3.93**
世帯収入	2	.18	6.20**	.14	3.68*	.06	.66	.14	4.30*	.08	1.47	.11	2.68
妻の学歴	3	.19	4.77***	.04	.21	.09	1.19	.12	2.06	.07	.77	.07	.76
夫の学歴	3	.27	10.17***	.05	.30	.09	.97	.08	.98	.10	1.60	.04	.26
夫の勤務時間数	4	.09	.78	.11	1.04	.14	1.81	.11	1.13	.07	.43	.11	1.27

注）***p＜.001，**p＜.01，*p＜.05．

独立変数群のなかで，とくに世帯内のニーズに関わるとみられるのは，ライフステージであろう。夫婦が幼い子どもをもつ場合，子どもの育児や世話の必要から世帯内で処理すべきことが増大すると同時に親（とりわけ母親）の情緒的援助ニーズも高まる。妻が就業していたり，夫の就業時間が長い場合には，世帯外ネットワークによる援助のニーズが高まったり，夫婦間で援助の交換をする必要性が高まったりすると考えられる。世帯収入や学歴なども世帯あるいは個人のもつ援助資源を大まかに規定する要因である。

　これら一群の変数と夫婦関係変数との関連は，地域間で興味深い差異を示すが，それはとりわけ朝霞の場合のみ妻の夫への情緒的依存度が多くの世帯内要因によって規定されている点に集約されている。朝霞の妻がライフステージや夫婦の年齢，世帯収入，夫婦（とりわけ夫の）の学歴といった世帯内の特性に関する変数によって夫への情緒的依存度を変化させるのに対し，山形の妻では世帯収入との関連のみが有意となっている。夫の妻への情緒的依存度に関してはいずれの地域でも世帯内要因との関連は少なく，朝霞で妻の就業状態と世帯収入が，山形でライフステージが有意となっている。夫の家事参加については，いずれの地域でも世帯類型と妻の就業状態が有意な関連をみせており，この2つが夫の家事参加を規定する一般的な世帯内要因であることを示唆している。それぞれの地域の夫婦は，確かに世帯内の特性にしたがって，相互に依存関係を強めたり弱めたりしているようである。

　朝霞の妻が夫を情緒的に頼りにする程度に関してとくに顕著であるがいずれの夫婦関係変数との関連においても見いだされた世帯内要因の影響によって，すでにみたような世帯外ネットワークと夫婦間の援助関係との間の関連は説明し尽くされてしまうのだろうか。それとも，ネットワークと夫婦の絆との間には，こうした世帯内要因とは独立の規定関係が存在するのだろうか。これまでに統計的に有意であるとわかったネットワーク・援助変数と世帯内特性変数とを独立変数とし，6つの夫婦関係変数をそれぞれ従属変数とし，地域ごとに多重分類分析（および多元配置の分散分析による検定）を行った。ただし，投入する独立変数間の相関をチェックしたうえで，相互に関連の強い変数群においてはおもに関連の強さを基準として採用する変数を絞り，それらを同時に投入した分析を行った[17]。朝霞と山形の比較を焦点としながら6種の夫婦関係変数ごとにネットワーク変数との関連を順次検討してみよう。

妻が夫に情緒的に頼る程度

　朝霞で夫への情緒的依存度と関連をもっていた世帯内要因のうち，夫の年齢と妻の年齢はライフステージと強く関連している（順位相関係数の値は，それぞれ $\gamma=.90$，$\gamma=.92$）。また，夫の学歴と妻の学歴との関連（$\gamma=.75$）が極めて強く，夫の学歴と夫の職種との関連も強い（クラマーのV係数の値は，V$=.27$）。そこで，ライフステージと夫の学歴と世帯収入の3変数を独立変数に採用した。また，ネットワーク・援助変数群では，従属変数との関連が強く，相互の関連が比較的小さいものとして，妻の親友共有度，妻の直系核親族援助依存度，夫の職場援助依存度の3変数を採用した。多重分類分析表（表1-6）からは，他の独立変数の効果を統制すると，朝霞の妻の夫への情緒的依存に対する夫の職場援助依存度の効果は統計的に有意ではなくなるが，他の5つの変数はいずれも独立した効果をもっていることがわかる。ライフステージでは，母親としての妻の援助ニーズがもっとも高まると考えられる育児期においてもっとも夫への依存が高まり，末子が中学生・高校生になっている教育後期でもっとも低くなる。また，世帯収入が高く，短大・高専以上の高学歴層ほど，妻は情緒的に夫に頼る傾向がある。さらに，こうした世帯内変数の効果とは独立に，妻の友人を夫が知っているほど，そして妻（あるいは夫婦）が別居の親や子から多様な援助を得ているほど，妻は夫への情緒的依存を強める傾向があることが確かめられた。

　山形の妻の情緒的依存に関しては，世帯内要因としては世帯収入を，ネットワーク・援助要因としては，夫の認知する地域内親族数，妻の親友の共有度，妻の直系核親族援助依存度の3変数を独立変数としている。多重分類分析（表1-7）を行うと，これら4つの独立変数は，いずれも従属変数に対して独立の効果をもつことが確認できた。世帯収入がもっとも低い層で夫への情緒的依存は少なくなるという世帯要因の独立効果と妻の友人の夫婦共有度および妻（あ

17　章末に付した相関係数マトリックス（付表1-1）に示されるように，とくに従属変数との間に有意な関連のみられたネットワーク・援助変数間には多くの有意な相関がある。とりわけ相互に関連し合っている一群の変数に関しては，原則として一元配置の分散分析における相関比（Eta）の値を基準にしてより重要と思われるものを選別した。なお，量的変数であるネットワーク・援助変数に関しては，測定値の分布をもとにして，ネットワーク規模変数を3カテゴリーに，援助依存度変数と親友の共有度変数を2カテゴリーにまとめ直し，独立変数として投入した。

第1章　家族・コミュニティ問題

表1-6　夫への情緒的依存度の多重分類分析（朝霞）

総平均　　　4.44 独立変数（カテゴリー）	N	調整前偏差	相関比	調整後偏差	偏相関比
ライフステージ（末子基準）					
1　子どもなし	25	.04		.04	
2　育児期（就学前）	76	.68		.56	
3　教育前期（小学生）	64	-.05		-.10	
4　教育後期（中学・高校生）	56	-.42		-.39	
5　排出期	128	-.20		-.12	
			.24		.20*
世帯収入					
1　500万円未満	98	-.42		-.42	
2　500-700万円未満	97	.27		.09	
3　700万円以上	154	.10		.22	
			.17		.17**
最終学歴：夫					
1　中学卒	62	-.78		-.52	
2　高校卒	155	-.09		-.00	
3　高専・短大卒	29	.39		.29	
4　大学卒	103	.49		.23	
			.27		.17*
妻の親友：夫婦共有度					
1　高い（4）	207	.16		.17	
2　低い（3以下）	142	-.24		-.25	
			.12		.13*
直系核親族援助依存度：妻					
1　少ない（2以下）	173	-.41		-.28	
2　多い（3以上）	176	.40		.27	
			.25		.17**
職場援助依存度：夫					
1　少ない（1以下）	248	-.08		.01	
2　多い（2以上）	101	.19		-.01	
			.08		.01
重相関係数					.417***

注）***p<.001, **p<.01, *p<.05.

るいは夫婦）の別居直系核親族からの援助依存度が高くなるほど夫への情緒依存を強めるという世帯外ネットワーク・援助要因の独立効果は，朝霞の場合と類似している。しかし，夫婦（とりわけ夫）の認知する地域内親族数が多いほど

2. 家族・コミュニティ問題の都市間比較分析

表1-7 夫への情緒的依存度の多重分類分析（山形）

総平均　　4.64 独立変数（カテゴリー）	N	調整前偏差	相関比	調整後偏差	偏相関比
世帯収入					
1　500万円未満	154	－.28		－.28	
2　500-700万円未満	105	.24		.24	
3　700万円以上	143	.13		.12	
			.15		.15**
地域内親族数：夫					
1　ない（0）	100	－.37		－.36	
2　少ない（1-2）	111	.14		.12	
3　多い（3以上）	191	.11		.12	
			.14		.14*
妻の親友：夫婦共有度					
1　高い（4）	285	.15		.15	
2　低い（3以下）	117	－.35		－.37	
			.15		.16**
直系核親族援助依存度：妻					
1　少ない（2以下）	190	－.24		－.26	
2　多い（3以上）	212	.21		.24	
			.15		.17**
重相関係数					.303***

注）***p＜.001, **p＜.01, *p＜.05.

夫への情緒依存が多くなる点に山形の妻の特徴がある。

夫が妻に情緒的に頼る程度

つぎに夫の妻への情緒的依存度に目を転じよう。朝霞の夫に関する分析では，世帯要因として妻の就業状態と世帯収入の2変数を，世帯外ネットワーク要因として夫の認知する地域内親族数（夫の拡大親族援助依存度との相関が高い），夫の親友の共有度（妻の親友の共有度との相関が高い），妻の直系核親族援助依存度（夫の直系核親族援助依存度との相関が高い）の3変数を独立変数とした。多重分類分析によると（表1-8），妻が常雇の世帯と高収入世帯層で妻への情緒的依存が高まる傾向があるが，これら2つの世帯要因と夫の地域親族数は統計的に有意な独立の効果をもたない。妻への情緒的依存度に対する独立の効果は，夫（および妻）の友人を夫婦で共有している程度が高いほど，そして妻（あるいは夫婦

表1-8 妻への情緒的依存度の多重分類分析（朝霞）

総平均　3.73 独立変数（カテゴリー）	N	調整前偏差	相関比	調整後偏差	偏相関比
妻の就業状態					
1　自営	66	.26		.17	
2　常雇	52	.37		.37	
3　パート等	68	−.30		−.20	
4　専業主婦	170	−.09		−.10	
			.15		.13
世帯収入					
1　500万円未満	103	−.10		−.05	
2　500-700万円未満	99	−.21		−.26	
3　700万円以上	154	.20		.20	
			.12		.13
地域内親族数：夫					
1　ない（0）	191	−.08		−.05	
2　少ない（1-2）	79	.16		.21	
3　多い（3以上）	86	.04		−.08	
			.06		.07
夫の親友：夫婦共有度					
1　高い（4）	212	.25		.22	
2　低い（3以下）	144	−.37		−.32	
			.20		.17**
直系核親族援助依存度：妻					
1　少ない（2以下）	176	−.22		−.25	
2　多い（3以上）	180	.22		.24	
			.14		.16**
重相関係数					.306***

注）***p<.001, **p<.01, *p<.05.

　が別居の親や子から多様な援助を得ているほど，夫の妻に対する情緒的依存が高まる点にある．朝霞の妻の場合と異なり，夫の場合は世帯内要因の影響はネットワーク要因の効果を統制すると弱まり，友人ネットワークの夫婦間共有や別居親などからの援助関係の強さのみに規定される傾向が浮き彫りになった．

　山形の夫の場合は，世帯要因としては唯一有意な関連がみられたライフステージを独立変数とした．ネットワーク・援助変数では，有意な相関のみられた5変数のうち，夫の認知する地域内親族数と近隣関係数との相関，および夫と妻の親友の共有度間の相関がとくに高いため，夫の地域内親族数，夫の親友共

2．家族・コミュニティ問題の都市間比較分析

表1-9　妻への情緒的依存度の多重分類分析（山形）

総平均　　4.11 独立変数（カテゴリー）	N	調整前 偏差	相関比	調整後 偏差	偏相関比
ライフステージ（末子基準）					
1　子どもなし	20	.79		.72	
2　育児期（就学前）	62	−.24		−.18	
3　教育前期（小学生）	69	−.35		−.28	
4　教育後期（中学・高校生）	73	.02		.03	
5　排出期	199	.11		.07	
			.16		.13
地域内親族数：夫					
1　ない（0）	109	−.51		−.40	
2　少ない（1-2）	118	.09		.15	
3　多い（3以上）	196	.23		.13	
			.19		.15**
夫の親友：夫婦共有度					
1　高い（4）	313	.16		.12	
2　低い（3以下）	110	−.44		−.34	
			.17		.13**
拡大親族援助依存度：夫					
1　少ない（1以下）	230	−.23		−.16	
2　多い（2以上）	193	.27		.19	
			.16		.11*
重相関係数					.295***

注）***p<.001, **p<.01, *p<.05.

有度，夫の拡大親族援助依存度の3変数を独立変数に採用した。多重分類分析の結果は，表1-9の通りである。ライフステージ変数については，朝霞の妻の場合と対照的に，子どもの年齢が低い段階にある夫の情緒的依存度がもっとも低く，（新婚期を多く含む）子どものいない夫婦でもっとも高くなる傾向があることがわかるが，多元配置の分散分析による検定結果は有意ではない。それ以外の独立変数は，いずれも有意な独立の効果を示した。夫（および妻）の友人ネットワークの夫婦共有が夫の情緒的依存を強める点は共通するが，朝霞の夫の場合とは異なり，（妻のではなく）夫の認知する地縁的および親族的ネットワークの大きさやそこからの多様な援助のみが世帯要因とは独立の効果を有し，妻に依存する傾向を強める点が注目に値する。

第1章　家族・コミュニティ問題

夫の家事参加の程度

　夫の家事参加に関しても，両地域で共通の面と異質な面の両方がみられる。朝霞の分析で取り上げた独立変数は，世帯内要因として世帯類型と妻の就業状態の2変数，ネットワーク変数として妻の近隣関係数と夫の職場関係数および妻の直系核親族依存度の3変数である。夫と妻の近隣関係数，夫の地域内友人数と職場関係数の4変数は，夫の家事参加項目数と有意な負の相関を示していたが，それらは相互に高い相関をもっている。ただし，これら一群の変数が全体として夫の家事参加の程度と関連していることは確かであるにしても，このなかで夫の職場ネットワークと妻の近隣ネットワークは，関係形成の空間的文脈が相互に独立のものであることと，理論的な重要性の観点から，あえてこの2変数を独立変数として選んだ。多重分類分析を行ってみると（**表1-10**），世帯内2要因はいずれも独立の効果を示した。世帯類型では，夫婦のみの世帯で夫の家事参加が多く，親夫婦や子夫婦と同居している直系家族世帯で少なくなる。妻の就業形態別では，フルタイムの雇用者でもっとも多く，自営層でもっとも少ない。世帯内のニーズと資源の状況が夫の実用的な援助提供を直接的に規定していることがわかる。こうした世帯要因からは独立の効果をもつネットワーク要因は，夫の職場関係数のみである。職場で多くの関係を形成している夫ほど，家事参加が少ない傾向が有意である。これらの要因を統制してしまうと統計的に有意ではなくなるが，近隣に中程度（2，3人）のネットワークを維持し，別居の親などから多様な援助を得ている妻の夫は家事を比較的多くする傾向もみられる。

　山形の夫の家事参加に関しては，独立変数として世帯内要因である夫の年齢，世帯類型，妻の就業状態，およびネットワーク援助要因である妻の認知する地域内親族数（妻の職場関係数との相関が高い），妻の直系核親族依存度，妻の職場援助依存度（妻の職場関係数との相関が高い）の6変数を投入した。多重分類分析からは（**表1-11**），3つの世帯内要因の規定力が強く，これらの影響を取り除くとネットワーク要因からの独立の効果は統計的に有意ではないことがわかる。朝霞と同様に，夫の家事参加は，世帯類型では直系家族世帯でもっとも少なく，妻の就業状態ではフルタイムの雇用者でもっとも多くなる傾向が顕著である（それに加えて山形では，50歳代から60歳代の高齢層の夫で家事参加が多くなる傾向もある）。しかし，朝霞の夫の職場関係数のような夫の家事参加を減少させる方向でのネ

3. 磁場としてのネットワークと家族

表1-10 夫の家事項目数の多重分類分析（朝霞）

総平均　1.92 独立変数（カテゴリー）	N	調整前 偏差	相関比	調整後 偏差	偏相関比
世帯類型					
1　夫婦のみ世帯	52	.60		.57	
2　核家族世帯	259	－.05		－.07	
3　直系家族世帯	49	－.35		－.26	
			.16		.15*
妻の就業状態					
1　自営	67	－.47		－.44	
2　常雇	52	.71		.70	
3　パート等	72	－.12		－.13	
4　専業主婦	169	.02		.02	
			.21		.20**
近隣関係数：妻					
1　少ない（1以下）	103	－.02		－.14	
2　中程度（2-3）	124	.22		.25	
3　多い（4以上）	133	－.19		－.12	
			.11		.11
職場関係数：夫					
1　少ない（1以下）	124	.17		.21	
2　中程度（2-4）	110	.11		.08	
3　多い（5以下）	126	－.26		－.28	
			.12		.13*
直系核親族援助依存度：妻					
1　少ない（2以下）	180	－.14		－.12	
2　多い（3以上）	180	.14		.12	
			.08		.07
重相関係数					.311***

注）***p<.001, **p<.01, *p<.05.

ットワークからの影響は，山形では見いだされない。

3. 磁場としてのネットワークと家族

(1) 2つの都市に共通する傾向

こうした知見はどのように解釈することができるだろうか。これまでの知見

表1-11 夫の家事項目数の多重分類分析（山形）

総平均　2.23 独立変数（カテゴリー）	N	調整前偏差	相関比	調整後偏差	偏相関比
夫の年齢					
1　20-30歳代	81	-.09		-.27	
2　40歳代	126	-.32		-.28	
3　50-60歳代	205	.24		.28	
			.15		.16**
世帯類型					
1　夫婦のみ世帯	57	.39		.22	
2　核家族世帯	183	.15		.22	
3　直系家族世帯	172	-.29		-.31	
			.15		.15**
妻の就業状態					
1　自営	112	-.25		-.27	
2　常雇	94	.53		.67	
3　パート等	64	-.17		-.11	
4　専業主婦	142	-.07		-.19	
			.17		.22**
地域内親族数：妻					
1　ない（0）	97	-.32		-.25	
2　少ない（1-2）	127	-.14		-.06	
3　多い（3以上）	188	.26		.17	
			.15		.10
直系核親族援助依存度：妻					
1　少ない（2以下）	201	-.23		-.16	
2　多い（3以上）	211	.22		.15	
			.13		.19
職場援助依存度：妻					
1　少ない（1以下）	359	-.03		.02	
2　多い（2以上）	53	.19		-.11	
			.04		.02
重相関係数					.329***

注）***p<.001, **p<.01, *p<.05.

を要約しながら，朝霞と山形という2つの地域にみられる夫婦関係と世帯外ネットワークとの相互連関構造，および両地域の共通性と異質性をめぐる論点を提示してみたい。さらに，地域的な差異をもたらしている背景や，統計的な分析からは明らかにし得ない夫婦間援助とネットワーク援助と間の影響の方向性

3．磁場としてのネットワークと家族

についても，両地域での夫婦インタビューの事例を織り込みながら考察を加えたい。まず両地域の共通性を要約しよう。

第1に，両地域に共通している点として指摘できるのは，妻や夫の友人関係が夫婦間で共有されている程度が高いほど夫婦の情緒的な相互依存関係は強まる，あるいは情緒的依存関係が強い夫婦ほど友人関係を共有する傾向がある，ということである。いずれにせよ，この傾向は世帯要因や他のネットワーク要因とは独立のものであり，とりわけ夫が妻に情緒的に頼る程度は，自分の友人を妻が知っている程度のみならず，妻の友人を自分が知っている程度とも相関が高い。重要な友人関係が夫婦間で共有されることは，夫婦間の社交圏の重なりの増大を意味し，相談関係の基盤となる生活領域の共有を促進する。夫婦間の情緒的依存を規定する重要な要因として，非親族的紐帯の夫婦間の共有・分離というネットワーク要因が析出されたことは注目に値する[18]。

第2に重要な共通点として，いくつかの世帯内要因は，夫婦の実用的援助関係を世帯外ネットワーク要因とは独立に規定していることが両地域において確かめられた。夫の家事参加は，妻のフルタイムの就業によって増大し，世帯内に同居する成人の成員がいること（直系家族世帯）によって減少する。山形の場合には，夫が高齢層であれば家事参加が増えるという傾向も付け加わるが，世帯内の状況が夫からの実用的援助を増やす傾向は基本的に共通している。つまり世帯外ネットワーク要因が等しいとするならば，世帯内のニーズと資源の状況に応じて，夫は家事に協力しようとする傾向がある[19]。

しかし，これらの点を除けば両地域の家族・コミュニティ状況の異質性は際立っている。まず山形の特性から先に論じよう。

---

18 友人を共有する傾向は山形の夫婦の方が強いことが，おそらく夫婦間の情緒的依存関係の地域差をもたらす一因になっていると思われる。

19 理論的には世帯のニーズをもっとも強く反映すると考えられるライフステージという変数が，夫から妻への実用的援助の程度に影響を与えていないような分析結果になったのは，ひとつにはライフステージの全段階に共通に設定できる家事の項目のみを調査票に採用したためであろう。育児期に特徴的な援助として，たとえば落合の言う「直接的育児援助」を実用的援助概念に含めて測定すれば異なった結果になっていたかもしれない。ただし，今回の調査における夫婦間の情緒的援助依存度という変数には，「情緒的育児援助」や「情報的育児援助」に当たるものは包摂されているものと考えてよいだろう（落合1989：5章参照）。

(2) 山形の特性——夫の地縁的ネットワークと妻への情緒的依存

　山形の夫婦の場合，夫の実用的援助に対しては，いま述べたような世帯内要因のみが独立の効果をもっている。世帯内の状況に応じて夫婦間で家事の協力関係をつくり，さらに世帯外からの援助をも（主に妻が）調達するというパターンが読みとれる。この部分に関しては，基本的にウェルマンの説明モデルが妥当するようにみえる。

　しかし，情緒的な援助関係に関してはかなり様相が異なる。地理的に狭い範囲に維持された親族・非親族関係を中心とするネットワークのなかに住む山形の夫婦は，世帯内の要因とは独立にこうしたネットワークとの関連で夫婦間の情緒的依存を増減させる傾向がある。山形の妻は，夫婦（とりわけ妻）の認知する別居の親や子からの援助が多いほど夫への情緒的依存も多くなる。これは，朝霞の夫婦間の情緒的依存にも共通してみられることである。しかし，山形の場合，夫婦（とりわけ夫）が維持する地域内親族数が多いほど夫への情緒的依存を増大させる傾向が顕著である。さらに，山形の夫の場合，妻に情緒的に頼る程度は，夫の維持するネットワークからのみ規定される傾向があり，地域内の親族・非親族ネットワークの規模が大きく，拡大親族から多様な援助を得ている夫ほど妻に依存することが多い。この点は，朝霞にはみられない山形独自の傾向である。山形でのみ，世帯内のニーズとは独立に，夫の地縁的ネットワークが夫婦（とりわけ夫）の情緒的依存と関連するという点は，世帯のニーズを中心に夫婦がネットワークを形成・維持・活用するというモデルでは説明がつかない。これは，なぜなのだろう。

　ここには世帯外のネットワークが夫婦関係を規定するというボット仮説型のメカニズムが存在しているのではないだろうか。ただし，1950年代のロンドンとは異なり，山形の状況の背景には，伝統的な日本の家族規範に裏打ちされた家の観念，および家の代表者としての夫が中心となって維持される地縁・親族ネットワークの影響が強く存在するものとみられる。つまり，夫婦が必要に応じてネットワークを維持するのではなく，むしろ世帯外のネットワークの維持が夫婦に突きつけられた規範的要求という意味を強く帯びており，その規範的要求を履行するために夫婦間の相談関係が増大することが夫婦間（とりわけ夫から妻へ）の情緒的依存をもたらしているのではないだろうか。

　山形の夫婦インタビューのうち，多くの地縁的な親族関係を維持している夫

婦の事例は，こうした解釈を傍証するようにみえる。本家を中心とした夫方の親族との「つきあい」は，選択的交際や必要に応じた援助のやりとりばかりではなく，非選択的で規範的な「義理」の要素を多く含んだものであるようだ。東京で核家族として生活した後，山形で夫の親と同居生活を数年続けている我妻さん夫婦（40歳代）の夫は，現在の「親戚づきあい」についてつぎのように言う[20]。

> まず1番，本家ね。父親の方ですけど，うちの父は次男ですから。あと3番目（の叔父）と，4番目の唯一の叔母と，あとはS市（北海道）とかS（関東）とか遠いもんですから，滅多に会えないということですね。母方（のおじ・おば）は12人くらいいるんですけど，おふくろはきょうだい会なんかもしてますんで，割と均等なんじゃないでしょうか。ただ，母が1番末っ子なんですけど，そのすぐ上の姉がT市（関西）にいるんですけど，母としては1番親しいかな。今は（T市の伯母の）ほかは山形にいますね。県内の内陸の方ですけど。比較的集まりやすいです。もちろん（T市の）伯母さんなんかも飛んで来ますよ。

60歳代の夫婦・北山さんの夫（三男）は，妻方の姓を名乗っているが，妻の親とは同居していない。北山さん夫婦の親戚づきあいに関して，妻はつぎのように述べている。

> ［いま1番親しくしているご親戚は？］やはり私の実家と，主人の兄・本家ですかね。
> ［何か行事があると］ええ，主人の（本家の）方にも集まりますし，私の実家にも集まります。妹のところに母がいますので，そちらの方に。

---

20 以下の記述においては，インタビュー回答者のプライバシー保護のため，対象者の名前は仮名とし，全体の文脈を損なわない範囲で，固有名詞および職業など個人情報の一部を変更してある。なお，回答者の発言をある程度まとまって引用している部分は，空白行によって本文から区別して表示してある。本文中に直接引用している場合は，その部分を「　」によって示してある。［　］はインタビュアーの質問・発言であることを示している。また（　）は筆者が文脈を補足したり，省略箇所や発言者名を明示する場合に使用している。なお山形と朝霞の夫婦インタビュー調査分析結果の詳細については，野沢（1994a）を参照。

第1章　家族・コミュニティ問題

　北山さんの妻方の親族とのつきあいについて夫が語る言葉にも規範的な要素が滲む。

　　（妻の実家へ）月1回くらいは行きますね，仏さん参りに，夫婦一緒に。車で私が運転して連れて行くんですよ。あと何かしゃべってきてね。（中略）家内の親がまだいるから，親がいる限りはまだ行こうじゃないかということでね。（妻の母と同居している）家内の妹の旦那っていうのは，ちょっと変わってて，私らあんまり好きじゃないけども，一応「きょうだいづきあい」ってなことはやってますけどね。

　先ほどの我妻さんの場合，夫方の親族とのつきあいにおける実際的役割は，基本的には同居している夫の母親が担っており，「母親とのつきあいという感じで，私たち（夫婦）のところにまではまだ下がってきていない」と我妻さんの妻は言う。ただし，夫の母親と一緒に妻が（車を運転して）本家などの親戚に行くことがあり，本家に母親と妻と子どもたちでサクランボもぎに出かけることもある。夫は，仕事が忙しいこともあって同行しないことが多い。そういうつきあいは妻に「任せてしまう」。つまり，父方の本家とのつながりを維持する役割を担っているのは，母と妻の2代にわたる嫁であり，それが上の世代から下の世代へと変化しながらも連続的に継承されつつあるようである。そして，夫方の親族とのつきあいを実際に担う妻との間には，夫婦が（とくに夫から妻へ）相談し，依存する関係が生じるようにみえる。

　　（夫方の親戚とのつきあいは）必要なときに行ける人が行く，ということじゃないでしょうか。ケースバイケースだと。原則として私の母が行きますけどね。（中略）お互いが忙しいから，そのときにやれる人がやるというかたちだと思いますね。母と女房がやることが多いでしょうね。（中略）日にち的な余裕があれば，相談することもあるでしょうし。

　こうした地縁的なネットワークに取り囲まれた山形の夫婦にとって，親族との関係維持は，世帯にとっての重要な生活課題となり，夫婦（あるいはそれ以外の世帯員）の間の協力や相談を前提としたものとなる傾向がある。親族関係は基本的に世帯単位のものと意識されている。夫婦一緒に対面的な接触を行った

3. 磁場としてのネットワークと家族

り，場合によっては夫方の親族とのつきあいを妻が代行できるのは，そのためであると考えられる。北山さんの妻のつぎのような発言もそれを裏付けている。

　　［(夫婦それぞれの実家には) いつもお二人で行かれるんですか？］
　　そうです。何かあるとしょっちゅう。主人の方はふた月に１回くらい
　　ですか。
　　［おひとりで行かれることは？］ありますよ。急用があったりとか，
　　主人が勤めてますので，私が代わりに行くこともね。

　夫方の親族関係は，夫自身にとっては単に規範的であるだけでなく，少なくともその中心部分には情緒的な要素がかなり強い。我妻さんの夫は，本家の伯父さんも妻や子どもを「結構かわいがってくれるというか，うちら家族は皆その伯父さんには世話になっていますよ」と言う。本家の長兄から土地を譲り受けた北山さんの夫も，つぎのように述べる。

　　［１番心安くつきあっているのは？］本家の兄貴だね。肉親だし，尊
　　敬もしてるし，面倒もよくみてくれるし，１番だと思うな。何でも話
　　せるし。あとのきょうだいは，あんまり…。
　　長男でも，そうやってきょうだいの面倒みてくれる人はいいですけれ
　　ども，そうでもない人もいるから。うちの兄貴はそういった面ではい
　　い兄貴だな。(中略) 私は，兄貴に感謝しているというか，うちの家内
　　もそれは同じで。

　こうした傾向は，インタビューした山形の他の夫たちにもみられた。夫の親族との多様な援助関係は，同時に情緒的な要素も含むものとしての義理的な意味あいを帯び，それゆえに親族との関係を重要視し，それを維持していかなければならないと考える。このようにして維持される地縁的ネットワークは，あたかも磁場のように世帯の外側から夫婦関係に影響を及ぼしているとみることができる。このようなネットワークの磁場のなかで，夫が自らの親族的世界のなかでの義理を果たすためには，嫁としての妻の実際的な役割に依存しなければならない。こうした磁場のなかにある夫は，その磁場構造を受け入れているがゆえに，妻の援助を動員しなければならないのである。

ただし，動員される妻たちは，夫が意識している以上に，こうした夫方の親族との関係を非選択的で非情緒的なものと意識しているようである。彼女らにとっては，それはより純粋に規範的なものである。夫の地縁的な親族関係に緊密に関わっている妻たちへのインタビューからは，妻方の親族に偏らないように意識して夫方の親族とのつきあいを行っているという回答が目立つ。青年期までを首都圏で暮らしたのち山形で結婚した北山さんの妻は，かつては本家（農家）の手伝いやつきあいで苦労したことを回想している。しかし，それは必ずしも夫と共有できる感情ではないようだ。

　　[姑さんに言われたことを旦那様に言いつけたりなさいますか？] いえ，しません。もうこっちの風習なんだと割り切らないと，やって行けませんからね。
　　[それでもむしゃくしゃするなんていうときは？] あります，あります。そのくせ何かあると，姑も兄も兄嫁も私に相談してくるんです。まあ私も，また何か言われるといけないから相手を立てながらうまく流しているんですが。難しいですね。

　これらのインタビュー事例から判断する限り，ボットが見いだしたのと同様に，規範性を帯びたネットワークが夫婦の関係に影響を与えるという規定関係が存在するといってよいだろう。ただし，それが夫婦の情緒的援助関係を強めるという方向での規定力をもつ点でボットの仮説に反するようにみえるのは，ネットワークの磁場を成り立たせている規範内容の違いによると考えられる。山形にみられる地縁的ネットワークが現出させている磁場の規範的要素が，いわゆる日本の家制度が具現していた規範内容と親和性をもつことは明らかであろう。
　地域別に，妻と夫の家意識を独立変数とし（「長男は結婚しても，親と同居するのがよい」という意見への肯定派と否定派の2カテゴリー），3つの夫婦関係変数を従属変数とした一元配置の分散分析を行ってみた。家意識の中心的な要素とみられる長男の親との同居を肯定する意識は，山形の夫の場合のみ，妻に情緒的に依存する程度と有意な関連をもっており，長男との同居を肯定する意識をもっている夫の方が妻への情緒的依存が高くなっている（Eta=.14, F=9.35, p<.01）。朝霞の夫婦や山形の妻では，家意識は夫婦関係のどの変数とも有意な関連はない。

さらに，山形の夫の家意識の強さは，夫の認知する拡大親族援助依存度（γ =.28），地域内親族数（γ =.23），近隣関係数（γ =.32）といずれも正の相関を示す。山形では，一定の規模の地縁的なネットワークを維持する夫は，同時に家意識と通底するような規範的磁場の影響圏に取り込まれる傾向があることを傍証している[21]。

山形の夫婦関係は，家事分業のレベルでは，世帯内の要因によって規定されるようにみえる。しかし，インタビュー事例の分析からは，夫婦の情緒的依存関係のレベルは，夫の維持する地縁的（親族）ネットワークによって世帯の外側から規定されているようにみえる。それは，伝統的な家規範を再生産しているネットワークであり，その限りにおいて夫婦関係を構造的に形づける磁場であるといえるだろう。夫の地縁的ネットワークの磁場の影響力の大きさが基本軸となって，それにともない夫が妻に情緒的な援助を求め，動員する程度が増減するという点に山形の夫婦の特徴があるとみるべきではないだろうか。

(3) 朝霞の特性——職場・近隣ネットワークのなかの性別役割分業

地縁的な親族関係が相対的に少ない朝霞の場合，夫婦間の情緒的な依存関係と，地縁的な親族ネットワークの規模や拡大親族援助依存度との関連は小さく，他の主要な要因の影響をコントロールすると統計的に有意なものではなくなる。山形にみられたような地縁的（親族）ネットワークの磁場の影響力が，とくに夫から妻への依存という点で夫婦関係の多様性をもたらす基本軸とはなりえない点に朝霞の家族・コミュニティ状況の第1の特性がある。

---

21 現代日本の親族関係の変動についての包括的な理論的枠組を提示しようとした光吉利之は，「日本の伝統的な親族体系を構成する家，同族，親類は，それぞれ独自の結合原理によって構造化されながらも，相互に他の結合を規定し合っている。同族と親類は，いずれも構成単位である家の性格に依存しており，親類の性格は，それと共生する同族の様態によって大きく左右される」と述べている（光吉 1983：311）。彼は，家規範が夫婦家族規範へ，規定的親類規範が選択的親類規範へと変化し，同族規範が消滅して，こうした伝統的な親族構造が近代的親族構造へと移行するとみているが，親族規範と親族状況（成員，装置，活動状況）とが独自の変化をしながら相互に規定し合うと考えている。一定規模の親族ネットワークが地域内に集中し（連帯し）ている状況は，光吉のいう親族状況の一部にあたるだろう。彼の枠組の中では親族関係の空間的要素は必ずしも強調されていないが，社会移動の増大とそれにともなう親族ネットワークの地理的な分散が，親族規範の一部である家規範の変容と密接に関連していることに注目する必要がある。

ただし，親族関係に関して言えば，(とくに妻の認知する)世帯外の親子関係から多様な援助を得ていることは，朝霞の夫婦間の双方向の情緒的依存を高める独立の効果がある。山形の場合は，世帯外の親子間の援助関係は，妻が夫に情緒的に依存する程度とのみ関連していた。また，朝霞の場合も，夫の認知する地域外の親族関係数が多いほど，妻の夫への情緒的依存度が高くなる傾向もみられた。これは，比較的距離が離れていても親族ネットワークの磁場がある程度の影響力をもっている可能性を示唆している。

しかしこの点も，妻から夫への情緒的依存のみを高めるところが山形の場合とは異なっている。この地域差をどう解釈するかはむずかしいが，少なくとも，山形に比較して朝霞の親族関係維持は，夫の代理あるいは世帯の代表としてではなく，妻が独占的に担う役割となっている傾向が強いと考えることは可能だろう。山形のように，規範的な要素が強く，やや公的な意味を帯びた親族関係維持に夫(とその背後にある磁場)によって動員される嫁という位置ではなく，私的な領域内の事柄としての親族関係維持の主役の位置に妻がつく傾向があることを分析結果は示唆している。もしそうならば，夫の認知している親族関係も，実は妻が維持している妻方の親族中心に構成されているのかもしれない。つまり，妻の維持する親族関係に夫が動員される，あるいは関わりをもつ程度が高いほど，親族関係維持の要の位置にいる妻から夫へと相談をもちかけることが多くなるということではないだろうか[22]。

親族関係が地理的に分散している朝霞の夫婦へのインタビュー調査では，山形の事例とは異質な，妻中心の親族関係維持の事例が目についた。そうした傾向は，夫が仕事中心の生活を送り，子育てや家庭内のことは妻に「任せきり」だったと夫が口をそろえて言う2組の夫婦に顕著である。40歳代の夫婦・渡瀬さんの夫(長男)は，現在は建築関係の会社の東京支社に勤務しているが，20年近くにわたって数カ月単位の長期出張の連続という生活を送ってきた。彼には現在とくに友人と言える関係はなく，自分(夫方)の親族関係では，九州に健在の両親と弟以外では，東京都内に住む伯母とその娘(いとこ)と親しいつきあいをしているだけである。しかし，そのいとこ親しいのはむしろ妻の方である。

> その人と私がすごく気が合うんですよ。(中略)たまにしか行けませんけど，電話でいろいろしゃべりますね。お正月などは，みんなが必ず

集まる家なんですよね。(夫の)両親も九州から出てきたら必ずそこに行きます。その家とは何でも相談し合える感じです。その従姉妹のことを私は「お姉さん」と呼んで，姉妹みたいにつきあっています。
(渡瀬さん・妻)

一方，渡瀬さんの妻は，東京都内に住む妹とも親しい関係を保ち，とくに子どもの年齢が近かったこともあって子育ての面で援助し合ってきた。さらに，夫の母とも親しい関係を維持し，援助を得てきた。しかも，その関係も，夫を介したものというよりも，妻の個人的・情緒的な紐帯という性格が強い。そこには，そうした親族関係維持者の位置にある妻から夫への相談が生じる傾向も示唆されている。

私はお産のときなど半年くらい九州(の夫の両親の家)に行ってましたし(中略)，自分の母はもういませんでしたから何でも主人の母に相談していました。すごくいい母なんですよ。結婚する前も何かにつけて相談したりして…。母も自分に娘がいなかったから私に本当によくしてくれて…。だから仲良くしてますよ。母には1カ月に2回くらいは電話してるかな。向こうからも電話がありますし。(中略)主人には言

22 親族関係を夫方・妻方に分類せずに回答を求めた既出のネットワーク変数からは，この点をこれ以上追究することはできないが，夫婦間の情緒的依存と夫方・妻方の親との直接的接触頻度および電話での接触頻度との関連をみると，こうした解釈が傍証されるようにみえる(野沢 1994b：125-130参照)。なお，戦後日本の親族関係に関する諸研究は，妻方優位の方向に変化しつつある点をほぼ一貫して報告している。たとえば，早い時期に農山村と都市部との比較調査を行った小山は，農山村地域では，世帯が維持している親族関係の比率が夫方に大きく傾斜していたのに対し，都市部のとくに創設世帯においては双方に対称的になる傾向を指摘した。この点について小山隆は，「要するに過去の時代の親族関係は家を中心とする関係であり，個々の家族員を中心とする関係は極めて抑制されていた。殊に一旦他家に嫁した以上は，生家に帰着することにも節度が要求されており，従って婚姻における親子別居の感情は一入深いものがあったのである。しかし今日では，相続，非相続者を問わず，夫婦の親族関係は双系的に拡がっており，拡散された拡大家族は，従来の拡大家族に見られたような家長のもとでの同居世帯よりも，遥かに広く，且つ，解放された関係が一般に認められるようになってきた」と述べている(小山 1965：5)。近年では，たとえば前田(1993a)が，東京都下の市に居住し，末子が小学生である母親を対象とした調査から，妻方親との情緒的紐帯がとくに強いことを見いだしている。

わなくても，私にはおじいちゃん（夫の父）の愚痴をこぼしたりして，仲良くしてますよ。
［旦那様は，ご両親のことを奥様に相談されますか？］全然ないです。むしろ，私の方がおばあちゃんの話を聞いて主人に相談するような感じです。（中略）
［長男の嫁という意識はありますか？］ないです。何かあれば思いますが…，おばあちゃんとはうまく言っているほうじゃないかと思いますよ。同居していないからでしょうけれどもね。

朝霞のもう1組の夫婦・網野さん（夫60歳代，妻50歳代）も，こうした点で類似した傾向を示す。網野さんの夫（長男）は，長年電機メーカーの営業畑を歩き，これまで転勤のため全国各地を「平均すると2年に1回くらい」転居する生活だった。夫は，子どもの教育などは妻に「全部任せてきた」という。網野さんの夫方の親族とのつきあいはほとんどない。私的な交際関係を担っているのは専ら妻である。ただし，渡瀬さんの場合と異なって，結果的に妻方の親族に偏ったつきあいになっているが，それは関係維持者としての妻の選択の結果の違いであるようにみえる。網野さんの妻はつぎのように回想する。

結婚した当時は，（夫の実家は）H市（中国地方）だったんですけど，主人の方がね，何度か行きましたけど。子どもが生まれてお休みのときに，どちらか（の実家）に帰らなくてはならないとなるとどうしても私の方になっちゃうわけね。
［旦那さんは，自分の方にも行ってほしいとは？］そうは思っていたと思いますよ。…そんなに強くは言わなかったけど。
［そういうときもあまり口に出さないほうなんですね？］うちの母が「しょうがないわね」ってパパ（夫）に言うでしょ。そうするとパパが「いやもう少し年を取ったら分かると思いますから」って言ったんだけど，ずーっと年取っても分からなかったの。（私は）母に「パパは大事にできるけど，パパのお母さんはちょっとねえ」って言ったの。

夫も親族関係が妻方よりになっている事実を認め，受容しているようにみえる。そして夫自身，妻が維持する妻方の親族関係にかなり深く関わっている。

3. 磁場としてのネットワークと家族

夫の言葉を引用してみよう。

> ［奥様のご親戚とはどの程度のおつきあいなんですか？］まあ準身内みたいなものです。（妻が）長女なものですから，何かあると相談に電話がかかってきますから。
> ［そういうときは，ご主人が相談にのることも？］そうですね。家内の母は，（妻の）弟が結婚して一緒に住むまでは，何かあると全部私に相談してきました。今は弟に任せてありますけど。（中略）
> ［義理でつきあわなけでばならない大変さみたいなものは？］幸いそういう形式ばったことはないですね。家内の両親は，（中略）考えが大陸的というかおおらかなんですね。伝統とか宗派とかこだわらない。今風というか大ざっぱなんです。それで私が几帳面なもので合わないんです。（中略）30何年のうちに私が譲って慣らされたんでしょうね。

いずれの事例にせよ，山形の妻たちの事例にみられたような夫方の親族とも意識的につきあいを維持しようとする傾向は少ない。家制度のような規範的磁場をなしていない妻の親族ネットワークは，基本的に私的で情緒的な要素が支配的になりがちである。

> （妻方の親戚とのつきあいは）お盆のときとかお正月とかにみんなN市（妻の実家）に帰ってそこでみんなで（夫を交えて）麻雀したり。（中略）（麻雀は）おばあちゃん（妻の母）が，私より好きなの。（網野さん・妻）

こうした妻の維持する親族ネットワークへの夫の動員は，規範的なものではなく，当然視されてはいない。網野さんの妻は，夫の妻に対する「思いやり」が「すべて私（妻）の親ですとかきょうだいに対しても」向けられ，「ありがたいこと」だと考えている。親族ネットワークが地理的に分散する傾向の強い朝霞の夫婦には，親族関係の私化（選択化，脱規範化，家制度的磁場の弱化，と言い換えてもよい）および親族関係維持役割の妻への集中が一般化しており，妻の親族的紐帯が強く，それに夫も関わりをもつほど妻は夫に相談をもちかけ，あるいは夫に相談をもちかけることで親族関係に夫を動員するというメカニズムが働いているのではないだろうか。少なくとも，インタビュー事例の分析からは，

こうした解釈が支持されるようにみえる。

　ところで，朝霞の妻が夫に情緒的に依存する程度は，世帯外ネットワーク要因の効果とは独立に，多様な世帯内要因によっても変化する点が山形と異なるもうひとつの点であった。前節での分析にしたがえば，相対的に高学歴で，世帯収入の高い層の夫婦において，妻は夫に情緒的に頼ることが多いが，こうした要因を統制しても，さらにライフステージが独立の効果を有しており，育児期でとくに夫への依存が高くなる。朝霞の妻は，世帯内のニーズに応じて夫に情緒的援助を求める点に特徴がある。やはり朝霞の妻にとっては，世帯内の主婦・母親そしてその延長としての私的関係維持者としての役割が生活の中心を占める傾向が強いと言えるのかもしれない。これも，山形に比べて，世帯外の地縁的ネットワークの規範的磁場の影響が弱いことによって，顕在化した傾向だと位置づけられよう。山形の地縁的ネットワークが家規範に裏打ちされた磁場を自明のものとして受け入れる傾向が強いのだとすれば，それが弱化した朝霞では，夫が職場を中心とした公的領域に，妻が家庭を中心とした私的な領域に住むという性別役割分業規範が自明性を帯びる傾向が強いといえるのではないだろうか。

　この点と関連しているのは，大量データの分析から析出された第3の知見である。すなわち，朝霞においてのみ，夫の職場関係数と夫婦の近隣関係数が大きいことが，夫の家事参加の程度を減らす（独立の）効果を有していたという点である。すでに触れた朝霞の2組の夫婦は典型的な性別分業型の夫婦関係をつくりあげてきた。

　渡瀬さんの夫は，「一切子育てにはタッチしなかった。すべて家内に任せきりだった。私が家を空けがちなことに対して，（妻は）とくに愚痴らしいことは何も言わなかった。妻にはその点では感謝している」と述べている。妻からみても夫は「家の方は頭にない」し，「本当に何もしない人」である。また仕事のことに関しても妻には「全然言ったことない」し，「疲れたなあとは言っても，内容については一切家に持ち込まない人」「仕事一筋の人」だという。「あまり細かいことも言わないし，私に嫌なこと言うわけでもないし…，喧嘩したことないですもの」というのが妻の夫評である。網野さんの夫の場合も，仕事の忙しさから家事や子育てを妻に任せてきたと言い，次のようなエピソードを語っている。

3. 磁場としてのネットワークと家族

まあちょっと交通事故にあいましたからね，娘がね，転勤した先で。(中略) 小さいときですが。まあそういうときも私は会社の方で忙しかったんで，帰ってきて（妻から）話があったのかな。まあある程度（妻）ひとりで処理したり，できないようで（いて）その辺はきちんとやっていましたから，私も心配せず仕事ができました。(中略) それから…学校の父兄参観とか…私は行ったことがなく全部（妻に）任せきりでした。(中略) 当時は土日も，あってないようなものでしたから。

こうした分業型の夫婦関係の背後には，夫の職場関連の交際関係がある。網野さんの夫のパーソナル・ネットワークの中心は長年職場にあった。

(プライベートなつきあいといっても) やっぱりどうしても会社関係の幅に狭くなっちゃうんですけれども。(中略) 年を経るにしたがって自分が住んでいる地域社会にとけ込むというのがベストだろうと思っているんですけれども。まだ現実に妻子を残して東京の方に勤めていますもので，どうしても（家は）寝るところという感じになっちゃうんですね。(中略) 50歳になるまでは，お得意先を中心に，それに絡んだ同僚でしょうかね。そういうつきあいが9割くらいですね。(中略) 取引先で社員旅行とかありますね，それに呼ばれたり飛び込んだり。まあ呼ばれる方はいいんですが，飛び込むということは，やっぱり商売として内に入り込めれば第1関門突破ということで…。まあこれは営業的な感覚でのおつきあいですけれども。あとそれに絡む競争メーカーの連中とも遊びますね。入札やなんか関わってきますからね。(中略) 一旦東京を離れると仲間という意識が強くなりますね。同じ電機メーカーとか建築とかそういう出先の連中とは仲間になって一緒に飲んだり，麻雀やったりして親しくなります。

こうした仕事に絡んで形成・維持される夫のネットワークは，選択的につくられる私的な友人関係というよりも，仕事上の義務を伴い，規範的な要素を強く帯びている。それゆえに，世帯の外側から夫婦関係のあり方（ここでは家事・子育てに関する性別役割分業）を規定するようなある種の磁場がこのネットワークには生じていると言ってもよいであろう。地縁的な夫方親族関係の磁場をもた

ない首都圏郊外の夫婦にとって，伝統的な嫁という位置はあまり意味をもたない。あえて言えば，こうした職場ネットワークの磁場のなかにある「サラリーマンの嫁」という言葉が妻の規範的位置づけを示すに相応しい。網野さんの夫とは次のようなやりとりがあった。

　　［(転勤が多かったことについて)愚痴をおっしゃるような奥様ではないんですね？］ないですね。(転勤先での生活への)同化が速いから…。当時は皆そうじゃなかったですかね。全体の８割以上がサラリーマンで，その嫁になった以上はやむを得ないと。

　こうした妻たちに期待される役割は，夫の仕事にともなう生活変化（転勤，出張，単身赴任，仕事に関連する夫のつきあい関係など）に適応しながら，主婦や母親としてのニーズに合うような援助関係や交際関係のネットワークを選択的に作り上げることにある。夫は，この「サラリーマンの嫁」の役割に依存することによって，職場の磁場のなかで安心して仕事ができるのである。渡瀬さんの妻の次のような回想がそうした状況を例証している。

　　(夫は)ずっと出張とか単身赴任とかしてましたので…，私は楽だった部分もあるけれど，主人も大変だったとは思うけど，子どもが小さいときに病気をしたときなどは私もひとりだったからすごく大変で，近所の人や友だちなどにもすごくお世話になったので。(中略)上の子が幼稚園のときに一度私が肺炎になって２カ月くらい寝込んだときに，近所の人が４人で買い物や子どもの送り迎えなどやってくださったんですよ。

　首都圏郊外の家族のひとつの典型としての夫婦分業型家族の夫婦の妻たちは，地域内に豊富な友人関係を作り上げている。渡瀬さんの妻の場合も，こうした子育て期に援助関係を結んだ近所の人や子どもの幼稚園関係の友人とは，今でも交際が続いており，現在「心をうちあけて話せる間柄」にあるのはこのときからの４人の友人であるという。
　前節での数量データ分析のなかから導かれた知見，すなわち夫の職場関係数や夫婦の近隣関係数が夫の家事参加の程度と負の相関をみせるという朝霞特有

の傾向が生み出されるメカニズムに関しては，夫婦インタビューの事例分析結果に依拠する限り，次のような解釈を仮説的に提示することができる。夫の職場の（交際）ネットワークがある種の規範性を帯びているほど，それが世帯外から夫婦関係を規定し，結果的に性別役割分業を強化する。そして，そうした状況への適応として妻が一定数の近隣関係を形成し，そこからの援助量を増大させることによって，性別役割型の夫婦関係がさらに固定化される。つまり，山形において支配的であったような地縁的（親族）ネットワークの磁場の影響は，朝霞においては地理的な距離によって脆弱化しているが，ここではそれに代わって夫の職場ネットワークとそれの対応物としての妻の近隣ネットワークが，性別役割分業的な夫婦関係を外側から構造化する磁場となっているとみることができる。こうした非親族ネットワークの磁場のなかで（実用的援助レベルでは）役割分業化する傾向の強い朝霞の妻は，世帯内のニーズに応じて，磁場から解放され私化した親族ネットワークを選択的に維持・動員する主体となり，同時に夫からの情緒的援助をも動員する位置についている。そこでは，夫は親族ネットワーク維持における脇役でしかなくなっているようである。

(4) **磁場としてのネットワークと夫婦家族**

　山形と朝霞のデータ分析から得た知見のなかの地域差が顕著な部分に着目して，その解釈を検討してきた。一言で要約すれば，夫婦間援助関係をその外側から構造的に規定するような磁場ネットワークの配置と規範内容が両地域間で異なるということになる。山形では，家規範を共有する夫方親族を中心とした地縁的ネットワークの磁場の影響力が夫婦の情緒的援助関係側面を世帯外から規定する基軸となっている。それに対して朝霞では，そうした地縁的・親族ネットワークの磁場の存在は脆弱であるが，夫にとっての職場と妻にとっての近隣という空間的・社会的に分離された場所につくられる2つの非親族ネットワークの磁場が，夫婦の実用的援助関係の側面を構造的に規定する基軸となっている。換言すれば，それぞれの地域に支配的なネットワークの磁場の影響の強弱にともなって，夫婦関係のある側面が多様性をみせる。

　夫婦インタビューの対象事例のなかには，地縁的な親族ネットワークをほとんどもたない山形の夫婦が1組，職場のネットワークの拘束力が弱い朝霞の夫婦が3組含まれていた。山形の40歳代の夫婦，遠藤さんは，夫婦いずれの親族関係も山形県外のかなり遠方にのみ維持されている。遠藤さんの妻の次のよう

な回答は，山形の他の事例夫婦とは対照的であり，前述の仮説を裏付けている。

　［親戚の方から奥様に対する嫁としての期待のようなものはありますか？］うん，とくに意識したことないですよね。私自身が嫁というような立場で物事を考えないから…。結構離れて暮らしているせいもあるんでしょうけれどもね。これがそばにいるんだったらまた違うんだろうけれども…。

　［親戚づきあいのやり方などについてもご夫婦で話し合われたりしますか？］いや特別に難しいことはない…。任せっきりというような感じですね。（中略）向こう（夫）には向こうのやり方で…やっぱり私は私…。

　教員であり，職場ネットワークの拘束力も強くない遠藤さんの夫は，ある意味では妻以上に積極的に子育てに関わってきた。世帯外ネットワークの磁場の影響を受けない夫婦は，世帯内のニーズに合わせて，夫婦がより自律的に相互の援助を引き出すようにみえる。この点は，朝霞の夫婦の場合も同様である。朝霞のインタビュー対象者夫婦のなかでも，意識的に，あるいは結果的に職場のネットワークの磁場への取り込まれ方が弱い夫たちは，自分の関心にしたがって，あるいは夫婦間の相互交渉の過程の結果として，子育てや家事への関わりを強くしている。
　そうした夫婦は，確かにウェルマンらの主張するように，夫婦の絆を中心として，世帯内から世帯外のネットワークを選択的に維持するという傾向を強めるようにみえる。朝霞の40歳代の夫婦，宮内さんの夫は，家事に積極的に関わるなど生活の中心を家庭に置いている。また，子どもの教育方針や親族とのつきあい方に関しても夫が「リーダーシップ」を取り，夫婦間の相談関係や援助関係を優先して，世帯外のネットワークからの影響をコントロールしつつ維持する様相をみせている。さらに，朝霞の60歳代の夫婦，望月さんの場合，夫は広告業界などで何度も勤め先を変えてきており，組織としての職場の磁場からはかなり自由な生き方をしてきた。一方妻は，子どもが幼児のときに国家資格を取得してから一貫して自営業を営んできた。夫は「髪結いの亭主が理想」と言い，妻は「（家事は）うちの場合，1番最初から，できる人がやるというシス

3．磁場としてのネットワークと家族

テム」になっており，「結局，稼げる人が稼いで」やってきたと言う。それらの事例からは，夫婦（家族）自体が，世帯外のネットワークの影響から独立した，それぞれ独自の磁場を成しているような印象を受ける。

　夫婦相互にどれほどの援助を，どのようなかたちで行うかは家庭内の状況などに依存するが，世帯内のニーズを充足させていく際に，まず夫婦間の援助関係を基本として，選択的に世帯外のネットワークを維持するという意味での夫婦家族の磁場は，世帯外のネットワークの磁場が脆弱である場合に生じるようだ。逆に言えば，そのような状況では，夫婦間の磁場の形成が問題化・課題化されるようになることを意味する。朝霞のもう1組の40歳代夫婦，星川さんの事例では，夫は職場関係のネットワークも親族ネットワークもほとんど希薄であり，家庭で過ごす時間が長い。子どもの教育の方針や子育てへの夫の関わり方をめぐって夫婦間で「しょっちゅう喧嘩している」と夫は言う。世帯外のネットワークの磁場によって，自明性を帯びたものとして構造化される傾向が少ない夫婦関係は，より意識的に相互の交渉のなかで磁場を形成するという課題に直面することになる。

　さて，前節での調査票調査データの分析結果をめぐって，「磁場」という比喩的な用語をもちいて夫婦関係と世帯外のネットワークとの規定関係を説明しようと試みてきた。インタビュー事例と重ね合わせて分析結果を読み解こうとすれば，妻と夫が形成・維持するネットワークと夫婦の絆との間には，ウェルマンらが想定したような世帯内から世帯外へと働く規定関係ばかりではなく，世帯外のネットワーク（の一部）が一定の規範を帯びて夫婦間の援助関係のあり方を規定するという状況を明確に捉え，表現する必要があったからである。磁場とは，連帯性の強いネットワークが個人を（とくに他のネットワークの維持に関して）一定の行動に向かわせるような規範的な力を帯びている状況である，ととりあえず定義できる。

　これは，ボット（Bott 1971 [1957]，1955=2006）が家族ネットワークの密度と夫婦の役割関係との関連を仮説化する際に注目した点である。ただし，ボットの仮説がネットワークの形態の一側面であるネットワーク密度だけに議論を収斂させてしまったのに対し，ここでは夫婦間の関係に影響を及ぼし得るほど強い特定の規範がネットワーク内に共有されているかどうかがより重要であるという観点に立って「磁場」という用語を使用した。この概念が適切であるかどうかはさらに検討の余地があるにせよ，これまでの分析からは，世帯外の磁場の

強さには，ネットワークの密度ばかりでなく，その規模や地理的分散度，援助面からみた強さ，夫婦間の共有度などがどのように関連しているのかが追究されなければならないことが示唆された。さらに，夫婦（家族）自体が，磁場という概念で捉えられる可能性も示唆されている。

ボットの仮説が普遍的な説明力をもたず，彼女の研究の魅力が失せたような印象を与えているとすれば，それはひとつにはこうした理論化の際の方法論的問題が克服されていないことに原因がある（本書2章参照）。しかし，それ以上に，家族の内部と外部との関係に関する仮説を，当該社会の社会・文化的文脈を抜きに設定し，検証しようとしてきたことも，こうした研究の展望を狭めることにつながっていると思われる。

4．現代日本の家族・コミュニティ変動

これまでの分析結果は，現代の日本における家族・コミュニティ問題の一部への解答を試みたものに過ぎない。夫婦間の実用的・情緒的関係についても，また夫婦それぞれのパーソナル・ネットワークについても，限られた側面について測定され分析されたに過ぎず，今後さらなる探究が必要であることは論をまたない。しかし，今後の理論的な展開にもつながると期待されるいくつかの重要な知見が得られた。

第1に，夫婦間で共有された友人ネットワークを築き，援助的な親族ネットワークをもっていることは，一般的に夫婦間の情緒的な依存関係と両立あるいは並行している。この点では，北米都市型の両立モデルを成立させる基盤となっている世帯内ニーズ説は，現代日本の都市における家族・コミュニティ状況にもある程度妥当する。

しかし，第2に，世帯内からその外側のネットワークを選択的にコントロールする側面を強調する両立モデルには包摂しきれないような，規範的な連帯性をともなうネットワークの存在が強く示唆された。地方都市・山形における地域的親族ネットワークと首都圏郊外都市・朝霞における職場ネットワークと近隣ネットワークがそれである。これらは，それぞれの都市の内部における家族・ネットワーク状況に多様性をもたらすと同時に，そうした状況が異なる基軸に沿って多様化しているという点で両地域間の構造的差異を特徴づけている。これらのネットワークは，あたかも磁場のように世帯外から夫婦関係の特定の側

面を規定している。

 ただし，それがそのままボットの競合説にあてはまるわけではない。首都圏郊外都市の夫の職場および妻の近隣におけるネットワークは，世帯内ニーズに関わる実用的な夫婦間援助関係における分離化傾向を強めるが，夫婦間の情緒的援助関係については必ずしもそのような傾向はみられない。また，伝統的な家規範の基盤となっているとみられる地方都市の地域的・親族的ネットワークは，むしろ夫婦間（とくに夫から妻へ）の情緒的依存を外側から補強していることが示唆された。これらの点は，日本の現実に即した家族・コミュニティ問題への解答が，コミュニティ解放論（Wellman 1979=2006）の文脈でボット（Bott 1971［1957］, 1955=2006）からウェルマン（Wellman & Wellman 1992）へと展開をみせた北米での解答とは，いくつかの局面で異なることを示している。

 一時点の都市間比較から得られた知見をもとに，危険を承知であえて単純化した仮説を提示してみよう。高度経済成長期に顕著に進展し，その後も続いている社会移動の増大にともなう都市化がもたらした家族・コミュニティ状況の変容は，第1に地域・親族ネットワークの大規模な脱磁場化をもたらした。親族関係や近隣関係は，連帯的で規範をともなうようなものから，（親や子など）比較的限られた相手との間で，私的・選択的に維持され，動員されるものとなった。近年の日本のコミュニティ解放は，まず家規範をともなう地縁・血縁の磁場からの解放であった。そこでは，夫婦間の情緒的依存関係をその外側から構造化していた磁場が失われた。この過程が先進的に噴出してきたのは，もちろん移動者の受け皿である東京のような大都市においてである。

 しかし，そうした大都市居住者の家族の多くは，新たな世帯外ネットワークの磁場に夫婦別々に取り囲まれることになる。サラリーマン化した夫たちは，職場に生じた磁場のなかで仕事へのコミットメントを強め，世帯内の実用的なニーズの充足はもっぱら妻が担うという性別分業型の夫婦関係が固定化した。主婦や母親という私的な領域内の役割に特化した妻たちは，居住地近傍に非親族の援助ネットワークを形成し，それが夫婦間の役割分業を構造的に補強することになった。ただし，移動型社会への移行過程の進展は，いずれの地域においても，世帯外の磁場から自律的な夫婦関係が出現する余地を拡大し，意識的に世帯内に磁場を作り上げるという困難な課題を個々の夫婦に突きつける状況をもたらしているようにもみえる。

 このような暫定的な解答には，詳細な検討を加える必要がある。日本国内の

多様な地域間比較や時系列的研究，および比較社会学的な研究が展開されることによって，家族・コミュニティ問題のさらなる解明への道が切り開かれるだろう。

付表1-1 地域別・妻と夫のネットワーク・援助要因変数相互連関マトリックス（相関係数r）

朝霞

	B	C	D	E	F	G	H	I	J	K	L	M
A 地域外親族数：妻	.31***											.12*
B 近隣関係数：妻		.23***	.08	.22***	.15**	.19***	.35***	.24***	.15**	.12*	.02	.11*
C 直系核親族援助依存度：妻			.07	.18***	.58***	.25***	.30***					.11*
D 地域内親族数：夫				.09		.23***	.19***	.06	.00	.04	− .01	.17**
E 妻の親友：夫婦共有度					.11*	.10	.23***	− .01	.07	− .08	.09	.30***
F 地域外親族数：夫						.09	− .02	.13*				.15**
G 地域内友人数：夫							.22***	.09	.07			
H 近隣関係数：夫								.14**	.18***	.28***	.08	.12*
I 職場関係数：夫									.19***	.39***	.13*	− .05	.15*
J 直系核親族援助依存度：夫										.40***	.19***	.46***	.16**	.11*
K 拡大親族援助依存度：夫											.28***	.16**	.11*
L 職場援助依存度：夫												.05

山形

	b	c	d	e	f	g	h	i	j	k
a 地域内親族数：妻	.21***	.13**	.19**	.19***	− .01	.06	.39***	.11*	.08	.15**	.05	.06
b 職場関係数：妻		.09	.10*	.28***	− .00	.10*	.30***	.06	− .00	.09	.01
c 直系核親族援助依存度：妻			− .14**	.09	− .00	.05	.10*	.04	.43***	− .08	.04
d 拡大親族援助依存度：妻				.09	− .01	.13**	.01	.01	− .15**	− .08	.45***
e 職場援助依存度：妻					− .10	.01	− .05	.05	− .01	.05	.11*
f 妻の親友：夫婦共有度						.07	.01	.30***	.12*	− .01	.05
g 地域内親族数：夫								.13*	− .01	.13**	.19***
h 近隣関係数：夫									.08	.10*	.16**
i 直系核親族援助依存度：夫										− .13**	.15**
j 拡大親族援助依存度：夫											.07

注）***p＜.001，**p＜.01，*p＜.05．地域ごとに，夫婦関係変数と統計的に有意な関連をもつ変数のみを取り上げた．

第2章 ネットワーク論の意義と方法
——家族研究への応用

1. ネットワークのなかの家族

　人間が社会的な存在であるように，家族も社会的に孤立した存在ではありえない。しかし，社会的な環境と家族との関係に焦点をあてた研究の意義について，従来の家族社会学のなかに共通の認識が得られていたとは必ずしもいえない。家族を社会システムのなかに位置づけられる比較的閉じたサブシステムとみなす理論的前提に立ったり，家族内のミクロな（役割）関係や個人の家族（規範）意識に関心を限定して調査研究が行われたりしてきたことが，その要因のひとつかもしれない。もちろん，従来の日本の家族研究は，一貫してマクロな社会変動の視点から家族の変化を捉えることにも大きな関心を寄せてきた。だが，そうした変動の担い手である個人の家族意識や家族的行動を，彼らを取り巻く直接の社会環境との関連から説明することには，それほど注意が向けられてこなかった。

　「社会的ネットワーク（social network）」[1]という概念は，個人や家族が置かれている社会的環境を直接捉えるもっとも有効な分析道具のひとつである。では，この道具を使うことによって，家族現象の何がみえてくることになるのか。この問いをめぐって，現代日本を対象とした経験的研究を中心に最近の研究動向を概観し，家族研究へのネットワーク論の応用可能性を探ることが，この章の目的である。ネットワークを論じることは，むしろ近年ではひとつの「流行」（大谷1995；藤崎1998）になっており，様々な領域においてネットワークという用語に多様な価値や期待を込める「ネットワーク幻想」（安田 1997）が安易に広が

1　"Social network"の日本語表記としては，「ソーシャル・ネットワーク」や「社会ネットワーク」が使われる場合もある。本書では，比較的古くから，比較的多くの分野で使われてきた「社会的ネットワーク」という訳語を一貫して使用する。

る傾向があるとの指摘もある。家族研究においても，次第にネットワーク論への期待が高まっているが，その背後にある方法論や理論的前提，分析上の有用性と限界，応用範囲などについて理解を深めることは，経験的研究の蓄積や理論の展開のためにも重要である。

2．社会的ネットワーク論とは何か

(1) ネットワーク論の理論的視角

　社会的ネットワーク論の系譜は，20世紀前半の社会人類学や心理学をその源泉として，社会学的伝統のなかの主要な理論関心を包摂しながら，多系的な発展をとげてきた (Scott 1991: chap. 2)。近年にいたって社会学の領域に独自の位置を占めるようになり，多様な社会現象を研究対象として豊かな成果を生みだしつつある（安田 1997)。初期の研究が社会構造を「結合の網の目 (web or fabric of connections)」などの比喩的な表現で捉えようとしていたのに対して，次第に分析ツールとしての「ネットワーク」概念とその下位概念が洗練・精緻化され (Barnes 1954=2006 ; Mitchell 1969=1983)，多様な領域に応用されることで，ひとつの社会学的潮流をなしてきたといえるだろう。

　こうした発想と方法の系譜がひとつの社会学理論として結晶化しているとみるかどうかは，議論の分かれるところである。通常のデータ分析が，個人に帰属する特性（性別や年齢から態度や意見まで）に関わるデータをもっぱら扱うのに対して，「ネットワーク分析」は，こうした個人属性に還元されない個人間の関係（接触や紐帯）に関するデータに着目するという点ではおおむね合意が成立するだろう (Scott 1991 : 2-3)。しかし，少なくとも狭義の「ネットワーク分析」に限れば，こうした行為者間の関係のネットワークが一定の構造をもち，その構造が行為者の態度や行動に影響を及ぼすことを強調するという理論的志向性が共有されている。つまり，ある個人がどのような行動をとるかは，その個人に固有の特性から説明し尽くされるのではなく，他の人々との関係の全体像を視野に入れ，関係の構造的特性からの影響を考慮に入れなければ充分に理解できないと考えるのである（安田 1997)。

　その意味で，こうしたネットワーク分析は「構造分析」と呼ばれることもある (Wellman 1988)。方法論的個人（属性）主義に対する方法論的構造主義と言い

換えてもよい。ただし，ネットワーク分析における「構造」という概念は，パーソンズらの構造機能主義における，システム内の制度化された地位と役割の連関を意味する構造概念とは明確に異なることに注意する必要がある。むしろ，個人に内面化された規範や価値という観点から行為を説明する従来の方法論への強い批判を内包してさえいる (Mitchell 1969=1983 ; Boissevain 1974=1986 ; Wellman 1988)。つねにというわけではないが，多くの場合，ネットワーク分析は，行為者間の関係を様々なレベルの具体的な相互作用を前提としたインフォーマルな紐帯 (tie) として捉える (Barnes 1954=2006)。そして，そのような関係が連鎖して作り上げているネットワークの構造上における位置や，その構造が創発する特性の効果に注意をはらう。これは，相互作用論における個々の行為者の「状況の定義」を介して行為の意味を読み解く方法に通底する部分もあるが，他者との個々の相互作用に視野を限定せず，特定の相互作用が生じる全体的文脈として複数の関係の構造に焦点をあてる点にネットワーク分析の独自性があるといえるだろう。ネットワーク分析は，制度化されたみえやすい地位や役割の構造ではなく，みえにくいインフォーマルな関係の構造を可視化するための方法だといえる。

(2) ネットワークの把握

ここでは，社会的ネットワークを「行為者間の関係のセット」と緩やかに定義しておこう。行為者としては，おもに個人を想定して議論するが，研究関心次第で，集団や組織など様々なレベルの主体間の関係に適用されうる。そして，ネットワークは，行為者を点で，複数の行為者間を結ぶ紐帯を線で表した図[2]として表示できる (図2-1参照)。実際の分析において図示されない場合でも，ネットワークという概念は，少なくとも潜在的には，複数の点 (行為者) が線 (紐帯) で相互に結びついた構造図を想定しているのである。

また，ネットワークを「全体ネットワーク」と「部分ネットワーク」に分けて考えるのが一般的である。ネットワーク論的にいえば，社会全体は，地球上に張り巡らされた（しかも意外に緊密に編まれた）個人間の結びつきの連鎖とみることができる (Milgram 1967=2006)。しかしほとんどの場合，社会のなかのひとつの組織や地域社会というように一定の境界を設けて，そのなかに含まれる行

---

[2] ネットワーク分析では，このような図を「グラフ」と呼ぶ (安田1997: 22-34)。

第2章　ネットワーク論の意義と方法

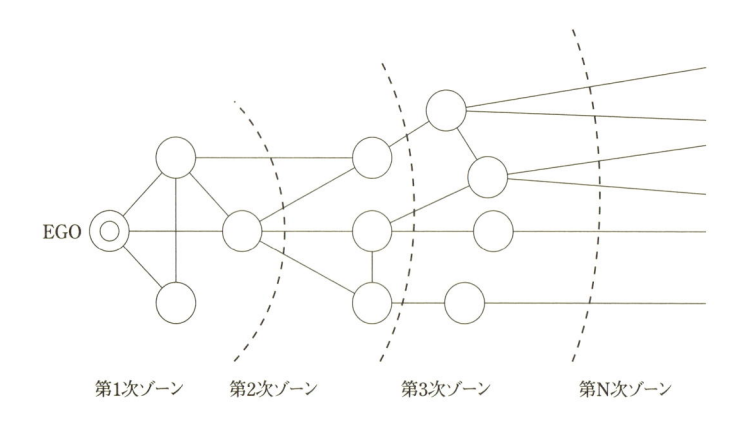

図2-1　個人ネットワークの拡がり（Boissevain 1974=1986：48）

為者間の関係の部分ネットワークを切り取って分析することになる。その切り取られたネットワークをひとつの全体として捉え，分析しようとする場合，そのネットワークを「ソシオセントリック・ネットワーク（socio-centric network）」と呼ぶ。例えば，一定の地域社会内にある世帯間のつきあいの構造をみる場合がそれにあたる。

　それに対して，特定の行為者を中心に据えて，その行為者が取り結んでいる関係を切り取って分析する場合，それを「エゴセントリック・ネットワーク（ego-centric network）」と呼ぶ。焦点となっている行為者が個人であれば，それを「パーソナル・ネットワーク（personal network）」あるいは「個人ネットワーク」と呼ぶ。特定の行為者（ego）中心としたネットワークは，直接接触のある人々によって構成される第1次ネットワーク・ゾーンをもち，さらに直接には連結していないが，第1次ゾーンのメンバーを介して接触が可能な第2次ゾーンへとリンクしている。この第2次ゾーンは，同様に第3次から第N次ゾーンへとリンクして，全体社会を構成するネットワーク内のすべての人に接続していると考えられる（図2-1）。

　ネットワーク概念を家族研究に応用する場合，そのほとんどが，個人，世帯，カップル（夫婦など）を中心においたエゴセントリック・ネットワークを想定している。つまり，egoと直接にリンクした第1次ゾーンに含まれる紐帯のみ

を分析の対象としているのである[3]。現実には平均的な個人が日常接触する相手は膨大な数にのぼるため，通常は一定の基準を定めてそれに該当する紐帯のみを取り出した，エゴセントリック・ネットワークのなかの部分ネットワークを扱うことになる。

そこでまず問題にされるのは，ネットワークに含まれるひとつひとつの紐帯あるいは関係の特性である。個々の紐帯の関係特性をどのような側面から捉えるかは研究の目的に依存するが，家族研究との関連からみて有用なのは，①親密性，②交換される援助（サポート）の種類および量，②援助や情報の流れの方向性，③接触頻度，④関係の社会的文脈あるいは領域（親族，友人，職場の同僚などの種別），⑤時間的な持続性，⑥空間的距離，⑦結合の同質性／異質性，などの諸概念であろう[4]。したがって，分析上切り取られるネットワークは，これらの指標のうちのひとつあるいはいくつかの組み合わせによって定義された部分ネットワークである。ある個人が「親密」であると感じている「親族」のネットワークというのがその一例である。

こうして切り取られた部分ネットワークは，さらにネットワーク全体としての構造特性をもつものと考えられる。これは，個々の紐帯の特性には還元できない，別の次元の特性である。構造特性を捉える下位概念のなかで，とくにパーソナル・ネットワークの分析にとって重要なものは，ネットワークの規模，密度[5]，構成，空間的分散，などである。こうしたネットワークの構造特性は，パーソナル・ネットワークの中心に位置する個人の主観とは切り離された客観的な構造を示すものとは限らない。例えば，その個人が感じる「親密さ」の程度にしたがって情緒的に重要な人々のネットワーク構造をいくつかのゾーンに分けて示すことも可能である（図2-2）[6]。ただし，捉えられたネットワークの構造が全体として，何らかのかたちで個人の主観的判断や行動に影響を与えて

---

[3] しかし，パーソナル・ネットワークが直接のリンクを介して友だちの友だちや知り合いの知り合いに連結していることは，理論上も，実際の生活上も，重要な意味をもっていることを見逃してはならない。第1次ゾーンのメンバーを介して，ときに貴重な情報がその外延からもたらされ，また重要な援助源となる人や機関を紹介されることによって新たな社会的世界に足を踏み入れることで，個人の生活に大きな変化が生じ，転機が訪れることがある（Milgram 1967=2006；Granovetter 1973=2006；野沢 1998［本書6章］参照）。

[4] 紐帯の「強さ（あるいは弱さ）」という概念で関係の内容を把握する視点もあるが（例えば，前田 1991, 1989），この概念も列挙した諸概念を含む下位概念によって構成され，実際にどのような指標を使うかは研究ごとに異なる。

いるのではないか，と想定する理論的志向性をもつのが「構造分析」的なネットワーク論である。

(3) **家族研究への応用**

ネットワークに関するこれらの諸概念は，経験的な研究のなかで必ずしもつねに一貫した操作化と測定がなされているわけではないが[7]，ネットワーク分析には個々の紐帯の関係特性あるいはネットワークの構造特性を何らかのかたちで記述・測定する手続きが含まれている。このように理解されるネットワーク概念を家族研究に応用する意義は，以下の3点にある。まず第1に，従来の集団概念に比べて，家族とその社会的環境を変数として捉える方法として優れていること。第2に，家族およびその社会的環境のもつ援助的な機能の側面を分析できるばかりでなく，ネットワークの構造と家族生活との相互規定関係を捉える視点を提供できること。そして第3に，ネットワークの空間的側面と構造的側面を関連づけることによって，現代家族の多様性や変動のメカニズムを把握する上で独自の貢献を期待できることである。

以下では，近年の日本を中心に家族とネットワークに関わる既存研究を概観しつつ，これらの論点を考察することにしよう。ただし，ネットワーク概念をどの程度厳密に使用し，ネットワークの特性をいかに把握するか，という点では多様な研究が存在する。そこで，狭義の「ネットワーク分析」に限定せず，

---

5 ネットワークの密度（density）は，ネットワークに含まれるメンバーが相互に連結している程度を表す概念であり，特定の規模のネットワーク・メンバー間に実際存在する紐帯数を存在可能な紐帯の最大数で割った値である（安田 1997：12章参照）。密度と関連する概念としては，異なるネットワーク領域（例えば家族関係領域と友人関係領域）に含まれるメンバー間の，領域境界を越えた連結の程度を表す「境界密度（boundary density）」が使用されることもある（Hirsch 1981：156-160参照）。また，相互の直接結合によって構成されるネットワーク内の小集団を「クリーク（clique）」と呼ぶ。ネットワークの密度や境界密度，クリークの存在や配置など，ネットワーク内の紐帯の結合状態を示す諸概念は，より厳密な意味で，狭義のネットワーク構造特性を捉える概念ということができる。

6 ネットワーク・メンバー相互のリンクを示してはいないが，親族・非親族別，地理的な距離別に「親しさ」の程度および「不快感・嫌悪感・怒りをおぼえるやっかいな人たち」かどうかという基準によって析出されたネットワークの構成を図示する試み（Wallman 1984=1996：85-97）を参照。

7 ネットワークに関する概念規定と操作化の非一貫性がもたらす問題に関しては，ボットの仮説とその追試研究について詳細な検討をしている藤崎（1981）を参照。

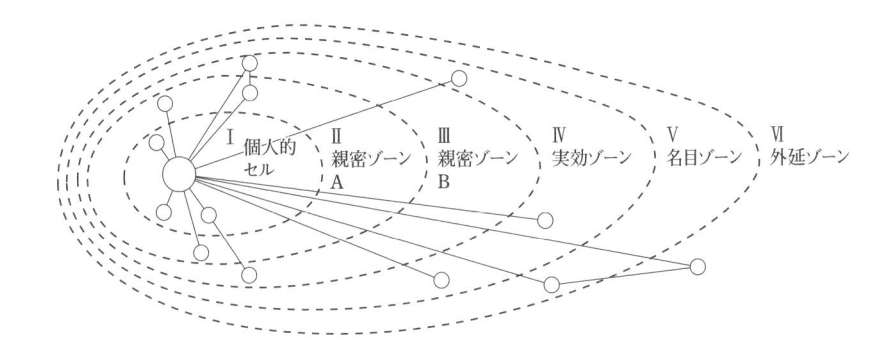

図2-2 主観的な規準による個人ネットワークの構造化 (Boissevain 1974=1986：75)

広くネットワーク論的な視点を含む研究事例に可能な限り触れることにしたい。そのようにしてみると，家族研究に貢献するネットワーク論の射程と裾野はかなり広がっていることに気づくだろう。

3．ネットワークのなかの家族／ネットワークとしての家族

　ネットワークを比喩ではなく分析概念として使用した点で，ネットワーク分析のパイオニアのひとりと目される社会人類学者ボット（Bott 1971［1957］，1955=2006）は，家族の社会的環境は集団概念ではなく，ネットワーク概念によってこそ把握できると主張した。ロンドンにおける家族事例の質的分析のなかから彼女が見いだしたのは，家族は親族集団や地域集団など特定の集団のなかに埋め込まれているのではなく，境界が不明確で，直接のメンバー間の接触の程度も多様なネットワークのなかに位置づけられるということであった。そして，家族が維持するネットワークの構造特性である「密度（結合度）」の違いによって，夫婦間の役割関係がなぜ家族ごとに異なるのかを説明できるのではないかと考えたのである。
　ネットワークという概念を使うことによって，家族の置かれている社会的な環境をひとつの全体性を備えたものとして捉え，分析できることを示したことがボットの研究の第1の貢献である。従来の日本における社会関係研究においては，世帯や個人を単位として親族関係や近隣関係などを単独に取り出して分

析することが圧倒的に多かった（大谷 1995；目黒 1988参照）。そのような個別の親族関係論や近隣関係論では，個人や世帯を取り巻く社会的環境の全体像を捉えることができず，例えば親族ネットワークの特性と非親族ネットワークの特性が相互にどのように関連しているかという重要なポイントが見過ごされてしまう。

　1970年代後半以降，日本においてもネットワーク論の視点を取り入れて，親族と非親族を含むインフォーマルな関係のネットワークに焦点をあてた家族研究が現れた。親族関係と非親族関係（友人・近隣）の「代替説」を検討する研究（関 1980）や，地理的移動を経験した家族の妻の第一次関係ネットワーク（家族・親族・友人・近隣）の再編過程をあつかった研究（菅谷 1980a, 1980b）などがそれにあたる。比較的小さなサンプルの数量的分析である前者では，親族関係が多いものほど近隣・友人関係も多いことから，「（非親族関係による）親族関係代替説」は一応退けられているが，親族ネットワークと非親族ネットワークが完全に機能分化しているわけではなく，親族，近隣，友人関係の意味づけや交換される援助の内容の点では「友人の親族化と親族の友人化」の可能性が示唆されている（関 1980）。

　インタビュー調査データの質的分析を行った後者の研究は，地理的な移動がもたらす社会的ネットワークの再編過程を描き出している。基本的に家族のライフステージの違いが規定要因となって，新しい居住環境への家族の適応は多様なパターンをみせる。長距離の移動によって接触が困難になった既存ネットワークの損失を補うために，夫との絆が強化されたり，あるいは既存の親族ネットワークが新たな近隣関係によって代替され，さらに「近隣の友人化」や「友人の擬似親族化」など関係の深化・変容が生じることが報告されている。この研究は，地理的移動，居住地の住民構成，家族内の状況などによってネットワークの多様な再編成が促され，親族ネットワークと非親族ネットワーク，あるいは世帯外のネットワークと夫婦関係との間の相互規定関係のなかで環境適応的なネットワークが再構築されることを示している点で示唆に富んでいる（菅谷 1980a, 1980b）。

　これらの研究は，いずれも従来から重要だと考えられてきた絆を個別に分析するのではなく，家族を取り囲む社会環境を一定の全体性をもったネットワークとして分析することの意義を示している。家族メンバーと直接のつながりのある様々な領域（親族，友人，近隣など）の人々を広くネットワークとして把握

3. ネットワークのなかの家族／ネットワークとしての家族

してみると，親子関係など個々の紐帯あるいは親族・近隣などの領域を限定して相互作用の特徴を捉える観点からはみえにくい社会過程が浮かび上がってくることを例証している。

しかし，ボットの研究および多くの後続研究の限界のひとつは，エゴセントリックなネットワークの中心に「家族」という単位を暗黙のうちに設定していることにある。ボットの仮説が想定しているのは，集団としての家族が維持するネットワークなのである。その後の調査研究の多くも，世帯内の特定の個人（多くは妻）が認知しているネットワークを析出し，それを「家族」のネットワークとみなすことが多かった。しかし，ボット自身の研究のなかでも，具体的な分析のレベルでは，夫と妻それぞれのネットワークが個別に夫婦の役割行動に影響を及ぼしている事例を扱っており，個人ネットワークを問題にしている。ネットワーク・メンバーの夫婦間の共有と分離の程度が夫婦関係の質と関連していることを指摘する近年の研究結果（野沢 1995［本書1章］, 1996）を踏まえると，家族生活にネットワーク論的なアプローチをする際には，とりあえず個別のパーソナル・ネットワークをもつ個人を単位として設定すべきだろう（目黒 1988；野沢 1992）。個人の多面的なアイデンティティを作り，支え，変容させるような相互作用を含むという意味で，アイデンティティが埋め込まれているパーソナル・ネットワークを「パーソナル・コミュニティ」とみなす視点（Hirsch 1981）に立つならば，なおのこと家族という集団をネットワークの単位に設定することの限界がみえてくる。個々の家族メンバーのパーソナル・コミュニティは多かれ少なかれ互いに別のものなのだ。

この点は，最近の日本の家族社会学における集団論的パラダイム批判（例えば，落合 1989：6章）と深く関わっている。メンバーが確定でき，境界が明確であることが「集団」の要件のひとつであるならば，家族が集団であるという前提が果たして自明のものかどうかが疑われ始めている。どのような関係にある相手を「家族」とみなすかを調査した研究は，人々が家族の定義づけのために採用する基準が多様であること（山田 1989, 長山・石原 1990），また同じ世帯に含まれる複数の個人（例えば妻と夫）間でも家族とみなすメンバーの境界にズレがみられる場合が少なくないこと（上野 1994：I-1章）を明らかにしている。これらの研究は，家族の集団性を自明の前提とせず，個人を単位としたネットワークの交差として捉えるべきであることを示唆している。そして，パーソナル・ネットワークのなかに位置づけられた家族という考え方は，現代家族の「個人

化」(目黒 1987, 1988) や「ライフスタイル化」(正岡 1988) などの命題とも関わって,家族の多様性を析出する際に有効な視点となるはずである (本書7章参照)。

ただし,家族の集団性を前提としないということと,個々の家族が集団ではないということは,全く別のことである。分析概念としてのネットワークは,密度や凝集性が高く,境界線が一致した,集団的性格の強い家族から,密度も凝集性も低く,個人ごとに異なる家族境界をもつ家族に至るまで,家族構造のバリエーションを記述する道具として有用なのである[8]。「家族は集団である」,あるいは「(特定のタイプの) ネットワークである」という与件を設定するのではなく,家族の境界と構造を変数とみなすことによって,なぜ家族(ネットワーク)構造上の差異が生じるのか,あるいはそのような差異が個人の家族意識や行動とどのように関連しているのかを探索する道が開ける。その点で,ネットワーク論は,居住単位という基準に傾斜していた従来の家族類型論・分類論に再考を迫る研究 (山田 1985など) にも有益な視点を提供するだろう。

4. 資源としてのネットワーク／拘束としてのネットワーク

ところで,家族社会学の領域では,先に触れた「構造分析」へと連なるネットワーク論の系譜からは相対的に独立した,もうひとつの家族・ネットワーク研究の潮流が存在する。パーソンズの「核家族の孤立」論 (Parsons 1954, 1956) に端を発し,それに対するサスマン (Sussman 1959 ; Sussman & Burchinal 1962) やリトワク (Litwak 1960 ; Litwak & Szelenyi 1969) などの実証的反論によって展開した,現代家族にとっての親族関係 (および近隣・友人関係など) の機能的重要性をめぐる研究系譜がそれである (目黒 1988 ; 野沢 1992参照)。それは,社会の産業化・近代化にともなう家族や親族関係の変動を構造機能主義的に理解することを出発点としている。

ボット流のネットワーク論の影響とともに,こうした近代家族・親族変動論の影響が混在するかたちで,日本においても,家族を取り巻くインフォーマル

---

[8] ボットが分析した事例家族のネットワークのなかには,密度が非常に高いものも存在した。これは,いわば限りなく「集団」に近いネットワークに取り囲まれた家族だといえる。一般に,方法としてのネットワーク概念は,ネットワークの集団的要素 (例えば,クリークの存在) を与件として排除するものではなく,それを含む多様性を分析するための道具なのである。

4. 資源としてのネットワーク／拘束としてのネットワーク

な紐帯のネットワークに関する研究が促されてきた（Koyama 1970；大橋・清水 1972；光吉 1974；野尻 1974；藤崎 1998など）。そこでの問題関心は，現代の親族関係の機能的重要性と変容，あるいは家族が援助資源として依存するフォーマルな専門機関および様々な第一次集団（親族・近隣・友人）の機能分化や機能分有にあった。そして，少なくとも現代日本の家族が単純に親族などの援助的なネットワークを欠いて孤立しているのではないことがおおむね再確認されている。

これらの研究のひとつの焦点は，（部分）ネットワークの（家族にとっての）援助的機能という点にある。家族研究においてネットワーク概念が着目されてきたのは，まず家族の資源を捉えるための概念としてであった（目黒 1980）。こうした観点は，危機的な状況下における家族の対処行動に関わる資源要因として社会的ネットワークに着目する「家族ストレス論」（石原 1985など）にまで一定の脈絡をつないでいる。あるいは，援助源の確保が比較的問題化しがちなライフステージに焦点を定め，育児期にある母親（落合 1989；5章, 1993；関井ほか 1991など），高齢者（藤崎 1998；西下 1987；前田 1988；野辺 1997など），中高年期の無配偶女性（上野 1989）などの援助的ネットワークの特性を明らかにする研究として展開してきた。ストレス状況下の家族や個人へのサポートのあり方を問う福祉政策的な文脈からも，インフォーマルな紐帯のサポート機能にますます目が向けられてきている（藤崎 1998：9章；稲葉 1992など）。

では，ネットワーク概念にもとづくアプローチは，家族生活に関わる多様な状況におけるサポーティブな資源という視点にほぼ還元されてしまうものなのだろうか。いや，そうではない。この点でも，古典的なボット（Bott 1971 [1957], 1955=2006）の研究から学ぶところは多い。彼女の研究のもうひとつの意義は，家族的な紐帯（端的には夫婦関係の質）が世帯外のネットワークの構造によって規定されるという論点を明確に打ち出したところにある。ボットの事例分析からは，つぎのような仮説が導かれた。egoとの関係とは独立に，ネットワークのメンバー間に，多くの直接の知り合い関係がみられる「緊密なネットワーク」は，連帯性が高く，ネットワーク・メンバーの間に，相互に依存しあうべきであるというインフォーマルな規範が生じる。そのようなネットワークに取り囲まれている妻と夫は，ネットワークからの構造的な圧力のために，それぞれ世帯外のネットワーク・メンバーとの相互援助に依存するようになり，夫婦間の依存は減少する（分離的な役割関係の固定化）。それに対して，メンバー同士に直接の知り合い関係があまりみられない「緩やかなネットワーク」をも

つ夫婦は、ネットワーク内にそのような共通の規範や圧力が生じる基盤がないために、世帯内の問題を夫婦間で協力しあって対処していくというスタイル（柔軟で合同的な夫婦関係）を作り上げる、という仮説である。ここには、世帯外ネットワークの援助性そのものではなく、その構造への着眼が明確に示されている[9]。

　ボットの研究が呼び水となって、おもに欧米で多くの追試研究や関連する研究が生みだされたが、概念の操作化などの問題が指摘され、ボットの仮説自体がそのまま一般化できるわけではないことも明らかになってきた（Lee 1979；藤崎 1981；Milardo & Allan 1997）。しかし、ボットが先駆的に示したように、夫婦関係などの二者関係を、ネットワーク密度などの変数によって測定される多様な「構造的相互依存性（structural interdependence）」のなかに位置づけて、その形成・変容・多様性を説明する研究視角は注目する価値がある（Milardo 1988）。言い換えると、サポート資源としてのネットワークのみならず、拘束と機会としてのネットワークを捉える視点である（Stain & Russner 1995）。

　そもそも、日常的に私たちが維持しているネットワークは、自発的・選択的な関係ばかりではなく、構造的相互依存のなかで義務的に維持されている紐帯を少なからず含んでいることが普通であるし、それらがストレス源となったり、他のネットワーク・メンバーとの活動や関係維持のための時間や資源を圧迫するという意味で制約となる側面を合わせ持っていることを忘れてはならない（渥美 1982；Wellman 1982）。また、連帯性（密度）の高い、強い紐帯のネットワークがつねに優れたサポート効果をもたらすとは限らず、例えば人生の移行期や生活の転換期においては、密度が低く分岐したネットワークや弱い紐帯が適応の面で肯定的な効果をもたらすことを示唆する研究もある（Hirsch 1981；Granovetter 1973=2006；渡辺 1988）。確かに、ネットワークの連帯的な拘束が特定の二者関係を補強したり、個人のアイデンティティの支持母体となることがある。しかし、連帯性にからめ取られない分岐的な構造をもつネットワークに囲まれた個人は、自律性が高く、状況の変化に適合的な情報や援助をより引き出しやすく、アイデンティティの希薄化あるいは窒息状態を救済する新たな環境へのアクセスをもたらしやすい。ネットワークのサポート機能に注目するだけでは、このような拘束と機会の社会的文脈に関わる現象を充分に捉えることは

9　ネットワークのサポート機能と構造の差異については、浦（1992：3章）およびOrford（1992=1997：4章）の解説が参考になる。

できない。

　コミュニティ研究の領域では，現代人のパーソナル・コミュニティが，次第に地域的連帯や親族的連帯から解放され，空間的に分散し，構造的に分岐したネットワークになりつつあると主張する「コミュニティ解放化」命題（Wellman 1979=2006）や，都市的な環境が多様な「下位文化」を生成・維持・強化する過程を通して，同類結合を促し，より選択的なパーソナル・ネットワークをもたらすとみる命題（Fischer 1982=2002）をめぐる議論が活発になってきた（大谷 1995；松本 1995；野沢 1992など）。北米での調査知見との比較の観点から，日本でも現代都市居住者のパーソナル・ネットワークの特徴を捉えようとする実証的研究も現れてきている。

　おもに援助的なネットワークの規模や構成，空間的分散の面からネットワークの特性を捉えるそれらの研究からは，都市居住者ネットワークは（より選択的な絆とみられる）友人の比率が高く，地理的な広がりも大きいものであることが示され，「コミュニティ解放化」仮説が日本においてもおおむね支持されている（前田 1993；野辺・田中 1995）。また，中国・四国地方での調査からは，人口規模がより大きい都市に居住するほどこうした傾向は強まるという知見が得られており（大谷 1995），都市的環境がネットワークにもたらす効果が日本においても認められる。大都市の中心部と郊外，および大都市郊外と地方都市のデータを比較分析した研究（松本 1995）も，より都市的な環境に居住することが同様の効果をもたらすことを示している。しかし，その詳細な分析からは，そうした効果が，ジェンダー，家族状況，社会経済階層などの要因と複雑に絡み合って，限定された層にのみ生じるものであることも同時に明らかにされている。

　少なくとも現状では，現代日本の家族が地縁や血縁を含む連帯的なネットワークから一様に解放されていると単純に想定してしまうわけにはいかないだろう。日本の家族的な絆は，どのようなネットワーク構造変動の波のなかに晒されてきたのか。また，現代の家族とネットワークはどのような相互規定関係に置かれているのか。これらの問いは，さらに注意深く探求されるべき重要な研究課題となっている。

5．家族とネットワークの変動論——空間と構造

1960年代を頂点とする日本の高度成長期は，農村部から都市部へ，とりわけ

大都市圏への人口流入が急激に進行した時代でもあった。この時期に家族形成した世代の人口学的特性に支えられて出現した「家族の戦後体制」は女性の主婦化をもたらしたとされるが（落合 1994），こうした家族にみられた新しい性別分業体制の成立は，家族を包み込むネットワークの大規模な再編成と連動していたと考えることができる。重要であるにもかかわらず見落とされがちなのは，大量人口の長距離移動をともなったマクロレベルの社会変動が，ミクロな個人のネットワークと家族関係の双方に強いインパクトを与えたが，それがすぐれて空間的な現象であった，という点である。このような新しい家族の大部分は，長距離の移動によって，これまでになく空間的に分散した親族ネットワークをもつようになっていた（Koyama 1970）。そして，そうした家族の典型は，ほかでもない大都市郊外の新興住宅地という「場所」に大量に出現したのであり，それゆえに，空間的に分離した職場に長い時間をかけて通勤する夫と，家内的役割に特化した妻，という特徴を際立たせた。同じ時代に存在する家族が一様に変容していったのではなく，地域間の差異が大きいことには注意がいる。

　戦後の日本に台頭してきた都市新中間階層（サラリーマン）家族を対象としたボーゲルのモノグラフ（Vogel 1963=1968）は，東京郊外に住むサラリーマン家族が，伝統的な自営業家族以上に夫婦関係が性別分業的であり，しかも夫は職場，妻は近隣，子どもは学校で，空間的に分離し，相互に隔絶したコミュニティに取り込まれていることを描き出した。これは，家族（世帯）を単位としてみれば，分岐したネットワークを形成していたことになるが，世帯内の個人単位でみれば，相互に重なることの少ない，連帯性（密度）の高いネットワークに取り巻かれるようになったことを示唆している。ちょうどこの時期，農村家族が「同心円的生活構造」をもつのに対して，都市家族は「多心円的生活構造」をもつと指摘した磯村（1959：79）の理論図式は，この点を的確に表現したものであった。また，東京区部（新興集合住宅団地）・近郊・農村における家族の比較研究（小山 1960）は，大都市の新しい家族において，様々な家事の遂行や子どもの社会化という役割，および近隣とのつきあいなど地域社会における関係維持の役割が，もっぱら妻によって担われる傾向が強いことを明らかにしていた。

　こうしてみると，日本の都市（郊外）家族は，北米の研究が「コミュニティ解放論」の延長線上で主張するように，強い相互援助関係を基盤とした夫婦が，世帯の内部から自律的に維持する連帯性の低いネットワークとしての「家庭中

5. 家族とネットワークの変動論——空間と構造

心化した（私的な）コミュニティ」(Wellman & Wellman 1992) のなかに暮らすようになったとはいいがたい。日本の都市サラリーマンの多くは，きわめて連帯性の強い，あたかも蜘蛛の巣のように粘着的で，義務的な職場の「つきあい」関係のなかにからめ取られてきたといわれる (Atsumi 1979, 渥美 1982；大谷 1995)。拘束力の強い職場のネットワークは，ある程度現在まで存続しているものと推測され，それが家族領域の性別役割分業体制を再生産する母胎となっているという視点は有力である（小笠原 1998）。一方，都市の主婦層は，1970年代から80年代にかけて多様化し，とくに経済的・時間的資源に恵まれた妻たちは，ある程度広範囲の居住地域内に選択的で分岐的な非親族ネットワークを形成するようになってきたことが報告されている (Imamura 1987；上野ほか 1988；野沢 1990；松本 1995)。行動上の制約が大きく，援助ニーズの高い育児期にある都市核家族の母親たちも，必要に応じて近隣地域に新たな援助ネットワークを作り上げているとされる（落合 1989：5章, 1993）。しかし，妻たちが形成する地域的な援助ネットワークが，連帯性を高め，ボットが着目したような規範的圧力を生成し，性別分業的な行動を強化し，家族関係に影響を与える場合もある（本山 1995；野沢 1994a）。少なくとも日本の都市に居住する夫や妻の多くは，ネットワーク内にかなり拘束的で連帯性の強い小集団（クリーク）を含んでいるとみることができるだろう。

　高度経済成長期に家族形成した世代を含む幅広い年齢層の夫婦を対象として，東京郊外と地方都市の比較を行った最近の研究（野沢 1995 [本書1章], 1994a）は，両地域間にみられる家族・ネットワーク状況の差異を描き出し，戦後の社会変動の帰結を傍証している。地方都市の夫婦は，援助関係にある親族ネットワーク・メンバーを居住地近傍に数多く維持しており，こうした伝統的な家族・親族規範の母胎としての地縁的なネットワークに取り込まれているほど，夫婦間の情緒的な相互依存関係が強かった。一方，大都市圏内の夫婦は，地方都市に比較して，親族ネットワークが空間的に分散しており，夫の職場ネットワークと妻の近隣ネットワークが優勢であった。そして，夫が職場ネットワークに依存し，またそれに対応して妻が援助的な近隣ネットワークに依存する傾向が強いほど，夫の家事参加が少なく，性別分業的な役割関係が強化されていた。ここから，戦後の大規模な地域移動による都市化は，伝統的な地縁・血縁ネットワークの影響圏に夫婦がともに包含されることによって夫婦間の共同が構造的に要請される状況から家族を解放したが，同時に空間的・構造的に分離したネ

ットワークが夫婦の性別分業体制を補強する状況へと家族を編み込んでいった，という仮説が呈示されるに至っている。

　このような見解は，現代日本の親族変動に関して，家や同族組織に規定された規範的・義務的関係の衰退，選択化，双系化（妻方傾斜化），空間的分散化などを指摘してきた理論的・経験的研究（光吉 1974；野尻 1974；三谷・盛山 1985；鈴木 1990 など）とも響き合っている。しかし，夫婦関係など世帯内の関係変容が，親族関係に限らず世帯外のネットワーク全体の再編と連動していることはもっと注目されてよい[10]。例えば，ネットワークの空間配置や構造特性が，家族のネットワーク管理・維持者としての夫の役割を希薄化させ，「主婦化」した妻たちがもっぱらそれを担うという傾向と深く関わっているようにみえる。ただし，家族関係とネットワークは，一様に変化しているのではなく，相互に規定しあいながら多様性を生みだしていることも事実である[11]。いずれにせよ，あたかも「磁場」のようなみえない規範的圧力を生じるネットワーク構造のなかで形作られる家族，あるいは「磁場」を脆弱化・相対化させつつネットワークを自律的に形成・維持・動員する家族，という理論モデル（野沢 1994a, 1995［本書1章］；松本 1995）は，家族・ネットワーク研究の展開のためのひとつの糸口となるかもしれない。

6．家族・ネットワーク論の展望

　社会的環境の空間的な側面を捉える意義を強調しながら，ネットワーク論の家族変動論への貢献可能性を論じてきたのは，この点が日本の家族研究のなかではあまり重視されてこなかったからである。そして，空間的な要素がネットワークの構造効果と強く結びついているようにみえるからである。空間的に限定された領域で形成されるネットワークは，連帯性を帯び，拘束的なものとなる可能性が高い。しかし，狭義のネットワーク構造（密度など）が特定の規範（意識）や行動を強めたり弱めたりするメカニズムを直接捉える分析は，まだ充

---

[10] ボット仮説を日本の地方都市で追検証しようとした研究（Wimberley 1973）が意味のある結論を得られなかったのは，親族・近隣・職場のネットワークではなく，友人ネットワークの密度に視野を限定したことによって，夫婦関係に対するネットワークの構造効果を捉え損なったためであろう。

[11] 例えば，大都市内部の親族関係の多様性について，岩上（1976）を参照。

分に手をつけられていない[12]。家族社会学の領域では家族周期論やライフコース論の影響が強かったこともあって，これまで時間的な側面からの研究（野尻 1977；Plath 1980=1985）が試みられてきたが，今後はネットワークの空間的・構造的側面と時間的側面をともに織り込んだ分析枠組みも模索されるべきだろう（野沢 1998［本書6章］参照）。

　構造的な側面に限らず援助機能の側面を含めたネットワーク論の応用領域としては，夫婦の勢力関係（渡辺 1980）など夫婦関係の多様な側面への接近がさらに期待される。また，夫婦関係ばかりでなく，親子関係（目黒 1989）や祖父母・孫関係（安藤 1994）などの多様性や変容という問題も，個人のネットワークの文脈のなかに位置づけた二者関係，三者関係の分析によって展開が可能だろう。家族変動論と大いに関わる家族意識の研究においても，個人の意識を規定する要因としてのネットワークに着目する方向（伊藤 1997）が有望である。社会階層と家族ネットワークに関する研究（前田・目黒 1990）は，例えば，職種ごとに異なる職場ネットワークの形成が家族関係をどのように規定しているかを問う視点からも発展させられるだろう。居住地の都市化の程度や地域文化の差異に着目したネットワークと家族の比較研究もまだ緒についたばかりである。多岐にわたる未開拓のテーマが残されている。全体としては，ネットワークを従属変数とした記述的研究を越えて，独立変数あるいは媒介変数としてのネットワークにさらに目が向けられる必要がある。

　もちろん，ネットワーク論は家族研究にとっての万能薬ではない。ボワセベン（1986：2-3）は，日本語版に寄せた序文のなかでネットワーク分析を用いる際の留意点として次の4点を挙げているが，きわめて教訓的である。第1に，現在のネットワーク論には複数の方法論の系譜が流れ込んでいるが，方法論の厳密性を追求しすぎると，現実の人間の姿を見失う恐れがあること。第2に，ネットワーク論の手法は，特定の疑問の解明にこそ使われるべきであり，それ自体を目的としたネットワーク分析は不毛であること。第3に，ネットワークが存在するからといって，そこに連帯や共謀など特定の内容が含まれると仮定してしまうことは危険であること。そして，第4に，ネットワーク分析によって，あまりに多くのことを説明しようとしてはならないこと，である。

12　そうした研究の一例として，中核的友人ネットワークの夫婦間の重なりの程度という構造特性が夫婦の相談行動を規定する（増加させる）ことを報告している野沢（1995［本書1章］, 1996, 1994a）を参照。

これらは，既存のネットワーク研究が新たな研究にとって過剰な「拘束」となることを戒める言葉でもある。その罠に陥らないためにも，既存の変数を扱った量的データ分析ばかりでなく，特定の問題関心に即した事例の質的分析をもとに，家族現象のみえないメカニズムを可視化する探索的・発見的なネットワーク分析が試みられるべきだろう。そしてなによりも，必要に応じて他の理論，視角，方法論と組み合わされることによって，現代家族研究におけるネットワーク論の貢献度がさらに高まっていくだろう。

第3章 核家族の連帯性とネットワーク

1. 個人化する家族／連帯する家族

　家族社会学の領域では，家族が集団であることを前提とする「集団論パラダイム」に代わって，家族を「個人のネットワーク」として捉える視点の有効性が主張されるようになった（森岡 1998；落合 1998）。その理由のひとつは，「家族の個人化」（目黒 1987）の進行，すなわち家族メンバーが個人として家族以外の生活領域への関わりを強めていることにある。とりわけ女性が，職業生活など家族内役割に限定されない活動領域やアイデンティティをもつことが一般化してきた（していくだろう）という認識が，こうした研究視角の転換を促進している。しかし，この家族社会学のパラダイム転換は，集団から個人へという分析の単位や焦点の移動を企図しているだけでなく，家族の集団性・連帯性が弱まっている（いく）という背後仮説を含意しているようにもみえる。この仮説は，高度経済成長期に大都市郊外を中心に大量に生産され普及した「核家族」モデルに代表される戦後の日本家族が，現在大きな変容を迫られているという時代認識とも響き合う（落合 1997；三浦 1999；山田 1999）。だが，「家族が集団性・連帯性を喪失しつつある」という命題は，まだ充分な検証を経ていない，経験的に開かれた問いである（本書7章参照）[1]。

　家族の集団性の変容を直接的に議論することは本章の能力を超えるが，個人

---

[1] 例えば，近現代日本の「しつけ」の変遷を多様な資料から追跡した広田（1999）は，子どもへの関心と関与を先鋭化させた「教育する家族」が広範な社会層に拡大してきたと論じる。また，1990年代以降，母親ばかりではなく父親が子育てに関わることを肯定・促進する価値規範が浸透し，父親と母親の双方による「共同育児」が強調される時代になってきたとも指摘される（宮坂 2000；伊藤 1995）。少なくとも子育てに関わる家族に限れば，親子・夫婦間の連帯性が強まっている，という対抗仮説も説得力をもつ。

がどのような特性のネットワークをもつと家族の連帯が強まる（弱まる）のかを探ることがこの研究の目的である。「集団としての家族」の典型的モデルである大都市核家族世帯を対象とした調査データを用いて，夫・妻・子どもからなるトライアド（三者関係）の絆の強さ（連帯の強さ）と三者のネットワークとの関連を検討していこう。

2．家族の連帯とパーソナル・ネットワーク

夫婦，親子など家族間の関係あるいは紐帯（tie）は，様々な他の紐帯によって構成されるパーソナル・ネットワーク（personal network）の一部をなしている。分析単位（調査対象）を世帯内の個人とし，パーソナル・ネットワークという視点を採用する利点は，家族の集団性を前提とせずに，家族を複数の個人の視点からネットワークの交差や連鎖としてとして再構成できること（Widmer & La Farga 1999；野沢 2001［本書7章］），そして家族的な絆の特性をそれ以外のネットワーク構造の文脈の中に位置づけて分析できることにある（野沢 1999a［本書2章］；Acock & Hurlbert 1990）。このような視点に立つ研究は，結婚や子どもの誕生など家族的紐帯の形成・変化にともなって，ネットワークの構成や構造が変化することを明らかにしてきた（Hurlbert & Acock 1990；Ishii-Kuntz & Seccombe 1989；Munch, McPherson, & Smith-Lovin 1997）。

一方，パーソナル・ネットワークの構造が，家族メンバー間の紐帯に与える影響にも関心が向けられてきた。ボット（Bott 1971［1957］，1955=2006）の古典的な事例研究は，夫と妻がそれぞれ別々にもつ（同性の）ネットワークの密度が高く，連帯的なものであるほど，夫婦間の合同的な役割関係を弱める（夫婦関係と競合する）というメカニズムを発見した。しかし，その後ウェルマン（Wellman 1979=2006）は「コミュニティ解放（community liberated）」論を提唱し，現代都市住民が居住地域や親族関係を基盤とするコミュニティの連帯から解放され，地理的に分散し，構造的にも多様な領域に分岐した（連帯性の低い）ネットワークの中に暮らすようになったことを強調した。この考え方に立つウェルマン夫妻の研究（Wellman & Wellman 1992）は，トロントでの事例調査データをもとに，夫婦関係はそれ以外の紐帯よりもはるかに強く，コミュニティ解放化したネットワークは夫婦関係と競合するほどの連帯性を帯びてはいないと主張する。それは，夫婦の絆と競合しないように，夫婦間で交際を共有したり，世

帯内のニーズに合わせて交際を調整するからでもある（Wellman 1999=2006も参照）。しかし，いずれも少数の事例に基づく質的データ分析であり，世帯特性に関する要因などを統制して，世帯内の紐帯と世帯外の紐帯の関連を検討しているわけではない。

　比較的多数の夫婦を対象とした最近の日本における調査研究（野沢 1995 ［本書1章］）は，ネットワークの夫婦間共有の程度や親族ネットワークへの関わりの強さが夫婦間の情緒的相互依存を促進すること，夫の職場ネットワークへの依存の強さが夫の家事参加の程度を低減させることを示唆していた。つまり，親族や夫婦共通の友人など，夫婦がともに埋め込まれている，共有されたネットワークへの関わりの大きさは，夫婦間の情緒的紐帯を補強する効果をもたらす。一方，夫の職場ネットワークのように個人単位のネットワークへの関わりは，夫婦の紐帯を弱める可能性がある。少なくとも日本の都市家族にとっては，世帯外のネットワークの構造が，夫婦関係に影響を及ぼす重要な要因となっているようだ。

　親子関係と世帯外ネットワークの関連についての先行研究は少ないが，父親の子育てに関する研究が参考になる。日本の父親に関する事例研究（Ishii-Kuntz 1993）は，父親の子育て関与が少ない原因のひとつとして，家庭的であることを職場の同僚たちから非難されることを挙げている（野沢 1994a, 1995 ［本書1章］も参照）。また，アメリカと日本の比較研究（Ishii-Kuntz 1998）は，どちらの国においても，父親が子ども（幼児）と関わる程度が，子どもが友だちと相互作用する頻度と正の関連をもつことを報告している。家族とは分離した（父）親のネットワークが親子間の関係を弱め，親子関係の強さが子どもの豊富なネットワーク形成を促進するというこれらの知見は，夫婦関係の場合と共通するメカニズムが親子関係とネットワークとの間にも働いていることを示唆している。ただし，（父）親と子の紐帯に対するネットワーク要因の影響の仕方は，妻（母親）の就業形態や夫（父親）の職種など世帯内外の状況によっても大きく異なる可能性がある（Riley 1990）。しかも，こうした幼児期の子どもと親との関係に関する知見がそのまま思春期の子どもをもつ家族にあてはまるかどうかはわかっていない。

　そこで本章では，これまでの研究に基づき，以下のような観点から，探索的なデータ分析を行う。①世帯外ネットワークの規模と家族間の紐帯の強さとの関係はどのようなものか。既存の研究から一貫した仮説が導けるわけではない

が，世帯外の援助的なネットワークの大きさは家族の連帯性と負の関係にあるというよりは正の関係にあると予測される（野沢 1999bも参照）。②世帯外ネットワークが，世帯メンバー間で共有されているほど，家族の連帯性は強まるだろう。逆に夫・妻・子どものネットワークが相互に分離されているほど，夫婦・親子の紐帯は弱まる。③夫・妻・子どもの世帯外パーソナル・ネットワークが，親族中心で，居住地域中心であるほど，三者が共通のネットワークに埋め込まれる傾向を高めるので家族の連帯が強まる。逆に，非親族中心で，空間的に分離・分散したネットワークであるほど，家族の連帯性は弱まる。④ボットが主張していたようなネットワーク密度の効果が現代日本の都市家族にみられるかという点も，補足的に確認してみたい。

3．データと方法

(1) サンプルとデータの特性――首都圏核家族の夫・妻・子ども

　分析に使用するのは，財団法人・家計経済研究所によって実施された「現代核家族調査」によって収集された調査票調査データである。この調査は，東京30km圏に居住し，妻の年齢が35〜44歳の核家族世帯を対象としている。その世帯内の夫，妻，および同居している小学校高学年から高校生の子どもの三者を対象とし，それぞれに対して異なる調査票を使った訪問留置法により1999年7月に実施された。該当子が複数の場合は最年長の子のみを調査対象とし，子どもがいない場合は夫婦のみを対象とした。

　サンプルは，調査地点を100地点とし，住民基本台帳から層化2段抽出法により抽出された2000世帯である。回収世帯は984世帯（回収率49.2%），うち有効票回収世帯は934世帯（46.2%）であった。以下の分析では，該当する子どもがいる564世帯のみを取り出したサブサンプルの夫・妻・子どもの三者からの回答に基づく合併データを使用する。核家族世帯のみを対象とすることは，結果の一般化に限界があることを意味するが，世帯構成やライフステージなどの要因を統制したうえで家族関係と世帯外ネットワークの関連をみる上では利点を有している（調査の詳細は，家計経済研究所 2000参照）。

　このサンプルの世帯（個人）特性を**表3-1**に示した。妻と夫の平均年齢はそれぞれ40.1歳と43.2歳で，調査対象となった子を含み平均2.1人の子どもをも

3. データと方法

表3-1 対象世帯の特性

	度数	最小値	最大値	平均値	標準偏差
妻の年齢	564	35	44	40.09	2.63
夫の年齢	564	29	56	43.23	4.32
対象子の年齢	564	9.00	18.00	13.16	2.46
子ども数	564	1	4	2.13	.71
妻：教育年数	562	9.00	18.00	13.25	1.81
夫：教育年数	556	9.00	18.00	14.19	2.42
年間世帯収入（百万円）	543	2.00	20.00	8.90	3.98

	度数	パーセント
夫の職種		
専門職 ┐	85	16.0
管理職 ├ ホワイトカラー	157	29.6
事務職 ┘	67	12.6
販売・サービス職	94	17.7
現業職	128	24.1
合　計	531	100.0
妻の就業形態		
無職	207	36.7
常勤	64	11.3
パート	201	35.6
自営など	92	16.3
合　計	564	100.0

っている。調査対象子の平均年齢は13.2歳（9歳〜18歳）である。夫の58.1%が大学卒であり，妻の21.8%が大学卒，23.1%が短大・高等専門学校卒となっている。夫の職業は，管理職（29.6%），専門職（16.0%），事務職（12.6%）を合わせたホワイトカラー職が合計6割弱を占めている。妻の就業状態に関しては，無職とパートタイム就業が，それぞれ35%強を占め，常勤で雇用されるものは1割強にすぎない。また，妻の6人に1人は，自営業に携わっている。世帯の平均年間収入は約890万円である[2]。

---

[2] 年間世帯収入は，8つのカテゴリー選択肢から選んで回答された。平均値は，カテゴリーを中位数に置き換えて算出した。両端の「200万円未満」は200万円に，「2000万円以上」は2000万円に置き換えてある。

(2) 変数構成と分析手続き

従属変数——核家族の連帯性

　従属変数となる核家族の連帯性については，夫婦・父子・母子間の3つの紐帯の強さから構成されるものと考える（つまりこの3つの紐帯の強さが正の相関関係にあるという前提に立っているが，それ自体をこのデータで確認する必要がある）。「紐帯の強さ（the strength of ties）」という概念は多義的な概念であるが，接触時間量（頻度），情緒性の強度，親密さ（相互の相談関係），互酬的サービス，などを指標とすることが多い（Granovetter, 1973=2006 参照）。ここでは，夫婦・父子・母子二者間の紐帯の強さを，双方向的な情緒的サポート（相談関係，肯定的な評価・支持）の程度および日常的な会話の頻度という測度によって操作的に定義づけることにしよう。

　夫婦間の情緒的なサポートについては，①夫（あるいは妻）は心配事や悩みを聞いてくれる，②夫（あるいは妻）は自分の能力や努力を評価してくれる，③夫（あるいは妻）の心配事や悩みを聞いてあげる，④夫（あるいは妻）の能力や努力を評価している，の4項目にあてはまる程度を夫と妻の双方に回答してもらい，1〜4点の点数を与えた（計8項目）。もう一方の夫婦間会話の頻度については，夫と妻のそれぞれの回答に0〜4点を配分した[3]（計2項目）。これら合計10項目の点数を加算して「夫婦間の紐帯の強さ」という尺度を構成した（Cronbachの信頼性係数 α = .89）。

　父子および母子間の紐帯の強さの変数は，それぞれ夫票と子票，妻票と子票への複数の回答から作成された合成変数である。夫（父親）と妻（母親）に上記同様の表現による質問をして，調査対象となった子どもとの関係における情緒的サポートの程度を測定した（夫婦間と同様に1〜4点を与えた）。ただし，対象子に対する質問項目は，①お父さん（お母さん）は心配事や悩みを聞いてくれる，②お父さん（お母さん）は能力や努力をほめてくれる，②お父さん（お母さん）の心配事や悩みを聞いてあげる，④お父さん（お母さん）をえらいと思う，と

---

[3] 夫婦間の会話の頻度は「よく話す」から「まったく話さない」までの6件法で回答され，後に述べる親子間の会話の頻度は「よく話す」から「まったく話さない」までの5件法で回答されているという点でズレがあるが，夫婦間の会話に関する回答を親子間の会話に対応させて再コードし，どちらにも0〜4点を与えた。

3．データと方法

表3-2　家族間紐帯変数の記述統計量

	度数	最小値	最大値	平均値	標準偏差
夫婦間の紐帯の強さ	560	8.00	40.00	29.46	6.44
父子間の紐帯の強さ	548	9.00	32.00	22.29	3.92
母子間の紐帯の強さ	553	13.00	32.00	25.76	3.72

表3-3　家族間紐帯変数間の相関（Pearsonの相関係数）

	父子間の紐帯の強さ	母子間の紐帯の強さ
夫婦間の紐帯の強さ	.471***	.208***
父子間の紐帯の強さ		.370***

注）***p<.001（両側検定）．

いう表現に変えてある。また，夫票，妻票，子票のそれぞれで，親子間の会話の頻度を質問し，夫婦間と同様に0～4点を与えた。これら10項目の点数を合計して，「父子間の紐帯の強さ」と「母子間の紐帯の強さ」という合成尺度を作成した（それぞれ α =.73, α =.76）。

3つの従属変数（夫婦間・父子間・母子間の紐帯の強さ）の基本的な記述統計量を表3-2に示した。ほぼ共通した質問項目で測定した3つの尺度の中では，夫婦間の紐帯の強さの平均値がもっとも高いが，ばらつき（標準偏差）も大きい。また，3変数の中で，父子間の紐帯の強さの平均値がもっとも低い。しかし，表3-3に示したように，この3変数は相互に統計的に有意な正の相関がある。とくに夫婦間の紐帯と父子間の紐帯の間の相関はかなり強い。それに比べると，夫婦の紐帯と母子の紐帯の強さの相関はさほど強くはない。父子の紐帯が強い（弱い）場合には夫婦の紐帯も強い（弱い）という傾向が顕著なのに比べると，母子の紐帯の強さ（弱さ）が夫婦関係の強さ（弱さ）を伴う傾向はやや不明確である。父子関係の強さは夫婦関係の強さを基盤とするが，母子関係は夫婦関係の強さを前提としないことを示唆しているのかもしれない。しかしながら，母子関係と父子関係との相関を含め，3変数の間には相互に正の相関関係があり，サンプル全体の傾向をみれば，これら3つの紐帯の強さは相互に補強し（あるいは弛緩し）合いながら，個々の核家族の連帯性の強さ（弱さ）を生み出していると仮定できる[4]。

第3章　核家族の連帯性とネットワーク

独立変数——夫・妻・子どものパーソナル・ネットワーク構造

　独立変数となるのは，パーソナル・ネットワークの構造に関する一連の変数である。夫と妻のパーソナル・ネットワークに関する情報は，それぞれへの調査票で同じ一連の質問によって得られた。ネットワーク規模については，「日頃から何かと頼りにし，親しくしている方」の人数を，職場，近隣，友人，別居親族ごとに回答してもらった。友人と別居親族については，住んでいる場所の時間距離ごと（30分以内／30分〜2時間／2時間以上の3段階）に分けて人数を挙げてもらった。各カテゴリーごとの回答人数を合計して夫と妻のネットワーク規模を算出した[5]。

　ネットワークの構成比率に関しては，上記の方法で析出されたパーソナル・ネットワーク全体のうち，以下の部分ネットワーク（紐帯数）が占める比率を算出した。「親族関係比率」（別居親族数の比率），「地域内関係比率」（近隣数＋30分以内友人数＋30分以内別居親族数の比率），「地域外友人比率」（30分以上の距離に住む友人数の比率），「職場関係比率」がそれである（ネットワーク規模が0のケースは，比率の算出が不可能なので分析から除外した）[6]。親族関係比率と地域内関係比率の高さは地縁・血縁を軸に連帯したタイプのネットワーク特性を反映すると想定している。対照的に，地域外友人比率の高さは連帯性の低い，分岐・分散的な「コミュニティ解放」型のパーソナル・ネットワークに対応すると仮定してい

---

[4] もちろん，子どもの数が2人以上であれば，世帯内の連帯性は4者関係さらには5者関係へと関係構造が複雑化するはずである。しかし，この調査では，データ収集コストの問題と有効回答ケース確保の観点から，すべての同居子を調査対象にすることを断念している（そもそも，一定の年齢に達しない子どもを年長の子どもと同様の調査対象とすることは不可能である）。その意味で，世帯内メンバー全体の連帯性は，調査の対象となった三者の関係から推測されているに過ぎない。ただし，子ども数の違いは，後述のように統制変数として考慮に入れている。

[5] 夫・妻の各カテゴリー別ネットワークの規模については，極端に大きな外れ値のケースを除外し，尖度と歪度が10未満になるようにした。夫の職場関係数は40人以上のケース，夫の近距離友人数と妻の近距離親族数は15人以上のケースを除き，その他のカテゴリーについては20人以上のケースを除いた。ネットワーク全体の規模およびネットワーク比率変数は，外れ値を含むケースを除いて算出してある。

[6] 夫で20ケース（有効ケースの3.9%），妻で3ケース（0.6%）においてネットワーク規模が0であった。これらを除いたことによって，分析結果に微少な歪みが生じた可能性がある。

3．データと方法

表3-4　ネットワーク変数の記述統計量

	度数	最小値	最大値	平均値	標準偏差
妻：ネットワーク規模	541	.00	62.00	14.42	8.41
妻：親族関係比率	538	.00	1.00	.33	.20
妻：地域内関係比率	538	.00	1.00	.46	.22
妻：地域外友人比率	539	.00	1.00	.19	.16
妻：職場関係比率	551	.00	1.00	.12	.15
妻：親しい3人のNW密度	561	.00	1.00	.63	.42
妻：親しい人の夫婦共有	561	.00	3.00	1.70	1.25
夫：ネットワーク規模	540	.00	91.00	15.24	11.80
夫：親族関係比率	520	.00	1.00	.33	.22
夫：地域内関係比率	520	.00	1.00	.23	.22
夫：地域外友人比率	522	.00	1.00	.22	.17
夫：職場関係比率	521	.00	1.00	.31	.20
夫：親しい3人のNW密度	558	.00	1.00	.67	.42
夫：親しい人の夫婦共有	558	.00	3.00	1.69	1.29
子：親友数	539	.00	21.00	4.40	3.83
子：母親認知の親友数	553	.00	18.00	3.03	3.09

る。職場関係比率の高さは，伝統的な地縁・血縁とは異なる新しいタイプの連帯的コミュニティに埋め込まれている程度を反映する変数と位置づけている。

　夫と妻のネットワークの構造に関しては，世帯外でもっとも親しくしている3人について，ネットワーク密度（network density）と配偶者とのネットワーク共有（network overlap）の程度を測定している。「親しい3人のネットワーク密度」は，この3人が相互に知り合いであれば「1」，2人のみが知り合いのとき「.33」，3人とも互いに知り合いでない場合に「0」の値を取る。「親しい人の夫婦共有」の程度は，その3人について配偶者を交えてのつきあいがある人数（0～3人）を回答してもらった。

　子どものネットワークについては，「心配事や悩み事を話せる」友人の総数（親友数），およびそのうち母親が名前と顔を知っている人数（母認知の親友数）を，調査対象となった子ども自身に回答してもらった。母が認知している親友数は，子どもの中核的な友人ネットワークのうち，母親が（そしておそらく間接的には父親も）共有している部分を示している。

　独立変数となるこれら16の世帯外ネットワーク変数の基本的な統計量を**表3-4**に示してある。このサンプルにおいては，同居する配偶者と子ども以外に，

日常的に何かと頼りにし，親しくつきあっていると認知する人との紐帯を，妻では平均約14本，夫では平均約15本維持している。そのうち3分の1を別居親族との紐帯が占める点では，夫と妻のネットワークに差はない。地域外の友人関係比率も，2割前後で夫妻間の差は大きくない。ところが，地域内の（親族及び非親族）関係は，妻のネットワークの45.6%を占めているのに対して，夫のネットワークの中では22.7%と半分にすぎない。一方，妻の職場関係比率の平均は1割強であるのに対して，夫では3割を超えている。妻と夫のネットワーク構成の平均像は，妻が地域内ネットワーク中心で，夫が職場ネットワークへの比重を高めているという点に非対称性がみられる。また，調査対象の子どもは，平均して4.4人の相談関係にある親友をもっており，そのうちの約70%にあたる3.0人を自分の母親が知っている，と回答している。

統制変数——世帯・個人の特性

　従属変数となる家族間紐帯の強さ，および独立変数となるパーソナル・ネットワーク特性は，調査対象となった世帯・個人の属性によってある程度規定されていることが予想される。そこで，夫妻の年齢と教育年数，対象子の年齢と性別（女＝1のダミー変数）および子ども数，妻の就業状態（無職／常勤／自営の3つのダミー変数）と夫の職種（ホワイトカラー職か否か），年間世帯収入（単位百万円）を統制変数として使用する[7]。

　分析の手続きとしては，まず世帯・個人属性変数（統制変数），次にネットワーク特性（独立変数）が家族間紐帯の強さ（従属変数）とどのように関連しているかを検討する。そのうえで，独立変数（ネットワーク変数）を統制変数と同時に重回帰分析に投入し，家族間紐帯に対して世帯・個人特性とは独立の影響を及ぼすネットワーク特性を探索する。

4．分析結果——家族関係構造とネットワーク構造

(1) 世帯特性と家族紐帯の強さ

　世帯・個人特性に関する変数と夫婦間，父子間，母子間の紐帯の強さとの相

---

[7] ただし，夫と妻の年齢は相関が強い（$r=.578$, $p<.001$）ので，重回帰分析の統制変数としては夫婦の平均年齢（平均値41.7歳，標準偏差SD=3.11）を使用することにした。

4.分析結果——家族関係構造とネットワーク構造

表3-5 世帯特性変数と家族間紐帯の相関（Pearsonの相関係数）

	夫婦間の紐帯の強さ	父子間の紐帯の強さ	母子間の紐帯の強さ
妻年齢	.068	−.042	−.037
夫年齢	.052	−.071	−.043
対象子の年齢	.086*	−.181***	−.157***
対象子の性別(女=1)	.000	−.010	.198***
子ども数	.108*	−.007	−.037
妻：教育年数	−.051	.002	.091*
夫：教育年数	−.006	.044	.061
年間世帯収入	.044	−.057	.016
夫：Wカラー職(W=1)	−.010	−.044	−.065
妻が無職(無職=1)	−.024	−.015	.101*
妻が常勤(常勤=1)	−.031	−.053	−.084*
妻が自営(自営=1)	.084*	.052	.025

注）***p<.001, **p<.01, *p<.05（両側検定）.

関を表3-5に示した。夫婦間の紐帯は，対象子の年齢が高いほど，子どもの数が多いほど，妻が自営業に携わるほど，強まるという弱い正の相関がある[8]。父子間と母子間の紐帯は，逆に子どもの年齢が高いほど，弱まる点で共通している。夫婦間，父子間，母子間の紐帯の強さは相互に正の相関があることはすでに触れたが，時間軸を視野に入れると，教育期の核家族トライアドの連帯性は，子どもの成長につれて親子関係中心から夫婦関係中心へと緩やかに移行することがわかる。母子間の紐帯に関しては，同性である娘との関係の方が息子との関係よりも強い。また，妻の教育年数と就業形態も母子間の紐帯の強さと関連している。

(2) 世帯外ネットワークと家族紐帯の強さ

では，独立変数であるネットワークの特性と家族的紐帯の強さとの間にはどのような関連がみられるだろうか。まずは，妻票，夫票，子票のそれぞれから得られたネットワーク測度と家族間紐帯の強さとの単純相関を示した表3-6からそれを探ろう。

一見して明らかなのは，妻と夫のネットワーク規模が大きいほど，そして親

---

[8] 自営業の妻の夫は，63.1%が自営業（家族従業者を含む）あるいは自由業であり，夫婦一緒に仕事をしているケースが多いと推測される。

表3-6　ネットワーク変数と家族間紐帯の相関（Pearsonの相関係数）

	夫婦間の紐帯の強さ	父子間の紐帯の強さ	母子間の紐帯の強さ
妻：ネットワーク規模	.138**	.090*	.131***
妻：親族関係比率	.058	−.018	.010
妻：地域内関係比率	−.029	.029	.009
妻：地域外友人比率	.008	−.027	.087*
妻：職場関係比率	−.038	.026	−.087*
妻：親しい3人のNW密度	.054	.043	.035
妻：親しい人の夫婦共有	.221***	.164***	.120**
夫：ネットワーク規模	.172***	.171***	.156***
夫：親族関係比率	.083	.081	−.044
夫：地域内関係比率	.103*	.110*	−.008
夫：地域外友人比率	−.118**	−.054	.001
夫：職場関係比率	−.094*	−.128**	.033
夫：親しい3人のNW密度	.051	.057	−.019
夫：親しい人の夫婦共有	.163***	.224***	.108*
子：親友数	.051	.099*	.068
子：母親認知の親友数	.073	.179***	.174***

注）***p＜.001，**p＜.01，*p＜.05（両側検定）．

しい交際相手が配偶者と共有されているほど，夫婦間・親子間の紐帯が強くなるという一貫した傾向である。さらに，子どもの親友数は父子間紐帯の強さと，また母親が認知している親友数は父子間・母子間の紐帯の強さと正の相関があり，統計的に有意である。より多様な人を含む大きなネットワークに取り囲まれているほど，そして家族メンバーのネットワークが他の家族メンバーと共有され，互いのネットワークが重なり合う程度が高いほど，家族間の紐帯は強まることが示唆されている。一方，親しい3人の交際相手のネットワーク密度と家族紐帯の強さの相関は，きわめて小さいものとなっている。

では，ネットワークの構成比率が家族間の紐帯に与える影響はどうだろうか。夫婦間の紐帯に関しては，妻のネットワークとの関連はほとんどないが，夫のネットワークにおいて地域内の（親族および非親族）関係の比率が高いほど，逆に地域外の友人や職場関係者の比率が低いほど，夫婦間の紐帯が強まるという傾向が統計的に有意である[9]。同様の傾向は，父子関係についてもあてはまる。夫（父親）のネットワークが地域内関係を多く含むほど紐帯は強まり，職場中

4．分析結果──家族関係構造とネットワーク構造

心であるほど弱くなる。母子関係に関しても，妻（母親）のネットワークの職場関係比率が高いほど母子間の紐帯が弱くなるという負の相関がみられる。しかし，父子関係の場合とは逆に，妻（母親）のネットワークの地域外友人比率は母子間紐帯の強さと正の相関がある。ネットワーク内の親族比率は，夫の場合に，夫婦間および父子間の紐帯と弱い正の相関がある（統計的に有意ではない）が，それ以外の場合では相関は非常に小さい。

(3) 家族紐帯の強さを従属変数とした重回帰分析

11の世帯変数を統制変数として，これと同時に家族紐帯変数と有意な単純相関のあったネットワーク変数（独立変数）を投入して一連の重回帰分析を行った結果をまとめたものが**表3-7**である。ネットワーク比率に関する諸変数は，その定義上相互に関連し合っているので，ネットワーク規模変数と組み合わせて別々に投入する複数のモデルによって分析した。また，ネットワーク規模変数とネットワークの共有の程度（親しい人の夫婦共有および母親認知の子ども親友数）との正の相関がやや高いので，後者のみを別のモデルとして分析した[10]。この一連の分析によって，世帯・個人の特性に関する要因の影響を統制したうえで，ネットワーク変数と家族紐帯の強さの関連をみることができる。

夫婦間の紐帯の強さ

夫婦間紐帯の強さについてのモデル1から4までの分析結果をみてみよう。いずれのモデルにおいても，個人・世帯変数で他の要因から独立の影響を与えているものはほとんどない（子ども数の正の効果が唯一の例外である）。一方，夫のネットワーク規模の効果は，モデル1〜3のいずれにおいても有意であり，ネットワークが大きいほど，夫婦間の紐帯は強まる。表には示していないが，妻のネットワーク規模のみを一群の統制変数と同時に投入したモデルにおいても，

---

[9] データは示さないが，世帯外親族など，夫妻の部分ネットワーク規模の多くも家族間紐帯の強さと弱い正の相関を示す。

[10] 相関係数の値は，夫のネットワーク規模と親しい交際相手の夫婦共有との間で$r=.224$（$p<.001$），妻のネットワーク規模と親しい交際相手の夫婦共有とでは$r=.184$（$p<.001$）となっている。母親認知の子ども親友数も，夫（父親）ネットワーク規模との間（$r=.164$；$p<.001$）および妻（母親）ネットワーク規模との間（$r=.137$；$p<.01$）に正の相関がある。

第3章 核家族の連帯性とネットワーク

表3-7 家族間紐帯の強さを従属変数とした重回帰分析

[従属変数]	夫婦間紐帯の強さ				父子間帯紐の強さ			母子間帯紐の強さ		
	モデル1	モデル2	モデル3	モデル4	モデル1	モデル2	モデル3	モデル1	モデル2	モデル3
[統計変数]										
夫婦の平均年齢	.018	.033	.013	.019	.030	.026	.055	.023	.027	.014
対象子の性別（女=1）	.058	.038	.056	.046	−.238***	−.240***	−.221***	−.156**	−.144**	−.126*
子ども数	−.029	−.032	−.034	−.038	−.041	−.044	−.051	.169***	.170***	.153***
夫：教育年数	.089	.085	.096*	.071	.042	.047	.029	−.083	−.080	−.069
妻：教育年数	−.056	−.066	−.069	−.045	.011	.002	−.050	.028	.041	.042
夫：無職（無職=1）	.056	.065	.046	.021	−.124*	−.115*	.102	.057	.060	.037
妻：無職（無職=1）	−.016	−.008	−.017	−.041	−.068	−.066	−.065	.045	—	.080
夫：常勤（常勤=1）	−.040	−.015	−.040	−.071	−.067	−.064	−.085	−.098	—	−.091
妻：常勤（常勤=1）	−.065	−.080	−.065	.031	.050	.052	.023	.061	—	.044
夫：自営（自営=1）	.008	−.006	.013	.002	−.042	−.039	−.042	−.108*	−.105*	−.114*
妻：自営（自営=1）	−.065	—	.065	−.073	—	—	—	—	—	—
夫：Wカラー職（W=1）	.008	—	—	—	—	—	—	—	—	—
年間世帯収入	.039	.027	.036	.073	−.044	−.048	−.020	.029	−.009	.052
[独立変数]										
夫：ネットワーク規模	.120**	.139**	.124***	.150**	.154**	—	—	.112*	.122**	—
妻：ネットワーク規模	—	—	—	—	—	—	—	—	—	—
夫：地域内関係比率	.116*	−.147**	—	.097*	—	.076	—	.071	.073	—
妻：地域内関係比率	—	—	−.093*	—	—	—	—	—	—	—
夫：職場関係比率	—	—	—	—	—	—	—	—	—	—
妻：職場関係比率	—	—	—	—	—	—	—	—	—	—
夫：親しい人の夫婦共有	—	—	—	.241***	—	—	.196***	—	—	.114*
妻：親しい人の夫婦共有	—	—	—	—	—	—	.158***	—	—	—
子：母親認知の親友数	—	—	—	—	—	—	.125***	—	—	.136**
R^2（決定係数）	.061**	.069**	.057*	.086***	.107***	.104***	—	.108***	.092***	.117***
ケース数	463	463	463	501	452	452	480	471	471	487

注）強制投入法による重回帰分析の結果。各コラムの数値は β（標準回帰係数）。***p<.001, **p<.01, *p<.05.

4. 分析結果——家族関係構造とネットワーク構造

同様にネットワーク規模の効果が有意であった（$\beta=.120$, p<.01；$R^2=.047$, p<.05）。世帯内の要因とは独立に，夫婦のネットワークの規模が大きくなるほど，夫婦間の紐帯は強まる効果が確認できた。

一方，夫のネットワーク構成が夫婦間の紐帯の強さを規定する効果も統計的に有意なものとなっている（モデル1～3）。夫が，地域内関係比率の高いネットワークをもち，地域外友人関係や職場関係の比率が低いネットワークをもつほど，夫婦間の紐帯は強まる。表には示さないが，単純相関では有意ではなかった夫のネットワークの親族関係比率変数を同様にネットワーク規模と同時に投入したモデルにおいても，正の効果が有意であった（$\beta=.134$, p<.01；$R^2=.066$, p<.01）。同様に，妻のネットワークにおける地域内関係比率，地域外友人比率，職場関係比率，親族比率を独立変数としたモデルによる分析も行ったが，これらの変数の効果は小さく，統計的に有意ではなかった。要するに，夫婦間の紐帯の強さは，夫のネットワーク構成が地域外あるいは職場の非親族ネットワークに偏ることによる負の影響を，および地域内あるいは親族のネットワークに偏ることによる正の影響を受けるが，妻のネットワーク構成からの影響は小さい。

しかしながら，夫婦間の紐帯の強さにもっとも大きな関連をもっているのは，夫婦間のネットワーク共有の程度である（モデル4）。妻にとってもっとも親しい3人の交際相手を夫が知っている程度が高いほど，夫婦間の紐帯は強くなっている。表に示さないが，夫の親しい交際相手の夫婦共有度を独立変数としたモデルでも，同様の結果が出ている（$\beta=.145$, p<.01；$R^2=.052$, p<.05）。つまり，夫と妻それぞれのネットワーク（の少なくとも中核部分）が重なり合うような夫婦は，夫婦間の紐帯が強い。あるいは，相互の紐帯の強い夫婦は親密な相手と夫婦単位で交際をする傾向がある。

父子間の紐帯の強さ

父子間の紐帯の強さを従属変数とした分析（モデル1～3）でも，夫のネットワーク規模と親しい交際相手の夫婦共有が有意な独立の効果をもっている。モデル3における親しい人の共有を夫ではなく妻の回答による変数に入れ替えたモデル（表示していない）においても，ほぼ同様の効果が見いだされた（$\beta=.158$, p<.01；$R^2=.109$, p<.001）。また，母親が認知している子どもの親友数が多いほど，父子間の紐帯が強いという関連も統計的に有意である。モデル3における母親

認知の親友数という変数に替えて，子どもの親友数を投入したモデル[11]（表示していない）でも，親友が多い子どもの父子間紐帯が強いという傾向は有意であった（$β=.101, p<.05 ; R^2=.103, p<.001$）。

父子間の紐帯は夫の地域内関係比率が高いほど強まる，という独立の効果も有意である（モデル1）。一方，夫ネットワークの職場関係比率と父子紐帯の強さの負の相関は，世帯内要因と夫のネットワーク規模の影響を統制すると統計的には有意でなくなる（モデル2）[12]。夫（父親）のネットワークが居住地域近傍に比重を置くものか，職場のように空間的に分離した場所に比重を置くものかによる影響の方向は一貫しているが，世帯内の要因の影響を取り除くとその効果は小さくなる。

父子間の紐帯の強さに関する3つの分析モデルからは，対象子の年齢が上がるほど父子間紐帯がかなり弱まり，夫の学歴が高いほどやや強まる，という効果もほぼ一貫していることが確認できる。しかし，こうした個人属性の影響を統制してもなお，父親と子どもの双方が世帯外に大きなネットワークをもち，その中核を占める親密なネットワークを家族メンバー間で共有する傾向が強いほど，そして父親のネットワークが地域内関係の比率を高めるほど，父子間の紐帯も強いと言えるだろう。

母子間の紐帯の強さ

母子間の紐帯の強さを従属変数とした重回帰分析（モデル1～3）からは，父子関係と同様に子どもの年齢の高さが母子間の紐帯を弱める独立の効果を及ぼすことがわかる。母子関係に特徴的なのは，他の要因を統制しても，息子よりも娘との関係が強くなる点である。また，夫の職種がホワイトカラー職の場合に母子間の紐帯が弱まる効果も有意である。

これら世帯内の個人属性要因の影響とは独立に，妻のネットワークの大きさ（モデル1と2），および親しい交際相手の夫婦間・親子間の共有（モデル3）によって母子の紐帯は強まる。表には示さないが，モデル3の独立変数を，妻では

---

[11] 子どもの親友数とそのうち母親が認知している数とは，当然ながら強く相関している（$r=.745, p<.001$）。

[12] 父子間紐帯を従属変数としたモデル2における夫の職場関係比率に替えて夫の地域外友人比率を独立変数として投入したモデル（表示していない）で分析を行っても，ほぼ同様の結果となる（$β=-.076,$ n.s.$; R^2=.104, p<.001$）。

なく夫の親しい人の夫婦共有変数に入れ替えた分析（β=.062, n. s.；R^2=.107, p<.001）や母認知の親友数ではなく子どもの親友総数に入れ替えた分析（β=.055, n. s.；R^2=.106, p<.001）では，それらの独立変数の効果はかなり小さく，統計的に有意ではなかった。また，有意な単純相関がみられた妻（母親）のネットワークの地域外友人比率（モデル1）と職場関係比率（モデル2）[13]の独立の効果はやや小さく，統計的な検定結果も有意ではない。

ネットワーク変数が母子間の紐帯に与える影響のパターンは，基本的に父子関係の場合と共通するところが大きい。しかし，それは母親のネットワーク規模や交際相手の夫婦共有度，母親が知っている子どもの親友数の正の効果に限定されており，母親のネットワーク構成（地域外友人比率と職場関係比率）が及ぼす独立の効果は認められなかった。

5．考察と結論——家族の個人化とパーソナル・ネットワークの構造

これまでのデータ分析の結果を要約しよう。世帯・個人の特性変数は，夫婦関係の強さにはほとんど影響を与えていないが，親子関係に共通する子どもの加齢効果，父子関係に対する夫（父親）の学歴効果，母子関係に対する子どもの性別と夫の職種の効果がみられた。しかし，教育期にある核家族メンバー間の紐帯の強さは，これらの要因とは独立に，メンバーそれぞれの世帯外ネットワークからの影響を受けている。

第1に，夫・妻・子のそれぞれが援助的で親密な相手との関係を世帯外に拡げることは，世帯内の連帯と競合あるいは代替するのではなく，むしろそれを強める。規模の大きな世帯外ネットワークは，特定の領域に偏らない多様な人々との関係を含み，分岐的・分散的な構造の交際資源・援助資源になっており，全体としてはむしろ連帯性が低いために家族の紐帯に対抗することがないのかもしれない。いずれにせよこの点は，夫婦間の情緒的依存とネットワークの規模や援助性とが正の相関をすることを見出した先行研究とも整合する（野沢 1995［本書1章］, 1999b）。

---

13 当然ながら，妻の職場関係比率は，妻の就業状態との間にかなり強い相関がある。妻が無職のダミー変数との相関はr=−.465（p<.001），妻が常勤のダミー変数との相関はr=.257（p<.001）である。そこで，モデル2では，職場関係比率と妻の就業変数を同時に投入することを避け，統制変数中の3つのダミー変数を削除している。

第3章 核家族の連帯性とネットワーク

　第2に，パーソナル・ネットワーク構成の差異が，規模の効果とは独立に，夫婦・親子の連帯に違いをもたらしている。とりわけ夫（父親）のネットワーク構成比率が家族の連帯性に影響を与えている点に注目する必要がある。ネットワーク規模要因や世帯内要因を統制してもなお，地縁・血縁中心のネットワークに埋め込まれている夫は，妻との紐帯が強い。逆に，脱地縁・脱血縁的で，職場中心のネットワークを作り上げている夫は，夫婦間の紐帯が弱い。前者は，基本的に密度（相互連結度）が高く，世帯メンバー間で共有されやすい領域（近距離・親族）のネットワークである。後者は，空間的・制度的に家族を分断する領域（遠距離・職場）のネットワークになりがちである。父子関係に関しても，地縁的なネットワークに埋め込まれた父親が子どもとの紐帯を強める傾向があった。つまり，夫が，夫婦関係・親子関係がともに織り込まれた連帯的なネットワークを構築することが，家族連帯を増大させるのである。

　妻（母親）のネットワーク構成比率と夫婦・母子間紐帯との間にはこのような関連がみられなかった。ネットワークの構造効果にジェンダーによる非対称性が生じるのはなぜなのだろうか。すでに述べたように，妻と夫のネットワークは，基本的に妻が居住地域中心，夫が職場中心という点で非対称性を示す（**表3-4**）。したがって，夫が職場関係比率を縮小し，地域内関係を拡げることは，多くの場合，必然的に妻や子どもの生活領域に関わること，ネットワークを共有することを意味する。ところが，妻が地域の内外に友人を増やしたり，自分の職場関連のネットワークを拡げたりしても（自営業など，夫と同じ職場でない限り），必ずしも夫婦のネットワークの共有・分離傾向が変化するわけではない。夫のネットワークが分離した領域に維持されたままならば，夫婦のネットワークの接点が増減することはないからだ。因みに，夫のネットワーク構成比率に関する変数は夫（および妻）の親しい交際相手の夫婦共有度と有意な相関があるが，妻のネットワーク構成比率変数はいずれも夫の交際相手共有度との相関が弱い[14]。このことは，上記のような解釈の妥当性を傍証している。

　最後に，これら2つの知見はいずれも第3の知見と深く関わっている。すなわち，親密な世帯外紐帯は，家族と分離的に維持されている場合に家族の紐帯にとって競合的なものとなるが，家族間で共有されている場合には家族の紐帯を補強する構造効果をもつという知見である。親密な少数の交際相手が，単に密度の高い，連帯した小集団をなしているというだけでは，家族の紐帯を弱化する効果も強化する効果ももたない。夫婦・親子間の紐帯の強さは，ネットワ

5．考察と結論——家族の個人化とパーソナル・ネットワークの構造

ークの共有・分離構造によってこそ変化するようだ[15]。すでに触れたように，家族間の交際相手共有度に関する変数は，夫や妻のネットワーク規模とも正の相関を示している（注10参照）。つまり，夫婦・親子単位の交際が多ければ，互いの交際相手を自分のネットワークに包摂することになるためネットワーク規模（および多様性）が拡大することになる。拡大され，共有された人々との日常的交流は，家族共通の関心事や出来事を増やし，夫婦・親子相互の情報交換や相談を促進し，家族の紐帯を強めることにつながるのではないだろうか。

　結論を述べるならば，連帯する家族は，ともに埋め込まれたネットワークに支えられている。個人化した分離的ネットワークは，連帯の緩やかな家族関係をもたらす。ただし，どのようなネットワークのなかに住んでいるかによって夫婦や親子の絆が大きな影響を受ける位置にいるのは妻（母親）ではなく，夫（父親）の方であった。これは，現在でもなお女性より男性の方が家族役割から相対的に自由であることと，世帯外ネットワークからの拘束が大きいことを反映している。妻がどのような構成のネットワークをもとうとも，夫婦関係・母子関係がさほど影響を受けないのは，多くの女性が世帯内の役割関係を最優先しているためではないだろうか。また，妻たちの世帯外ネットワークは，世帯内関係に影響を与えない範囲で，より選択的に形成・維持されているのだとも考えられる（上野 1987）。

　今後，女性が職業的役割へ，男性が家族的役割へのコミットメントを増やす方向（性別役割分業体制の弱化）へと家族のあり方が変化すると仮定すれば，女性は世帯外ネットワークの拘束や圧力のもとへ，男性は世帯内関係を支える選択的な世帯外ネットワーク形成・維持へと向うことが予想される。ネットワークのジェンダー差の多くは男女の社会構造上の位置（役割）が異なることに由来するのであり（Moore 1990），そもそもジェンダーとはネットワーク特性の差異

14　夫の親しい人の夫婦共有度は，夫の地域内関係比率（$r=.258, p<.001$），職場関係比率（$r=-.222, p<.001$），地域外友人比率（$r=-.111, p<.05$），親族関係比率（$r=.104, p<.05$）とそれぞれ有意な相関がある。さらに，妻が回答した親しい人の夫婦共有度も，夫の地域内関係比率（$r=.133, p<.01$），職場関係比率（$r=-.124, p<.01$）との間に有意な相関がある。それに対して，妻のネットワーク構成比率諸変数と妻自身の親密者夫婦共有度との相関は弱い（地域外友人比率 $r=-.080$，親族関係比率 $r=.063$，職場関係比率 $r=.052$，地域内関係比率 $r=-.012$；いずれも n. s.）。

15　この点は，野沢（1995［本書1章］）知見と合致しているし，ボット（Bott 1957, 1955=2006）やウェルマン（Wellman & Wellman 1992）の知見とも必ずしも矛盾しない。

によって作られる部分が大きいからだ (Smith-Lovin & McPherson 1993)。そのような変化のもとで，家族連帯の強さ・緩さがどう変容するのかはわからない。しかし，夫婦・親子の紐帯のゆくえが，パーソナル・ネットワークの個人化や解放化の進展と連動することは間違いないだろう。

第4章　若年世代の結婚意欲とネットワーク

1. 結婚はネットワーク現象か

(1) 親子関係と結婚は競合するのか

　現代日本における晩婚化の分析に大きなインパクトを及ぼした山田昌弘の「パラサイト・シングル論」(山田 1999b)は，個人化したと言われる現代の結婚を，より広い関係構造のなかに位置づけて分析し直した点において社会学的に画期的であった (山田 1996；宮本ほか1997も参照)。「結婚する」というパートナー関係へのコミットメント行為を，独立した個人の選択あるいは二者関係に閉ざされた相互行為であるとみなさず，親子関係という世代間関係と関連づけて読み解いた点に，その新しさ，脱常識的価値があった。

　山田の説にはユニークな論点が数多く含まれているが，親からの経済援助と家事援助のメリットを享受していることが結婚への阻害要因となるという，「強い紐帯」間の相互関連に関するいわば「競合仮説」を成しているとみることができる。親子関係における相互依存の強さが，婚姻関係という新たな強い紐帯の形成を抑制するとみなしているのである。とりわけ親と同居し続けている未婚者は，親からの経済的援助と家事サービスの両方を享受しやすく，いわば親に寄生している居心地の良さから抜け出しにくいと論じられた。山田が批判的意味合いを込めて「パラサイト・シングル」と呼んだのは，このような未婚者層である。高度経済成長期以降，富裕化した親世代と子世代の経済力のギャップが拡がり，居心地のよい「定位家族」から苦労の多い「生殖家族」への移行，すなわち「自立」を先延ばしする結果として晩婚化が進んでしまっている，というのが山田の主張の骨子である。情緒的にも強い紐帯で結ばれ，パラサイトされることに抵抗を感じない親と子の相互依存関係が，新たな深いコミ

第4章　若年世代の結婚意欲とネットワーク

ットメントとしての婚姻関係を遠ざけるという意味で，これを「親子関係と結婚の競合仮説」と呼ぶことができるだろう。

こうした見解に対しては，バブル経済崩壊後の不況期における女性を対象としたパネル調査データの分析結果が示すように，今や優雅なパラサイト・シングル像は崩壊しつつあるとの見方も出されている（樋口ほか 2004：3章）。親の経済力が翳りをみせると，結婚抑制要因としての親子関係の規定力も低下するのかもしれない。いずれにせよ，親への依存の程度（経済援助や家事援助であれ，情緒的なものであれ）が高いことや親子関係への満足度が高いことが，結婚意欲を低減させると考える「親子関係と結婚の競合仮説」は，今なお検討に値する。もしこの仮説が成り立つならば，親への依存が困難な社会状況が拡がることは，結婚意欲の上昇をもたらすと考えられる。

しかし，相互の行為に影響を及ぼしあう比較的強い紐帯の相互連関という視点を，親子関係だけに限定する必要はない。そこで，広く社会的ネットワーク論の文脈にのせて，関係構造が個人の結婚志向の強さにどのような影響をもたらすのかを探索するのが本章の主要な目的である（野沢 2001a ［本書7章］，2004参照）。それは，親子関係以外の人間関係の影響を考慮に入れることで，親子関係の影響を相対化し，上記の「競合仮説」を再検討するという意味も持っている。

(2) 友人ネットワークの連帯は結婚を抑制するか

高度経済成長期以降，結婚適齢期規範は弱まっているとみられてきた。国立社会保障・人口問題研究所が5年ごとに実施している全国調査「出生動向基本調査（独身調査）」においても，「ある程度の年齢までには結婚するつもり」と考える結婚年齢重視派の独身者は年々減少しており，また結婚の利点を「社会的信用を得たり，周囲と対等になれる」，「親を安心させたり周囲の期待に応えられる」などの社会的規範への同調と意識している独身者も次第に少なくなっている（国立社会保障・人口問題研究所 1999, 2004）。このようなデータからは，親族ネットワークや近隣ネットワークなどが連帯的な力を失い，未婚者およびその親が「世間」から受ける「結婚への圧力」も衰微したという見解が導かれることになる。かつて結婚は，ネットワーク内の社会的な圧力と深い関わりのある現象だったが，今ではすっかり「個人化」してしまった，あるいは山田のパラサイト・シングル論に代表されるようにせいぜい家庭内の問題でしかありえ

なくなった，というのが一般的な理解なのではないだろうか。果たして本当にそうなのだろうか。

　首都圏と地方都市の未婚女性16人と首都圏の未婚男性5人を対象としたグループ・インタビューの結果を分析した釜野（2004a）は，未婚者が結婚に対して肯定的なイメージをもつか否定的なイメージをもつかは，既婚の友人・知人や自分の両親の結婚生活についてのイメージが肯定的かどうかによって左右されることがあるとみている。対象者のなかには，結婚を促す周囲からのプレッシャーを感じていない人がいたが，一方では（とくに地方都市居住者の場合）家族・親族からのプレッシャーを感じると語る人もいた。こうした近年の研究も，「ネットワーク現象としての結婚」という視点が無効であると言い切れないことを示唆している。

　さらに，仮に地縁や血縁の伝統的ネットワークからの社会的圧力が衰微したのだとしても，若年世代にとっては，むしろ同世代の友人ネットワークが重要な意味を持つようになってきた点を見逃すべきではない。強く連帯した同質的な仲間集団的な友人関係は，本人が明確に意識していないレベルで，何らかの「圧力」をもたらしている可能性がある。ただし，その圧力は，結婚に向かって押し出す圧力ではなく，同世代の（未婚の）友人同士が互いに独身状態に留まる方向へと引き合う同調圧力として働くことが多いだろう。

　例えば，大都市でひとり暮らしをしている未婚女性たちの生活スタイルを取材した山本（2001）は，その取材データから析出されたイメージ，すなわち30歳の誕生日を間近に控えた女性（「すべての女性の中に住んでいる」とされる「私」）の典型的な状況を，「三十路への道のり」と題された文章のなかで表現している。それは，独身生活を送る3人の親しい友人と「私」との微妙な連帯が，結婚しない状態を長引かせる要因のひとつであると暗示している。

　　［クリスマス］イヴの晩は，結局4人とも集まった。
　　私たちは「独身同盟」をつくり誓い合った。別名，なぐさめあい同盟。
　　「絶対ひとりで幸せにならないこと」
　　でもみんな心の中で思ったはずだ。私は絶対最後にはならないって。

　　年明けには，独身同盟で，お祓いにも行った。時々，誰が一番早く結
　　婚するかの予想などもしてみた。互いを牽制し合うかのように，私た

ちは定期的に食事をした。(山本 2001：9)

　ここに描かれているような強い紐帯で結ばれた連帯した友人関係が典型的状況だとする確たる根拠はない。しかし，このようなタイプの友人関係が存在する場合には，独身者同士の連帯感が安心感を生んで，独身生活の継続を促す効果が生じるとみることができる。ただし，このようなタイプのネットワークの効果は状況次第でその内容が変質するだろう。例えば，メンバーの誰かに恋人ができて，結婚の可能性が浮上すれば，競争原理が働いて他のメンバーの結婚志向を促進する効果を生む可能性がある。したがって，自分を含むネットワーク・メンバー全員に恋人がいない場合に限定すれば，友人中心の連帯したネットワークを持っていると結婚意欲が弱まる，という仮説が成り立つと考えるべきだろう。

(3) 職場は結婚を促進／抑制する要因となっているか

　高度経済成長期以降，親族や近隣といった伝統的な「世間」に代わる新たな「コミュニティ」として重要な位置を占めるようになったのが職場である。職場の連帯的なネットワークが同僚間に一定の圧力を生み出す状況は，現代においても意外に持続している可能性がある。上記のグループ・インタビュー事例においても，「職場で毎日のように結婚が話題になり，次第に『結婚しなくちゃいけないのかな』と思い，結婚は『義務みたいなイメージ』をもつようになった」事例が報告されている（釜野 2004a：91）。いわゆる「OL」たちの，職場における人間関係の構造をインタビュー調査から探索した小笠原は，「OLしてて何が寂しいって，やっぱ同僚が結婚退職するときが寂しい」，「一抜けされちゃうんじゃないかっていうのはある。自分が残りたくないというのはあると思う。絶対に。だんだん，だんだん減っていくと，とくに自分が最後になっちゃったらやだなというのはあると思う（後略）」というOLたちの発言を引用している（小笠原 2000：50-51）。職種や業種，従業先の規模などによる多様性が大きいことには注意しなければならないが，とくに都市部では，結婚へと向かわせる社会的圧力は，親族や近隣の領域よりも，毎日のように長い時間を過ごす職場にこそ見いだせるのではないだろうか（唯川 1996も参照）。

　小笠原（2000）が強調しているように，少なくともOL的な職業世界においては，それを一生続ける仕事と考えている女性は少ない。そこには男女別のキ

ャリア・コースが暗黙のうちに設定されており，女性たちが責任ある仕事を任されることはなく，その能力や業績を厳密に評価されることもないからである。このような状況においては，仕事や職場への不満が，結婚意欲の高さと結びつく可能性がある。山田（1996：42-46）は，男性にとって結婚は単なる「イベント（出来事）」のひとつにすぎないのに対して，女性にとっての結婚は「生まれ変わり」であると言う。「生まれ変わり」とは，結婚によってこれまでの生活における不満を一挙に解消し，より高い満足を得られる環境を手に入れようとする傾向を指している。つまり，現在の職場で自分の職業キャリアに充分な満足を見いだせない女性は，それに代わるキャリアとして「結婚→子育て」というルートを志向する場合が少なくない。

　もちろん不満の多い職場からの脱出は結婚ではなく転職によっても可能だが，女性にとって人生の設計が「仕事」か「結婚＋子育て」か，という二者択一の問題として捉えられる状況は今でも珍しくない。25年間にわたる全国的な意識調査によれば，「仕事か家庭か」という問題設定に対して，結婚して子どもができても仕事を継続することを望む「両立派」の女性が倍増して半数を占めるようになったが，子どもができたら職業をやめるとする「育児優先派」も依然として4割弱の比率を保っている（NHK放送文化研究所　2000：44-48）。少なくとも「結婚＋出産＋育児」をセットにして考える層にとっては，仕事と結婚・育児がトレードオフ関係になりやすい状況はあまり変わっていない[1]。このことは，仕事を継続しながら子育てするための（職場内を含む）社会的サポート環境が充分整っていない日本社会の現状を反映しているのだが，それを前提とすれば，逆に職業に満足を感じ，そこに将来性をみている女性たちは，結婚への意欲を削がれざるを得ない。そうであるならば，とくに女性に関して，職業生活への満足度と結婚意欲との間に負の相関関係を想定する「職業／結婚トレードオフ仮説」が成り立つ。

　1991年に実施された女性を対象とした全国調査データのサブサンプル（40歳未満の独身者）を使った釜野（2004b）の分析は，年齢や教育年数の影響をコントロールしたうえで，結婚や出産を当然のことと考える程度や出産意欲が高いほど，そして仕事志向が低い独身女性ほど，結婚意欲が高いという傾向をみいだしている。国立社会保障・人口問題研究所の「出生動向基本調査（独身調査）」

---

[1] 国立社会保障・人口問題研究所（2004）の独身者調査によれば，独身女性が考える結婚のメリットの第1位は「子どもや家族をもてること」（2002年調査で37％）であった。

(1997年実施) データを使った岩間 (1999) の研究でも，仕事でもプライベートでも充実したライフスタイルを実現している女性たちは結婚意欲が低いという傾向がみられた。逆に，どの生活領域でも不活発なタイプの女性は，結婚意欲が高いことが示唆されている。このように，先行研究においても女性に関する「職業／結婚トレードオフ仮説」が支持されている。

(4) 女と男では結婚の見え方がどう違うのか

　多くの男性にとって，結婚は仕事とは切り離されたものと考えられており，人生上のひとつの「イベント」にすぎない，というのが山田 (1996) の論点のひとつであった。同様に，小笠原 (2000) も，仕事と家庭の関係は「男にとって可分，女にとって不可分」である点を強調する。彼らが主張するように，現代の日本社会が依然として性別役割分業に沿って構造化されていることを前提とすれば，多くの男性にとって「職業／結婚トレードオフ仮説」は妥当しない。上述の岩間 (1999) の分析においても，充実した職業生活と友人交際を維持しているタイプの女性ほど結婚意欲が低いのとは対照的に，男性の場合，仕事中心や友人交際中心のライフスタイル・タイプは，生活全般に不活発なタイプに比べてむしろ結婚意欲が高いことが示されていた。どちらかと言えば男性は，仕事や生活が充実・安定してきたときに結婚への意欲が高まるようである。こうした先行研究も，不満な状態からの脱出先として結婚を考える可能性が高いのは女性であることを示唆している。

　この点，親の援助に依存的なパラサイト・シングル生活のメリットを最大限に活かしているのは，同居する母親に家事全般を任せて，職業や交際中心の生活を送る独身女性たちなのかもしれない（さらだ 1998）。前述のインタビュー調査によれば，独身女性たちの多くは，結婚によってそのような独身生活のメリットを失う可能性を認識し，結婚生活や結婚相手について具体的なイメージを思い描いているが，男性たちは結婚に対して具体的なイメージを結べない傾向があるという（釜野 2004a）。結婚生活の具体的イメージを欠如させたまま，独身生活の自由を謳歌し，仕事中心の生活を続けて歳を重ねているうちに「いつしか非婚」状態におかれる未婚男性たちの事例はメディアにも取り上げられている（中国新聞社文化部 2003）。

　女性たちは，未婚の現状と結婚後の予測を比較して，結婚するか否かをコストと報酬のバランスとして意識的に吟味し，自らのネットワーク状況のなかで

慎重に選択した結果として未婚となっている側面がある。一方，男性たちにとって，結婚はいつでもできるはずのものであるがゆえに，人間関係と生活関心が職場に限定されてしまうような場合には，結婚に向かう意欲が希薄化しやすいのかもしれない。その点，女性と異なり男性にとっては，職場中心のネットワークが結婚を阻害する効果を生む可能性がある。いずれにしても，結婚へと向かったり，遠ざかったりする心理を水路づける社会環境的メカニズムには，大きなジェンダー差が存在すると推測される。それは，社会のなかのマクロな構造が生成するジェンダー化されたメカニズムである。この差異を再検討することも，以下の分析の重要な目的のひとつである。

2．分析枠組と主要な変数——結婚意欲・親子関係・ネットワーク・職業満足度

(1) データ

ここで使用するデータは，財団法人家計経済研究所が2003年6月に実施した，東京23区内のひとつの区に居住する25歳から34歳の未婚男女を対象とした「若年世代の生活とネットワーク調査」のデータである。二段抽出法によるこの調査のサンプルは，当該区内から抽出された80地点から26ケースずつを抽出したのちに，抽出条件に該当しないものを除いた1,881ケースである。調査方法は，留置法による質問紙調査である。有効回収数は703ケース（37.4%）であった（調査の詳細については，家計経済研究所 2005：1章を参照）。

(2) 従属変数——結婚意欲

従属変数は，結婚意欲である。この変数は，「あなたは結婚したいと思いますか」という問いに対する5段階の回答選択肢にそれぞれ点数を与えたものである。「まもなく結婚することがきまっている（5点）」，「すぐにでも結婚したい（4点）」，「今はしたくないが，いずれはしたい（3点）」，「よい相手がいればしてもよいが，必ずしもしなくてもよい（2点）」，「結婚するつもりはない（1点）」である。点数が高いほど，結婚意欲が高いことを表す。**表4-1**は，男女別に結婚意欲の回答をみたものだが，男女間に差がみられる。結婚意欲スケールの平均点を比較すると，男性が2.74，女性が2.92で女性の方がやや高くなっている（$t=2.47, p<.05$）。

第4章　若年世代の結婚意欲とネットワーク

表4-1　性別と結婚意欲

性別	結婚するつもりはない（1点）	必ずしもしなくてもよい（2点）	いずれはしたい（3点）	すぐにでもしたい（4点）	まもなく結婚する（5点）	合計　（n）
女性	3.3%	32.6%	41.6%	13.8%	8.7%	100.0% (334)
男性	9.0%	27.6%	50.0%	7.1%	6.3%	100.0% (366)
合計	6.3%	30.0%	46.0%	10.3%	7.4%	100.0% (700)

注）$\chi^2=22.15$, $p<.001$.

表4-2　男女別・恋人の有無別にみた結婚意欲スケール

性別	恋人・婚約者の有無	平均値	n	標準偏差
男性	いる	3.17	69	1.00
	いない	2.64	296	.91
女性	いる	3.39	111	1.01
	いない	2.69	223	.86
合計		2.83	699	.96

注）4カテゴリーで分散分析を行った検定結果：$F=22.94$, $p<.001$.

　ここでひとつ注意しなければならないのは，この分析が，実際に結婚するかしないかを規定する要因を探るものではなく，未婚者の結婚意欲を強めたり弱めたりする要因を検討している点である。どんなに結婚意欲が高くても，他の条件が整わなければ結婚に至ることはない。その重要な条件のひとつが，誰かと出会い，その誰かが自分との結婚に同意してくれるかどうか，という点にある。言い換えれば，結婚相手となる可能性の高い関係が既に存在するかどうかが，「結婚意欲」に関する回答に大きく影響を及ぼしている。

　表4-2は，男女を恋人あるいは婚約者がいるかどうかによって分類した4カテゴリー間で結婚意欲の度合いを比較したものである[2]。4グループ間で平均値の多重比較（Tukey法）を行ってみると，恋人・婚約者がいる男性および女性グループといない男性および女性グループとの間には統計的に有意な差があった（いずれも$p<.01$）。当然ではあるが，恋人・婚約者がいる男女は結婚意欲が高い。さらに，「恋人・婚約者」がいる場合といない場合では，結婚意欲の

2　この分析においては，後述する相談ネットワーク（最大4人の「個人生活上の問題」の相談相手）のなかに「恋人・婚約者」が含まれている場合に，「恋人・婚約者」がいるとみなしている。

2．分析枠組と主要な変数——結婚意欲・親子関係・ネットワーク・職業満足度

表4-3　男女別・恋人の有無別にみた年齢・教育年数・年収

性別	恋人・婚約者の有無		年齢	教育年数 *	年収額(万円) *
男性	いる	平均値	28.58	14.77	344.03
		n	69	69	67
		標準偏差	3.03	2.263	207.90
	いない	平均値	28.74	13.99	293.28
		n	297	297	290
		標準偏差	3.01	2.232	156.13
女性	いる	平均値	28.50	14.11	281.65
		n	111	110	109
		標準偏差	2.70	1.91	139.22
	いない	平均値	29.05	14.00	277.55
		n	225	225	216
		標準偏差	2.96	1.94	142.95
	合計	平均値	28.79	14.09	291.42
		n	702	701	682
		標準偏差	2.95	2.11	156.23

注）4カテゴリーで分散分析を行った検定結果：+p<.10, *p<.05, **p<.01, ***p<.001.

高低に影響を及ぼす要因自体が異なっている可能性が考えられる。以下では，男女別のみならず，「恋人・婚約者の有無」別にも分析を行うことにする。

(3) 統制変数としての個人属性変数——年齢・教育年数・年収・職種

　この分析では，おもに統制変数という意味合いで，年齢・教育年数・年収・現在の職種の4変数を取り上げる。**表4-3**は，男女別，恋人・婚約者の有無別に，これらの変数の平均値を比較したものである。対象者の平均年齢は29歳弱で，男女別，恋人・婚約者の有無別の4カテゴリー間には統計的に有意な差はない。

　一方，社会階層に関わる変数は，男性においてのみ，恋人の有無と関連している。正規の学校教育年数（専門学校等は除く）でみた学歴の点では，恋人のいる男性といない男性，恋人のいる男性といない女性との間に差があり，恋人のいる男性の学歴が高い（Tukey法による多重比較では，いずれも p<.05）。また，年収の点でも，恋人のいる男性は，恋人のいない男性（Tukey法による多重比較はp<.10）や女性2カテゴリー（いずれも p<.05）に比べてかなり高い。**表4-4**は，

表4-4 男女別・恋人の有無別にみた専門職・管理職（現職）の比率

性別	恋人・婚約者の有無	n	専門・管理職の比率
男性	いる	63	49.2%
	いない	284	28.9%
女性	いる	110	28.2%
	いない	220	29.1%
合計		677	30.7%

注）$\chi^2=11.18, p<.05$.

同様に4カテゴリー別に，現在の職種が専門職あるいは管理職である比率を比較したものである。他の3カテゴリーでは，専門・管理職の比はいずれも28～29%で差がないのに対して，恋人・婚約者のいる男性でのみ，その比率が5割近くにも上り，とくに高くなっている（χ^2検定の結果はp<.05で有意）。

属性変数に関するジェンダー差は明瞭である。要約すれば，社会経済階層が高い男性ほど恋人・婚約者を持ちやすいということになる。このような結果は，一般的に女性が男性を交際・結婚相手として評価する基準が職業的・経済的能力に傾斜していることを反映している。男性が女性を評価する基準はそれとは別の次元にあり，学歴や収入が高いことは，恋人・婚約者を持つか持たないかという点に影響を及ぼさない。

(4) 独立変数――親子関係・職業・ネットワーク

親との関係――同居・経済的依存・関係満足度

次に，独立変数となる親との関係変数を説明しよう。パラサイト・シングル論の前提となっている「親子関係と結婚の競合仮説」を検討するために，親との同居，親との経済的関係，親との関係満足度の3つの観点から親子関係を取り上げる。具体的には，①親と同居しているかどうか，②この1年間に仕送り・生活費・こづかい等で親から受け取った金額（万円），③この1年間に生活費を家に入れたり，仕送りしたりして親に渡した金額（万円），④母親との関係満足度[3]（「不満」から「満足」までの4段階で評価されたものに，それぞれ1から4点の点数を与えた）の4変数を分析に使用する。「親子関係と結婚の競合仮説」に従えば，親と同居しているほど，経済的な親への依存が大きい（親から受け取る金

2．分析枠組と主要な変数──結婚意欲・親子関係・ネットワーク・職業満足度

表4-5　男女別・恋人の有無別にみた親との同居比率

性別	恋人・婚約者の有無	n	専門・管理職の比率
男性	いる	69	29.0%
	いない	297	39.4%
女性	いる	111	36.9%
	いない	225	48.0%
合計		702	40.7%

注）$\chi^2=9.75, p<.05$.

額が多く，親に与える金額が少ない）ほど，そして親との関係満足度が高いものほど，結婚意欲が低くなると予想される。

表4-5は，男女別・恋人の有無別に親との同居率を示したものである。男性よりも女性の方が親との同居率は高い。また，男女いずれの場合も，恋人・婚約者がいる人たちの方が親との同居率が約10％低くなっている。**表4-6**には，同様に男女別・恋人の有無別に，親からもらった金額（万円／年間），親に渡した金額（万円／年間），母親との満足度の平均値と標準偏差を示した。サンプル全体の平均でみると，年間に7.5万円程度を親からもらっており，逆に11万円弱を親に渡している。多重比較の結果は統計的に有意ではないが，恋人・婚約者のいる男性が親から受け取った金額が高い点が目立っている。母親との関係満足度は，全体の平均値が3.5とかなり高く，4カテゴリー間にはほとんど差がない。

仕事満足度

すでに述べたように，現在の職業生活に関する満足度の違いも，結婚へのコミットメントに影響を与える要因のひとつと考えられる。「仕事満足度」は，現在の仕事に関して，①給与，②仕事の内容，③職場での人間関係，④労働時間の4つの観点から満足度を回答してもらい（不満から満足までの4件法で回答してもらったものにそれぞれ1〜4点の点数を付与した），さらにその点数の平均点（4

---

[3] この調査では「父親との関係満足度」と「母親との関係満足度」を別々に回答してもらった。このふたつの回答間には非常に強い相関がある（ピアソンの相関係数$r=.74$, $p<.001$）。そこで，ここでは親子関係満足度を代表する変数として「母親との関係満足度」だけを使用する。

表4-6 男女別・恋人の有無別にみた親子関係変数と仕事満足度の平均値

性別	恋人・婚約者の有無		親からもらった金額(万円) +	親に渡した金額（万円）	母親との関係満足度	仕事満足度 +
男性	いる	平均値	14.06	9.18	3.58	2.79
		n	67	67	67	61
		標準偏差	47.35	29.12	.527	.54
	いない	平均値	5.66	9.84	3.50	2.65
		n	293	293	285	270
		標準偏差	22.04	21.42	.690	.62
女性	いる	平均値	6.08	12.39	3.61	2.78
		n	111	111	107	105
		標準偏差	16.23	26.64	.683	.59
	いない	平均値	8.54	11.67	3.54	2.73
		n	220	221	219	209
		標準偏差	24.89	23.93	.712	.54
合計		平均値	7.46	10.77	3.54	2.71
		n	691	692	678	645
		標準偏差	25.78	23.90	.68	.59

注）4カテゴリーで分散分析を行った検定結果： +p<.10, *p<.05, **p<.01, ***p<.001.

つの回答の合計点を4で除した数値）を求めたものである（レンジ：1-4，信頼性係数：α =.65)。同じく**表4-6**には，現在の仕事満足度の平均値と標準偏差を男女別・恋人の有無別に示してある。サンプル全体の平均値は2.7で，恋人のいない男性でやや低くなっているが，多重比較による検定結果は，いずれも有意なものではなかった。

相談ネットワークの構造特性

この調査では，対象者のネットワークを，「ご両親以外の方で，あなたの個人生活上の問題を相談できる方」を親しい順に4人まで思い浮かべてもらうという方法で析出した（個人のネットワークを分析する意義と方法については，安田1997；野沢 1999［本書2章］，2001a［本書7章］を参照）。最大4人までの，このパーソナル・ネットワークの構造的特性のいくつかを以下の結婚意欲の分析に独立変数として導入する。このようにして導かれたネットワークは，対象者がプライベートな問題に関して情緒的に頼りにする親密な相手によって構成されるネ

2. 分析枠組と主要な変数——結婚意欲・親子関係・ネットワーク・職業満足度

ットワークを意味している。

ここでは，①ネットワークの規模（レンジ：0-4），②ネットワーク内の友人比率（レンジ：0-1，ただしネットワーク規模が2未満のケースを除外），③ネットワーク内の同僚比率（レンジ：0-1，ただしネットワーク規模が2未満のケースを除外），④ネットワーク密度（レンジ：0-1）の4変数を取り上げる。ここで使用するネットワーク密度は，対象者のネットワークに含まれるメンバー間の紐帯がどれくらい多く存在しているかを示す通常の「ネットワーク密度」概念に，各紐帯の強度（intensity）を加味した概念である（ここでは相手との「親しさ」を紐帯の強度と読み替えている）。具体的には，ネットワーク密度（D）は次の数式によって算出される。

$$D=(S+0.5A)/(N(N-1)/2)$$

Sはネットワーク・メンバー間にある「親しい」紐帯の数，Aはネットワーク・メンバー間の「面識はある」が親しくはない紐帯の数，Nはネットワークの規模を示している（ただし，ネットワークの規模Nが2未満のケースは除外した）。このようなネットワーク密度概念の構成法は，1985年に実施された米国の全国的な社会調査 General Social Survey (the 1985 GSS) が採用したものである[4]。この変数は，対象者が挙げたネットワーク・メンバー相互にまったく知り合い関係が存在しない場合に「0」，メンバー相互の組み合わせすべてに「親しい」関係が存在している場合に「1」となり，0から1の範囲の値をとる。

ネットワーク密度の高さは，「典型的には，多様性の乏しい他者を含む，緊密で『閉じた』対人関係環境」を意味しており，「ソーシャル・サポート受領可能性やウェルビーイングと関連している」と考えられている。また，ネットワークに含まれる「他者が対象者に対して集合的な影響を与えうる程度を示していることから，同調への規範的圧力の潜在的な強さを測定している」とみられている (Marsden 1987 : 124)。つまり，ネットワーク密度の高さは，同調圧力の強さを暗示しており，状況によって結婚を促進する効果あるいは留まらせる効果をもたらすと推測される。

---

[4] ただし，1985年版GSSにおいては，個人的な問題の相談ネットワークではなく，より一般的に「重要な事柄を話し合う（discuss important matters）」相手（5人まで）のネットワークを抽出している (Marsden 1987 ; Burt 1984)。日本では，中尾 (2002) が類似したネットワーク変数の測定と構成を試みている。

第4章　若年世代の結婚意欲とネットワーク

表4-7　男女別・恋人の有無別にみたネットワーク変数の平均値

性別	恋人・婚約者の有無		ネットワークの規模 ***	ネットワークの友人比率 ***	ネットワークの同僚比率 *	ネットワーク密度 *
男性	いる	平均値	2.78	.51	.11	.47
		n	69	53	53	53
		標準偏差	1.24	.25	.21	.28
	いない	平均値	2.05	.72	.18	.52
		n	297	178	178	178
		標準偏差	1.57	.35	.29	.37
女性	いる	平均値	3.11	.47	.09	.43
		n	111	102	102	102
		標準偏差	.98	.24	.17	.27
	いない	平均値	2.62	.71	.16	.41
		n	225	172	172	172
		標準偏差	1.48	.31	.25	.31
合計		平均値	2.47	.64	.14	.46
		n	702	505	505	505
		標準偏差	1.48	.33	.25	.32

注）4カテゴリーで分散分析を行った検定結果：　　+p<.10, *p<.05, **p<.01, ***p<.001.

　表4-7は，男女別・恋人の有無別に，上記4つのネットワーク変数の平均値などを示したものである。サンプル全体の特徴をみると，平均して約2.5人の相談相手を持ち，そのうち約3分の2は「友人」であり，14%が職場の同僚など仕事関係の人が占めている。ネットワーク密度の平均値は.46である。
　これら4変数はいずれも恋人の有無（および性別）によって統計的に有意な差が存在する。相談ネットワークの規模に関して多重比較を行った結果，恋人のいない男性は，恋人のいる男性，いる女性，いない女性のいずれと比較してもネットワークが小さい（それぞれ，p<.01, p<.001, p<.001）。また，恋人のいる女性はいない女性よりもネットワーク規模が大きい（p<.05）。ネットワークの友人比率に関しては，男女にかかわらず，恋人・婚約者のいるグループがいないグループよりも比率が低い（いずれも p<.001。これは恋人・婚約者がネットワークに含まれるためにそれだけ他のカテゴリーの関係比率が低くなる影響を反映していると考えられる）。ネットワークの同僚比率については，恋人のいない男性が恋人のいる女性よりも高いという差異のみが有意であった（p<.05）。恋人のいない男性の

同僚比率がもっとも高く，恋人のいる女性の同僚比率がもっとも低い。ネットワーク密度に関しては，恋人・婚約者のいない男性が，いない女性よりも密度が高いという傾向のみが有意であった（p<.05）。恋人のいない男性のネットワーク密度がもっとも高く，恋人のいない女性のネットワーク密度がもっとも低い。

3．結婚意欲を規定する要因

(1) 統制変数・独立変数と従属変数との相関

　次に，統制変数（年齢，教育年数，年収額，専門・管理職か否かの4つの個人属性変数）および独立変数（親子関係に関わる4変数と仕事満足度1変数およびネットワーク関連4変数の合計9変数）と従属変数（結婚意欲）との関連の強さを検討しよう。**表4-8**は，男女別・恋人の有無別に，2変数間の相関係数の値を表したものである。注意しなければならないのは，各サンプル下位グループに含まれるケース数にばらつきが大きいため，統計的有意性の出やすさに差がある点である。とくに恋人・婚約者のいる男性グループでは，ケース数が少ないため相関係数の値が高くても有意水準に達することが難しい。

　その点に配慮して，とりわけ男性については恋人の有無による比較は参考程度に留め，まずは男女差を確認しておこう。男性と女性の差異で顕著なのは，男性では，社会経済階層の高さが結婚意欲の高さと正の相関を示しているという点である。女性には，このような傾向はまったくみられない。男女で共通しているのは，ネットワーク規模が大きいほど結婚意欲も高くなるという正の相関である。ただし，女性ではこのような傾向は恋人・婚約者がいるグループのみに当てはまるのに対して，男性ではむしろ恋人のいないグループに顕著な傾向となっている。

　女性は，ほかにもネットワークの友人比率が結婚意欲と負の相関を示している点が男性と異なる。さらに，女性サンプルを「恋人・婚約者あり」と「恋人・婚約者なし」とに分けて相関を出してみると，それぞれ異なる傾向がみられる。ネットワーク規模との正の相関（p<.05）は恋人ありのグループのみに，友人比率との負の相関は（有意ではないが）恋人なしのグループのみに顕著な傾向である。さらに，ネットワーク密度と結婚意欲との正の相関が，恋人ありの

表4-8 個人属性変数・ネットワーク変数と結婚意欲との相関（ピアソンの相関係数rの値）

	全サンプル	男性 全体	男性 恋人・婚約者あり	男性 恋人・婚約者なし	女性 全体	女性 恋人・婚約者あり	女性 恋人・婚約者なし
年齢	-.061	-.046	-.097	-.028	-.083	-.104	-.032
教育年数	.070+	.119*	.044	.108+	.013	.035	-.013
年収額	.071+	.154**	.184	.116*	-.015	-.005	-.034
専門・管理職か否か	.042	.146**	.003	.144*	-.061	.023	-.113+
親と同居しているか	-.019	-.050	-.048	-.031	.000	.095	.009
親からもらった金額	-.022	-.038	-.062	-.074	-.003	.030	.012
親に渡した金額	-.065+	-.085	-.077	-.087	-.055	-.040	-.078
母親との関係満足度	.072+	.090	.156	.067	.049	-.023	.072
仕事満足度	.000	.039	.015	.021	-.055	.021	-.127+
ネットワークの規模	.168***	.149**	.019	.131*	.158**	.206*	.075
ネットワークの友人比率	-.125**	-.058	.064	-.019	-.171**	.069	-.108
ネットワークの同僚比率	-.057	-.085	-.202	-.033	-.022	-.007	.050
ネットワーク密度	-.005	-.055	.023	-.066	.066	.185+	-.011

注：+p<.10, *p<.05, **p<.01, ***p<.001（両側検定）．

グループのみに，みられた（p<.10）。また，恋人なしのグループにおいてのみ，専門・管理職であることおよび仕事満足度が高いことが，結婚意欲の高さと負の相関を示した（いずれも p<.10）。男性では，恋人ありのグループでのみ，ネットワークの同僚比率と結婚意欲の負の相関がかなり大きいが，上述のようにケース数が小さいため有意ではない。

(2) 重回帰分析の結果

2変数間の相関で必ずしも統計的に有意にはならなかった変数を含め，すべての統制変数と独立変数を同時に投入した重回帰分析の結果を検討してみたい。ただし，「ネットワークの友人比率」と「ネットワークの同僚比率」はその変数構成の性質上，強い負の相関関係にあるため（$r=-.55$, p<.001），別々に投入したモデルを検討した。男女別・恋人の有無別の結果を**表4-9**と**表4-10**に示した。すでに述べたように，男女別のサンプルをさらに恋人の有無別に分けると，とくに恋人ありのグループのケース数が小さすぎて重回帰分析には無理が生じる。したがって，恋人の有無別の分析はあくまで参考程度にとどめなければならないが，恋人の有無によるネットワーク効果の対比に着目する意味で，ここでは分析結果をそのまま示している。

表4-9は，ネットワークの友人比率を含めたモデルである。男性全体と女性全体の分析結果を比較してみよう。男女に共通する傾向としては，恋人・婚約者の有無がもっとも大きな独立の効果を及ぼしており，そのような相手のいるものほど結婚意欲が高いことが確認できる。しかし，それ以外の点では，明確なジェンダー差が存在する。男性は（とくに恋人なしのグループの場合）学歴が高いほど結婚意欲が高くなる。このような傾向は女性にはまったくみられない。

一方，親子関係変数，仕事変数，ネットワーク変数の3者がいずれも独立の効果をもたらしている点で，男性とは異なる女性独自のメカニズムが働いていることが示されている。しかも，結婚意欲を高めたり低めたりする人間関係や生活状況のメカニズムは，恋人・婚約者がいる未婚女性といない未婚女性とでは異なったものになっている。

まず親との関係をみてみよう。親に渡した金額が多い女性ほど，結婚意欲が低いという傾向はどちらのグループにも一貫しているが，恋人がいない女性では母親との関係満足度が高いほど結婚意欲が高まる（$\beta=.148$, p=.098）のに対して，恋人がいる女性の場合は逆に結婚意欲が低下する傾向がある（$\beta=-.193$,

表4-9　結婚意欲を従属変数とした重回帰分析の結果（友人比率モデル）

	男性			女性		
	全体 β	恋人・婚約者あり β	恋人・婚約者なし β	全体 β	恋人・婚約者あり β	恋人・婚約者なし β
年齢	.028	−.290	−.179 +	−.022	−.112	.010
教育年数	.191 *	.031	.256 **	.002	.099	−.005
年収額	.059	.246	−.025	.010	.106	−.006
専門・管理職か否か	−.041	−.045	.042	−.075	−.003	−.141
親と同居しているか	.107	−.011	.140	.068	.087	.077
親からもらった金額	−.059	−.086	−.014	−.004	−.004	−.051
親に渡した金額	−.124	−.053	−.124	−.140 +	−.139	−.222 *
母親との関係満足度	.071	.191	.022	.002	−.193	.148 +
仕事満足度	.045	−.051	.081	−.087	.051	−.196 *
相談ネットワークの規模	.027	−.023	.044	.020	.069	−.021
ネットワークの友人比率	.076	.172	.073	−.121 +	.015	−.201 *
相談ネットワーク密度	−.056	−.088	−.101	.065	.225 +	−.037
恋人・婚約者の有無	.244 **	—	—	.283 ***	—	—
R^2	.131	.164	.113	.144	.102	.123
F	2.06 *	.505	1.43	2.83 **	.721	1.53
n	191	44	146	233	89	144

注）　+p＜.10, *p＜.05, **p＜.01, ***p＜.001.

3. 結婚意欲を規定する要因

p=.109)。親に経済的負担をかけられない状況，あるいは親を経済的にサポートしなければいけない状況に置かれている女性は一般に結婚意欲が低くなるが，母親との関係に対する満足度の高さは，恋人がいない状況でのみ結婚意欲を高めると言える。

現在の仕事に対する満足度の効果も，恋人のいない女性に対してのみ働く。特定の恋人がいない女性の場合，仕事の満足度が高いほど結婚意欲が低くなる独立の効果が統計的に有意であるが，恋人・婚約者がいる女性グループではそのような効果はみられなかった。仕事か結婚かという意識上のトレードオフ関係は特定の恋愛対象がいない状況でこそ成り立つが，恋人関係が成立した後には，事情が複雑化して，そのような単純な関連は成り立たなくなるのかもしれない。

相談ネットワークの特性も，恋人のいる女性といない女性に異なった影響を及ぼしている。恋人のいない女性に関しては，ネットワークの友人比率が高いほど結婚意欲は低くなる。これは，友人同士の連帯したネットワークが結婚を抑制する同調圧力を及ぼしているものと解釈できる（ただし，ネットワーク密度の効果は確認されなかった）。予想されたように，恋人・婚約者がいる女性群ではそのような傾向はみられない。自分に恋人ができれば，相談ネットワークの構造も（恋人がそのなかの重要な位置を占めることによって）変化し，友人間の紐帯の性格も変容する。

一方，恋人のいる女性グループには，相談ネットワークの密度の効果が確認できた。ネットワーク密度の高さが結婚意欲を増加させる効果である（ただし，β =.225, p<.010）。恋人・婚約者がいるということは，相談ネットワーク（最大4人）のなかに恋人・婚約者が1人含まれることを意味している。したがって，多くの場合，密度の高さは，恋人・婚約者と他の（最大3人の）相談相手との紐帯がどれくらい緊密であるかを反映している。つまり，自分の恋愛相手と他の相談相手が親しい関係にあるほど，結婚意欲が高まることを意味している。女性の場合，既存のネットワークに恋人がうまく受け入れられることが，結婚したいという気持ちを後押しする。あるいは，特定の相手との結婚を意識するにしたがって，自分の親密なネットワークに彼を巻き込む傾向が強いのかもしれない。いずれにしても重要なことは，親との関係，職場との関係，他のネットワーク・メンバーとの関係のマトリックスのなかで結婚意欲が増減する傾向が，女性に特有のものであるという点である。

第4章　若年世代の結婚意欲とネットワーク

表4-10　結婚意欲を従属変数とした重回帰分析の結果（同僚比率モデル）

	男性			女性		
	全体 β	恋人・婚約者あり β	恋人・婚約者なし β	全体 β	恋人・婚約者あり β	恋人・婚約者なし β
年齢	.039	−.309	.186+	−.021	−.107	.018
教育年数	.194*	.138	.253**	.006	.099	.004
年収額	.062	.332	−.023	−.002	.103	−.021
専門・管理職か否か	−.038	−.143	.046	−.075	−.012	−.128
親と同居しているか	.115	.045	.149	.064	.079	.078
親からもらった金額	−.051	.001	−.013	−.009	.000	−.061
親に渡した金額	−.135+	−.040	−.134	−.144*	−.148	−.220*
母親との関係満足度	.080	.169	.029	.001	−.194	.162+
仕事満足度	.057	−.114	.093	−.084	.052	−.216*
相談ネットワークの規模	.030	.068	.042	.008	.065	−.014
ネットワークの同僚比率	−.145*	−.439*	−.115	.105	.040	.147
相談ネットワーク密度	−.062	−.238	−.103	.069	.234*	−.019
恋人・婚約者の有無	−.206**	—	—	.345***	—	—
R^2	.146	.277	.121	.142	.103	.106
F	2.33**	.989	1.53	2.78**	.729	1.29
n	191	44	147	233	89	144

注）　+p＜.10, *p＜.05, **p＜.01, ***p＜.001.

しかしながら，相談ネットワーク内の友人比率という変数に代えて，同僚など仕事関連の人の比率を投入した重回帰分析モデル（表4-10）では，むしろ男性特有の効果が浮かび上がった。表4-10をみると，男性のみに「ネットワークの同僚比率」の負の独立効果が認められたのである。しかもその効果は，とくに恋人・婚約者のいる男性で顕著に大きい。男性の場合，自分のネットワークが同僚中心の構成になっていると，恋人・婚約者がいるにもかかわらず結婚意欲が後退しやすいようだ。女性の場合，そのような傾向はみられず，恋人がいない状況で同僚中心のネットワークを持つことはむしろ結婚意欲を若干高める傾向さえある（ただし，$\beta=.147$, $p=.106$）。やはり職場は，ジェンダーによって異なるベクトルの結婚圧力を生じる場になっているようだ。

すでに述べたように恋人のいる女性ではネットワーク密度が高いほど結婚意欲が高くなる（このモデル［表4-10］では，$\beta=.234$, $p<.05$）のに対して，恋人のいる男性では，ケース数が僅少のため統計的に有意ではないものの，ネットワーク密度が高いほどむしろ結婚意欲が低くなる傾向にある（$\beta=-.238$, $p=.237$）。恋人のいない男性にとっては，親との関係を含むネットワーク要因の結婚意欲への影響は小さいが，恋人・婚約者がいる男性にとっては，ネットワークが同僚中心であることが結婚を躊躇させやすい。この点においても，ネットワーク効果のジェンダー差は顕著である。

4．結婚意欲に対するネットワーク効果とジェンダー

これまでの分析結果を要約し，冒頭での仮説検討と関連づけて議論してみよう。

(1) 親子間の支援関係は結婚意欲を高める

今回の分析結果は，パラサイト・シングル論に代表される「親子関係と結婚の競合仮説」を支持しなかった。親と同居していることや親から子どもへの直接的経済援助（年間に親からもらった金額）が多いことは，結婚への意欲を低めることも高めることもない。親への経済的依存度が高いほど結婚に消極的になる，というような傾向はみられなかった。とくに女性に関しては，親に渡す金額が少ない人ほど結婚意欲が高いという逆の傾向が認められ，親の経済状況の豊かさがむしろ女性の結婚志向を強めるという結果になった。親との関係満足度に

関しても，より満足しているほど結婚意欲が高まるという独立の効果が，とくに恋人のいない女性の間で認められた（恋人のいる女性では，母親との関係満足度と結婚意欲は逆に弱い負の相関を示す）。少なくとも女性に関しては，親との支援的で良好な関係がどちらかと言えば結婚への意欲を高めると言えるようだ。

(2) 友人中心のネットワークは恋人のいない女性の結婚意欲を低減させる

分析の結果，恋人のいない女性に関してのみ，友人中心のネットワークが結婚意欲を低めるという独立の効果が示された。すでに紹介した山本（2001）が描くような未婚女性同士の連帯した友人関係は，結婚へのプレッシャーからの避難所の機能を果たしていて，結婚していない現状を肯定する効果（同調圧力）をもたらしていると考えられる。一方，恋人や婚約者がいるグループには，友人中心ネットワークの効果がみられない。この同調圧力の効果は，恋人のいない未婚者同士に特有の連帯効果であることを傍証している。

(3) 恋人を含む密度の高いネットワークは女性の結婚意欲を高める

恋人や婚約者がいる女性にのみ，相談ネットワークの密度が高いほど結婚意欲が高まるという独立の効果が確認された。これは，女性が特定の相手と恋人関係を形成していく場合，その関係がそれ以外の親密なネットワークに織り込まれていく過程と，結婚意欲が高まる過程が並行して進む傾向があることを示唆している。男性および恋人のいない女性の場合には，このような傾向はみられない。女性と違って男性では，恋人が自分のネットワークに組み込まれることと，結婚したい気持ちの高まりが，必ずしも連動しないようだ。

(4) 同僚中心ネットワークは男性の結婚意欲を低める

男性に関しては，親子関係を含むネットワーク要因のうち，唯一にして特有の独立した効果を示したのが，ネットワークの同僚比率であった。ネットワークに含まれる相談相手のうち職場の同僚が占める比率が高いほど，結婚意欲が低くなる傾向がみられた（これはとくに恋人のいる男性に顕著な傾向であった）。女性が友人中心のネットワークのなかで結婚意欲を弱めるのに対して，男性の場合は，職場中心のネットワーク（それは職場中心の生活と重なる）によって結婚への志向性を減退させるようだ。恋人のいる男性が同僚中心のネットワークを持っていると，それが恋人関係と競合・葛藤を生じやすく，結婚への意欲を削ぐ結

果を招きやすいのかもしれないが，この点は充分に解明できなかった。女性の場合は，（統計的に有意ではないが）同僚比率の高さと結婚意欲との間には正の相関があり，職場中心のネットワークは結婚意欲を高める傾向がある。職場のネットワークが男性と女性に与える効果は，やはりそれぞれ大きく異なっている。

(5) 恋人のいない女性には仕事と結婚のトレードオフ関係が妥当する

　職場の人間関係だけではなく，仕事全体への満足度という観点からみても，ジェンダーによる差異は明瞭である。恋人のいない女性に関してのみ，現在の仕事に満足しているほど結婚意欲が低くなる効果が顕著である。他の要因の影響が同じならば，女性たちは仕事に満足しているほど，結婚を目指す意欲が弱くなる。言い換えれば，仕事への不満が高いほど結婚への志向が強まる。この点，恋人がいないという条件付きではあるが，「仕事と結婚のトレードオフ仮説」が女性にはあてはまると言ってよいだろう。男性にとっては，仕事や職場に対する満足感の高さが，直接結婚志向を強めたり，弱めたりすることはない。男性の場合は，仕事の内容や職場の環境が要因となって，ネットワークが職場に限定されることで結婚が意識から遠ざかるという前述のメカニズムが働いているとみるべきなのかもしれない。

(6) ジェンダーによって異なる結婚をめぐるネットワーク効果

　すでにみてきたように，結婚意欲の高低に影響を与える要因は，男性と女性では大きく異なっていることがいくつかの点から確認できた。結婚という行為は，今なおジェンダー的に非対称的なネットワーク現象である。少なくともここで取り上げた変数に関する限り，親子関係を含む人間関係のネットワークのなかで結婚志向性を変化させやすいのは，男性よりも女性である。恋人がいるかどうか，親との関係に満足しているかどうか，友人関係中心のネットワークを持っているかどうか，密度の高いネットワークを持っているかどうか，といったネットワーク要因のほかに，仕事に満足を感じられるかどうかという職業キャリアに関する要因を加えた輻輳する要因マトリックスのなかで，女性たちは結婚への志向性を変化させる（恋人のいない女性に関しては，他の要因の影響を統制すると統計的に有意ではなかったが，専門・管理職であることと結婚意欲との間に負の相関がみられた）。対照的に男性の場合，学歴や年齢の高さという個人属性要因が結婚意欲を高める要因となっており，他の変数の影響から独立の有意な効果を

もたらしたネットワーク変数は，恋人・婚約者がいることと相談ネットワークの同僚比率が低いことの2つに限られていた。

　地縁・血縁のネットワークが衰退したとみなされ，「世間」の結婚への規範的圧力は弱まっていると考えられている現代においても，女性たちは友人関係や親子関係などネットワーク内に働く圧力の交差のなかで結婚を意識化している。男性にとってさえ，職場中心ネットワークの効果を無視できないという点では，結婚は二人の個人だけに関わる事柄ではなく，ネットワーク内に立ち現れる社会的な現象なのである。繰り返すが，この分析は，実際に結婚するかしないかという行為レベルの変数ではなく，結婚意欲という意識変数を被説明変数としている点において，結婚という社会的行為の表層を撫でた過ぎない。精査すべき多くの疑問は手つかずのまま残されている。それでもなお，結婚がネットワーク的な現象であることを示しえた本章の視点と知見は，結婚の社会学的探究にとって意味のある前進であると考えたい。

第5章　ネットワークのなかの定住と移住

1．ライフコースの脱標準化と住み替えパターンの多様化

　東京のような大都市圏の居住者に限定すれば，寮や社宅に始まり，賃貸集合住宅を経由して，最終的には郊外に一戸建住宅を取得して終の棲家に至るという「住宅双六」のあがり方は，高度経済成長期から最近に至るまで自明のものとして通用してきた。それは多くの場合，子どもの成長途上のライフステージにおいて購入した大都市郊外の住宅およびその地域が，大幅に延長した人生のセカンド・ハーフ（後半戦）を過ごす場所となり，終の棲家となることを当然の前提としていた。と同時にそれは，標準的な核家族の，標準的なライフサイクル（森岡 1973）を前提として成立する物語でもあった。つまり，標準的な核家族形成を前提とした人生設計の一般化は，郊外住宅地の拡大という空間的な社会変動と深く連動して進行してきた（三浦 1999；高木 2002）。「郊外／一戸建／持ち家」志向は，幸福な家族イメージの重要な要素とみなされてきたのである（正保 2002）。

　ところが，現代日本人の生き方，とくに「家族」に関わる意識と行動が変化してきたことによって，居住に関する物語の自明性は揺らぎつつある（袖井 2002；大江 2002）。それは，「少子高齢化時代」における居住パターンの変化と言い換えることもできるだろう（広原ほか 2002）。シニア世代は人生の後半戦に延長戦の戦い方を織り込んでおく必要がでてきたし，若い世代は結婚や子育てを固定的な時間割に配置された必須科目とはみなさなくなってきた。そこに，居住単位としての標準的な家族という強固な幻想の崩壊をみることもできる（上野 2002）。いずれにしても，「郊外／一戸建／持ち家」の獲得がつねに自明なゴールとは言えなくなってきた。

　たとえば，重松清の小説『定年ゴジラ』は，従来の家族の幸福物語の結末と

第5章　ネットワークのなかの定住と移住

住宅双六の「あがり」（＝郊外／一戸建／持ち家）が必ずしも予定調和的なものではないことを象徴的に描き出している[1]。主人公の山崎さんが長年勤務した銀行を定年退職して1ヶ月が過ぎた時点から，この小説は書き出されている。郊外の「ニュータウン」にある自宅から片道2時間かけて都心の職場に通勤する生活から，毎日，自宅やその周辺地域内で過ごす生活へと大きな変化を経験して初めて，自分が25年間暮らしてきた場所の意味を彼は再発見する。

> 甘かった，と気づいた。いまになって。
> 「この街って，なんにもないんだな」
> ときどき奥さんに愚痴る。
> 「なんにもないからいいんだって言ってたじゃない」奥さんは夫のしかめつらをいなすように笑う。「こういう静かなところが一番安らぐんだって，子どものためにもいいんだって」
> そのとおりだ。都心にほど近いアパートから東京の西のはずれのニュータウンへ引っ越してきたのは，二十五年前の，ちょうどいまごろだった。山崎さん自身が決めた引っ越し先である。庭付きの一戸建，澄み渡った空気，二階のベランダから眺める富士山，春にはヒバリがさえずり夏には蟬時雨が聞こえる緑豊かな自然……通勤時間の長さを代償にして余りある素晴らしい環境だ。二十数年前，ビジネスの現場の最前線に立っていた山崎さんは，確かにそう思っていたのだった。
> しかし，いま，山崎さんは還暦を過ぎた。二人の娘も巣立った。昔で言うなら隠居である。電車で席を譲られると少し寂しくなるが，シルバーシートの空席に座ることにためらいはなくなった。もう，「老人」という呼称を受け入れてもいいだろう。「老人」としての新生活が始まった，その矢先に気づいたのだ，「素晴らしい環境」の意味が二十数年前といまとでは変わってしまったことに。（重松 1998：7-8）

この小説の主人公が感じた心理的ショックは，自らが属していた職場というコミュニティを喪失したこと，そして居住地域を基盤とした人間関係をほとんど保有していないことに深く関わっていることは間違いない。事実，専業主婦

1　この小説は，NHKでテレビドラマ化されて2000〜2001年に放映されただけでなく，漫画化されてもいる（三山 2001）。

である山崎さんの妻は，友人たちや娘たちとの頻繁な交流を保ち続けており，夫のように居住環境の意味の変貌を感じている様子はない。自らのアイデンティティとコミュニティの急激な変容が，これまで問う必要を感じなかった「居住地域」の意味に主人公を直面させることになったのだ。この物語は，「郊外／一戸建て／持ち家」がセットになった「終の棲家」幻想がどのようなかたちで崩れるのかを例示している。そこには，中高齢期に経験する人生の転機と(家族関係を含む) パーソナル・ネットワークの再編に応じた住み替えを積極的な選択肢とするような意識変化が生じる余地がある。

そうした意識変化を反映した社会現象のひとつが，住宅市場のトレンドとしての「都心回帰現象」である。住宅業界内部のある観察者は，都心のマンション供給量の多さに支えられた最近の都心回帰現象の牽引役の一翼を担っているのが高齢層であるとみている (松村 2002)。こうした傾向が永続的なものかどうかを判断するのは難しいが，少なくともこれまでのように高齢期にはそれまで住み慣れた住居および居住地域に住み続けることが自明視されなくなり，郊外一戸建てから都心の永住型集合住宅 (マンション) への住み替えを可能にする具体的方式なども提供されつつある (小林 1997)。

もうひとつ，「少子高齢化」に関連して注目されているのは，独身層の居住地選択行動である。流行語にもなった「パラサイト・シングル」という山田昌弘の造語は，親元に同居し，経済と家事の両面で親からの支援を得られるために，快適な独身生活を送りつづける人びとを指している (山田 1999b)。このパラサイト・シングルの増大が晩婚化現象を生み出している，というのが山田の主張である。この説の当否はともかくとして，増大している独身者層は，これまでの標準化されたライフコースを前提として想定されていた「住宅双六」の筋書きを離れて，独自の居住地・居住スタイルをどう選択するかという課題に直面する。さらだ (1998) が報告しているパラサイト・シングル女性の居住選択の事例は，親との同居ばかりではなく，親の住居や職場に近い場所に分譲マンションを購入するなど，独身層が多様な居住地選好をみせていることを示唆している。国勢調査データをもとにした東京圏における成人未婚者の居住と地域構造についての研究も，とくにひとり暮らし未婚女性の都心・マンション志向が顕著であることを指摘している (松本 1998)。都心回帰現象のもう一方の担い手は，独身女性層であると目されているのである (松村 2002)[2]。

成人後のライフコースにおける初期 (青年期) と後期 (高齢期) が延長された

現代において，とくにこの両端の年齢段階における居住生活に関して，集合住宅居住を前提とした都心回帰という新しい選択肢が加わることで，都市空間における居住地移動は多様性と流動性を増している。さらに子育て期の家族にとっても，妻が就業を続けるというライフスタイルを採る場合には，職場に近く，育児施設などの利便性の高い都心地域での居住が家族生活戦略の有力な選択肢となる（小野・大村 1999；松信 2002）。また，幼い子どもをもつ女性の就業継続にとっては，同居・近居の親族（おもに親）からのサポートが得られることも重要である（石原 1999）。職場と育児サポート源たる施設や親族からの距離を考慮した転居は現実的な選択肢であると言えるだろう。社会生活の多くの領域においてそうであるように，居住生活においても，高度経済成長期に作られた標準型の再編成と選択化・多様化が進行中なのである[3]。

このような社会変化の文脈から，現代の都市居住者の居住地選択行動の背後にある定住・移住意識を探るのが本章の目的である。具体的には，東京の都心から郊外までを含む多様な5つの市区の居住者を対象としたデータを使用して，「現住地」および「現住市区」への定住意志を規定する要因を検討するための探索的な分析を試みる。

2．定住・移住志向とパーソナル・ネットワーク

ここでは，居住地選択意識の規定要因のなかでも，個人のもつ社会的ネットワークの特性がどのような意味で影響力をもっているかを探る点にとりわけ焦点を当ててみたい。これまでの社会学では，家族研究は住居という「小さなハコ」のなかに，またコミュニティ研究はそのハコが存在する居住地域内の人間関係に，それぞれ焦点を定めて分析を行ってきた。しかし，「ハコ」のなか（＝世帯）とその周辺（＝地域コミュニティ）に視野を限定せず，個人にとっての「家

2　リクルート社が，2001年に首都圏で新築分譲マンション購入者（非確率サンプル）を対象に行った調査の結果によれば，（とくに女性）独身者層は世田谷区，大田区，杉並区などから中央区，渋谷区，港区などの都心区への移動が多いという傾向が示唆されている（「新築分譲マンション購入者の動き－独身女性は都心へ向かう」『朝日新聞』2002年9月26日付，東京版）。

3　職住接近の都心居住の推進については，東京都が2000年より3カ年計画として立案した『東京構想2000』においても，都心居住の推進と多摩地区における職住近接の推進を政策のひとつに掲げ，事業計画が進められている（東京都政策報道室計画部 2000）。

族」および「コミュニティ」を，個人にとって重要な人々のパーソナル・ネットワーク（personal network）として捉えるという新しい研究視角が台頭し，パラダイム転換が進行してきた（Wellman 1999；野沢 1999［本書2章］，2001a［本書7章］）。

　私たちにとって，同居している世帯メンバーだけが「家族」であるわけではなく，また居住地の近接した相手だけが自分の重要な「コミュニティ」のメンバーであるとも限らない。現代人の人生は，地縁・血縁に限定されない多様な人間関係のネットワークのなかで営まれている。そして，どのようなネットワークをもっているかが，ライフコース上の出来事やそれへの対処の仕方やその帰結に影響を与えている（安田 1997；野沢 2001a）。したがって，パーソナル・ネットワークの構造的特性は，どこにどのように住みたいかという人生上の重要な選択に対しても直接・間接の影響を及ぼしていると推測される。

　コミュニティ研究の分野では，地縁・血縁に限定されない社会的ネットワークという視点を採用した先駆的なフィッシャーらの研究（Fischer et al. 1977）以来，「居住の場所」と「ネットワーク」との関連を分析した研究は，日本においても一定の蓄積がある。たとえば，地域住民のなかでもどのような層がとくに居住地域への関わりや愛着が強いのか（野沢・高橋 1990），居住地の違い（都心か郊外か，大都市か小都市か）や居住地移動経験（どこの出身か）などによってネットワークの構造特性に違いがあるのか（松本 1994, 2002）という問題が追究されてきた。

　また最近の都市住宅学研究では，別居世帯メンバーとのネットワークに着目した「ネットワーク居住」の研究も登場してきた（大江 2003）。「ネットワーク居住」という概念は，同居せず分散居住している家族（たとえば，親世帯と子世帯）がさまざまなサポートを交換しあいながら暮らしている点に着目し，さらに近隣・友人などの非血縁ネットワークの重要性にも眼を向ける（金 2000）。これは，家族やコミュニティをパーソナル・ネットワークという概念から捉えようとする上記の研究視角とほぼ重なるものである。実際，ひとり暮らしあるいは夫婦のみ世帯の高齢者の多くは日常的接触が容易な近距離に住む子どもを持っていることからすれば，居住に関わる問題を論じる場合にこのようなネットワークの視点が不可欠であるとさえ言えるだろう（大江 2002）。

　にもかかわらず，個人の持つネットワークの特性が，居住地や居住スタイルの選好や選択にどのような影響を及ぼすのかという，居住地の移動や定住にお

けるネットワーク効果の研究はこれまであまりなされてこなかった。人間関係に着目する場合でも，同居している家族あるいは狭い意味での近隣関係が考慮されることはあれ，それ以外の人間関係要因に眼を向けることは稀であった。そこで本章では，個人の定住・移住志向性へのパーソナル・ネットワーク効果を探索してみたい。研究蓄積が少ないので明確な仮説を提示することはできないが，分析の焦点となるのは，ネットワークの「拘束効果」と「解放効果」の2つである（野沢 1999［本書2章］, 2001a［本書7章］）。居住地が近接した相手を中心とした連帯性が強いネットワークを持っている人は，おそらくそのネットワークに生じる相互依存の磁場に引きつけられ，現住地での定住を志向する傾向があるだろう（ネットワークの拘束効果）。一方，居住地の離れた相手との関係を多く含む，地理的に分散したネットワークを持つ人は，定住のみを唯一の選択肢と考えず，他地域への移住をも現実的な選択と考え，離れた場所に住む特定の人びとが誘因となって移住が促進されるのではないだろうか（ネットワークの解放効果）。

このような見方がどれほどの現実性を持つのか。現住地域の場所や住宅を含む個人・世帯の資源保有状況，個人・世帯の特性や個人の価値観の効果とは独立に，ネットワークの効果があると言えるのかどうか。相手の居住地の距離別に捉えた，親しく頼りにしている親族と友人の数を説明変数とした分析を行う。

3. 対象者3グループの個人・世帯特性とネットワーク特性

以下では，「東京版総合社会調査（東京版GSS調査）」のデータを使ってこの問題を分析してみよう（この調査の設計・方法などの詳細については，松本 2004：1章および松本・原田 2001を参照）。この調査の対象地は，港区，大田区，世田谷区，清瀬市，あきる野市の5市区であった。港区は，東京駅の南西約2～6kmの範囲に位置する都心居住の代表地区である。大田区はその南側外延に位置し，世田谷区はさらにその北西に位置するが，いずれも東京駅から10～16kmほどの距離にある点では共通しており，成熟したインナー・サバーブ的住宅地を含んでいる。清瀬市は都心から約20kmの東京都中北部，あきる野市は都心から約40kmの東京西部に位置し，それぞれ比較的新しい郊外住宅地を含んでいる。

この調査の対象者の住宅状況，居住地域と出生地，家族状況と家族意識などの一群の個人・世帯の特性に関する変数と空間距離別にみた親族・友人ネット

ワーク規模に関する一群の変数を独立変数として,ロジスティック回帰分析を行った。その際,回答者サンプルを「高齢(50歳以上)既婚者層」,「若年(49歳以下)未婚者層」,「若年(49歳以下)既婚者層」の3つのサブサンプルに分けた分析を行った[4]。老後の居住生活設計が現実味を帯びている熟年層と若年層との間に,また若年層でも次第に増大する未婚層と既婚層との間には,定住・移住の志向性の差異をもたらす状況要因やその影響メカニズムが大きく異なる可能性があるからである。

投入する独立変数は以下の通りである。個人の属性や意識,世帯や住宅の状況に関する変数として,①回答者の性別,②年齢(回答カテゴリーによる近似値),③世帯年収(回答カテゴリーによる近似値[5]),④現在の住居における部屋数(DKも部屋数に含む),⑤居住形態(一戸建て持ち家/分譲マンション/賃貸住宅[一戸建て借家,賃貸マンション・アパート,社宅など]),⑥現住市区(港区/大田区/世田谷区/清瀬市/あきる野市),⑦出身地(現住所/現住所と同じ市区内/東京都内/関東地方および山梨県/その他)[6],⑧婚姻状態(既婚/未婚),⑨未就学子の有無,⑩親(または義理の親)との同居の有無,⑪非家族主義志向[7]の11変数を検討の対象とした。

図5-1から**図5-7**に,これらの変数の基本統計量や各カテゴリーの分布を,3つの回答者グループ別に示した。年齢については,回答者3グループを区分

---

[4] 回答者の婚姻状態は,既婚(結婚して配偶者がいる)と未婚(結婚したことがない)のほかに,「離別(夫または妻と離別して独身)」37人(3.8%),「死別(夫または妻と死別して独身)」33人(3.4%)を含んでいる。こうした家族状況における居住地選択は興味深いテーマだが,ケース数が少ないという技術的な問題のために,こうした離死別のケースおよび50歳以上の未婚者のケース(23人,2.4%)は今回の分析対象から除外した。

[5] 年齢については,5歳刻みのカテゴリー選択肢による回答なので,例えば「20〜24歳」という回答なら中間値の「22(歳)」と置き換えてある。また,世帯収入(年収)についても同様に中間値による近似値を当てはめたが,「300万円未満」は「299(万円)」,「1500万円以上」は「1600(万円)」という数値に置き換えた。

[6] ここでの出身地という変数は,「中学を卒業したとき(あるいは義務教育を終えたとき)に,どちらにお住まいでしたか」という設問への回答による。

[7] 「非家族主義志向」という変数は,「結婚しても,必ずしも子どもをもつ必要はない」と「結婚せずにひとりで暮らす生き方があってもよい」という2つの意見に対して賛成か反対かを4件法で回答してもらい,賛成(4点)から反対(1点)までの点数を与え,2つの質問の点数を加算して構成した尺度である(レンジ2〜8,信頼性係数 α =.73)。この尺度の点数が高い回答者ほど,結婚して親になるという生殖家族形成を前提とした伝統的・通念的な人生観から外れる非通念的な価値観への許容性が高く,逆に低い回答者ほど,通念的な生殖家族形成を当然のこととみなす傾向がある,と想定している。

第5章　ネットワークのなかの定住と移住

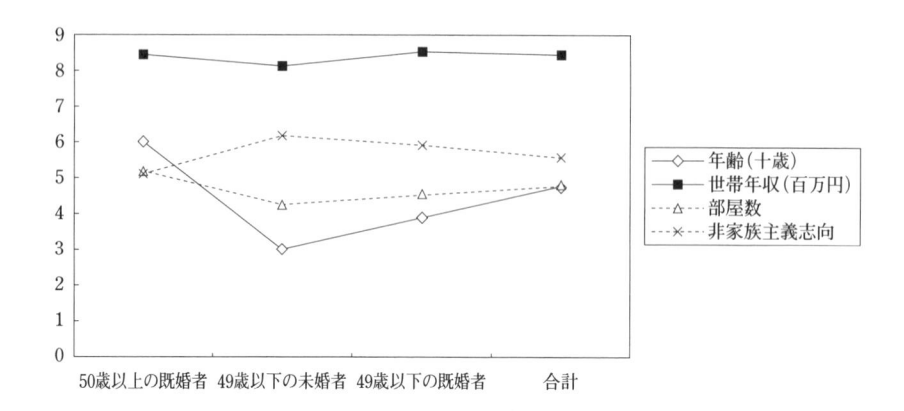

図5-1　回答者グループごとにみた年齢・世帯収入・住居の部屋数・非家族主義志向

した基準からして差があるのは当然だが，49歳以下の未婚者と既婚者との間には平均年齢で約10歳の差がある（**図5-1**）。世帯収入では3グループ間に差はほとんどないが，住居の状況にはかなりの差異がみられる。一戸建て持ち家率は，50歳以上の既婚者が最も高く，49歳以下未婚者で最も低くなっており，住居の広さ（部屋数）も同様の差がある（**図5-3**）。また，非家族主義志向性については，若年未婚者層でもっとも高く，高齢既婚者層では最も低くなっている。つまり，高齢既婚者層は通念的な家族志向が最も強い（**図5-1**）[8]。出身地についても，最も平均年齢が低い若年未婚者層では地元出身者が多く，高齢既婚者層では関東以外の地方出身者が多いという傾向がある（**図5-5**）。なお，49歳以下の既婚者層の約35％には未就学の子どもがおり，未婚者層の6割強は親と同居している（**図5-7**）[9]。

次に，回答者のパーソナル・ネットワークの構造に関する独立変数として，

8　図5-1に関して，分散分析によって3つの回答者カテゴリー間の平均値の差を検定してみると，世帯収入（n.s.）以外の3変数（年齢，部屋数，非家族主義志向の高さ）に関しては統計的に有意な差が確認できた（いずれも$p<.001$）。
9　図5-2から図5-7に関してχ^2検定を行った。居住形態（図5-3），出身地（図5-5），未就学子の有無（図5-6），親との同居（図5-7）に関して統計的に有意な結果となった（いずれも$p<.001$）。男女比率（図5-2）に関してはマージナルな結果であり（$p<.10$），居住地域の比率もほとんど差がないと言ってよい（n.s.）。

3．対象者3グループの個人・世帯特性とネットワーク特性

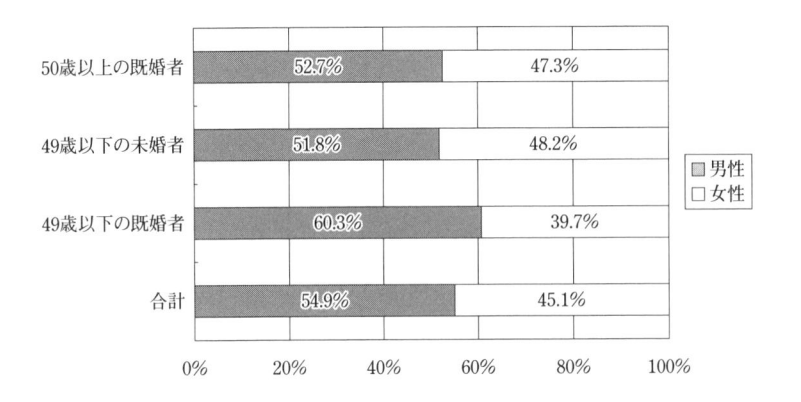

図5-2　回答者グループごとにみた男女比率

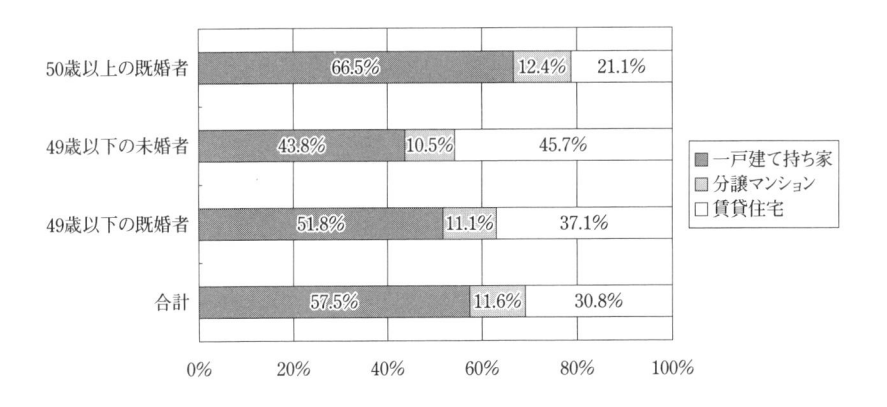

図5-3　回答者グループごとにみた居住形態の比率

とくに（別居）親族ネットワークと（職場関係や仕事関係，近隣関係を除く）友人ネットワークを取り上げた。具体的には，「日頃から何かと頼りにし，親しくしている別居の家族・親戚の方（両親・子どもを含む）」および「日頃から何かと頼りにし，親しくしている友人の方」の人数を，自分の住所から相手の居住地までの距離を4段階（30分未満／30分～1時間未満／1～2時間未満／2時間以上）に分

第5章　ネットワークのなかの定住と移住

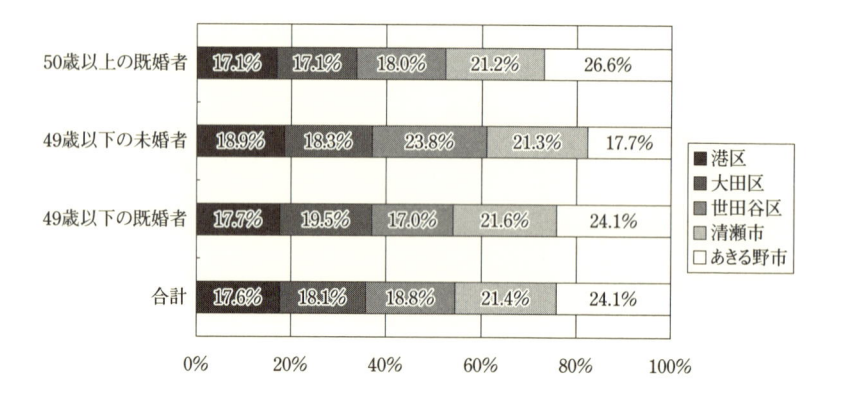

	港区	大田区	世田谷区	清瀬市	あきる野市
50歳以上の既婚者	17.1%	17.1%	18.0%	21.2%	26.6%
49歳以下の未婚者	18.9%	18.3%	23.8%	21.3%	17.7%
49歳以下の既婚者	17.7%	19.5%	17.0%	21.6%	24.1%
合計	17.6%	18.1%	18.8%	21.4%	24.1%

図5-4　回答者グループごとにみた居住地域（市区）の比率

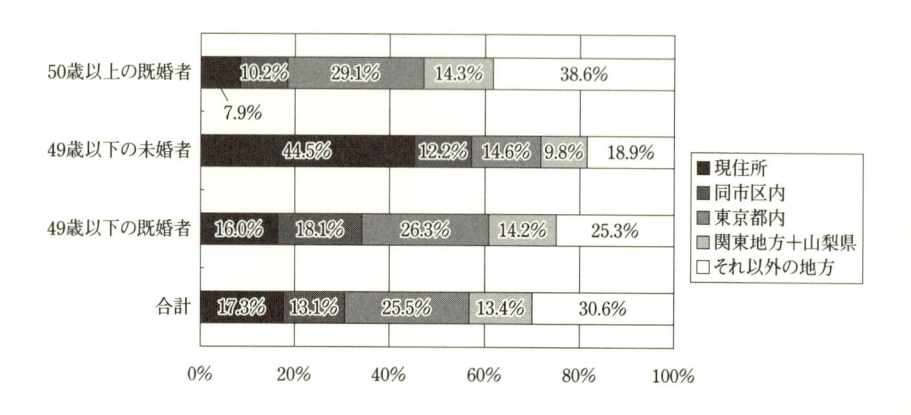

	現住所	同市区内	東京都内	関東地方＋山梨県	それ以外の地方
50歳以上の既婚者	7.9%	10.2%	29.1%	14.3%	38.6%
49歳以下の未婚者		44.5%	12.2%	14.6%	9.8% / 18.9%
49歳以下の既婚者	16.0%	18.1%	26.3%	14.2%	25.3%
合計	17.3%	13.1%	25.5%	13.4%	30.6%

図5-5　回答者グループごとにみた本人の出身地（中学卒業時の居住地）の比率

3．対象者3グループの個人・世帯特性とネットワーク特性

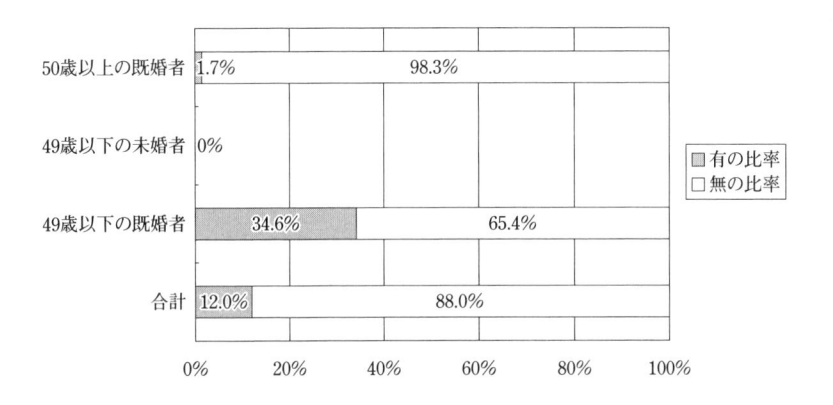

図5-6　回答者グループごとにみた未就学子の有無比率

グループ	有の比率	無の比率
50歳以上の既婚者	1.7%	98.3%
49歳以下の未婚者	0%	100%
49歳以下の既婚者	34.6%	65.4%
合計	12.0%	88.0%

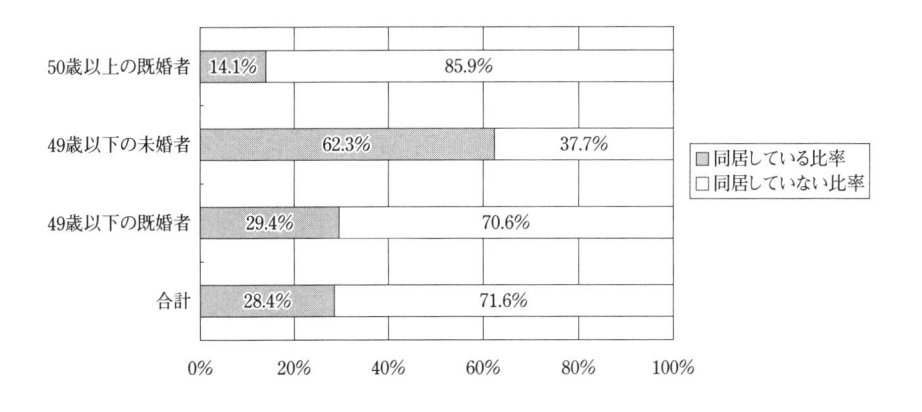

図5-7　回答者グループごとにみた親との同居率（義理の親を含む）

グループ	同居している比率	同居していない比率
50歳以上の既婚者	14.1%	85.9%
49歳以下の未婚者	62.3%	37.7%
49歳以下の既婚者	29.4%	70.6%
合計	28.4%	71.6%

けて回答してもらったものである[10]。

　図5-8と**図5-9**には，回答者のパーソナル・ネットワークに関する8変数（時間距離別の親族数と友人数）の平均値をグループ別に示した。ここでも，高齢

第5章 ネットワークのなかの定住と移住

既婚者層と若年未婚者層との間の差異が際立っている。前者は，親族ネットワークが大きく，とくに中長距離の親しい親族関係を多く保っているのに対して，後者は，友人ネットワークが大きく，とくに中長距離の友人数をたくさんもっている。若年既婚者層のネットワークは，両者の中間的な特性をもっていると言える[11]。

従属変数は，①現住地での定住意志（「これからもずっとここで暮らしたいとお考えですか」という設問に対する回答「できるだけここで暮らしたい／できればよそに移りたい」）と②現住市区内での定住意志（「これからもずっと現在お住まいの市区町村に住み続けたいと思いますか」という設問に対する回答「できるだけ住み続けたい／できればよそに移りたい」）の2つである。この2つの定住・移住意志に関する変数の回答分布が，「50歳以上の既婚者」，「49歳以下の未婚者」，「49歳以下の既婚者」という3つの回答者グループ間でどのように異なるかを示したのが図5-10および図5-11である。現住地での定住希望者と移住希望者の比率は，49歳以下の層では拮抗しているが，50歳以上既婚者層では4人に3人が定住希望を持っている。現住市区内での定住意志に関しては，定住希望者が多数派であるが，とりわけ高齢既婚者層では，圧倒的多数（約85％）が定住を希望している[12]。

さて，以下では，回答者の定住意志と移住意志の差異が，上述の個人や世帯の状況，住居の条件，家族ライフスタイルに関する意識（非家族主義志向）などによってどのように規定されているかを検討する。また，そうした個人・世帯特性に関する要因の影響をコントロールした上でなお，パーソナル・ネットワークの特性が何らかの規定要因となりえるのかどうか，高齢既婚者層・若年未婚者層・若年既婚者層の各グループ別に探索していくことにする。

10　これら8つのネットワーク変数は，回答された人数を実数のまま使用した。ただし，それぞれの時間距離別の回答人数が20人を越えるケースは，外れ値として処理し，分析からは除外した。その結果，親族数と友人数に関する8変数がとる値のレンジはすべて0〜20となった。

11　時間距離別の親族数と友人数の平均値を回答者グループ間で比較した分散分析による検定結果は，1〜2時間の友人数（$p<.001$），1〜2時間の親族数（$p<.01$），30分〜1時間の友人数（$p<.01$），2時間以上の友人数（$p<.05$）で有意な結果となった。しかし，30分から1時間の親族数，2時間以上の親族数，30分未満の友人数に関する検定結果はマージナルであり（いずれも $p<.10$），30分未満の親族数に関しては有意差がなかった。

12　図5-10と図5-11に関して χ^2 検定を行った結果，統計的に有意であった（いずれも $p<.001$）。

3．対象者3グループの個人・世帯特性とネットワーク特性

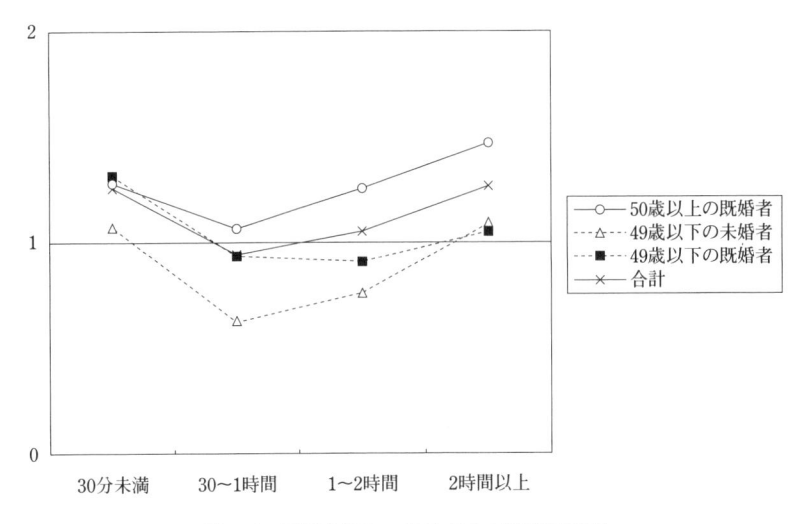

図5-8　回答者グループごとにみた距離別親族数

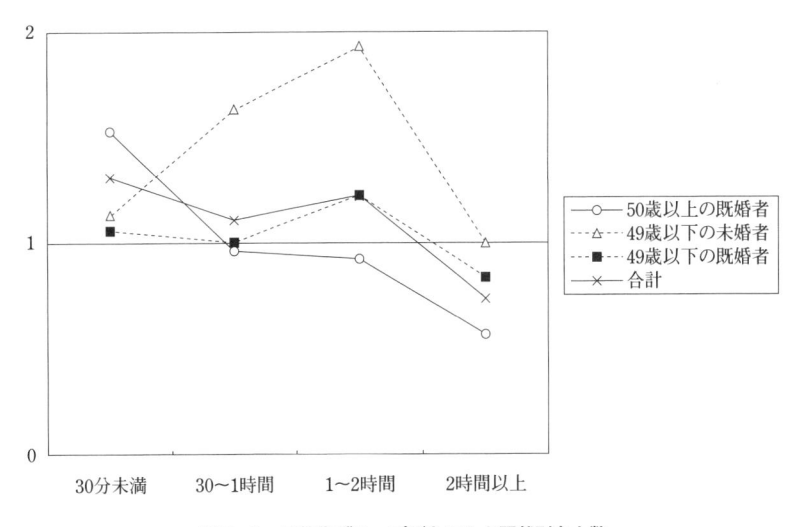

図5-9　回答者グループごとにみた距離別友人数

第5章 ネットワークのなかの定住と移住

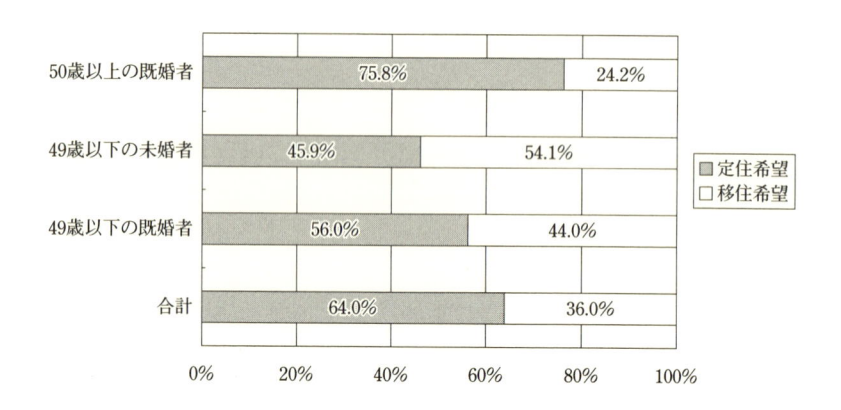

```
50歳以上の既婚者  定住希望 75.8%  移住希望 24.2%
49歳以下の未婚者  定住希望 45.9%  移住希望 54.1%
49歳以下の既婚者  定住希望 56.0%  移住希望 44.0%
合計              定住希望 64.0%  移住希望 36.0%
```

図5-10 回答者グループごとにみた現住地での定住意志

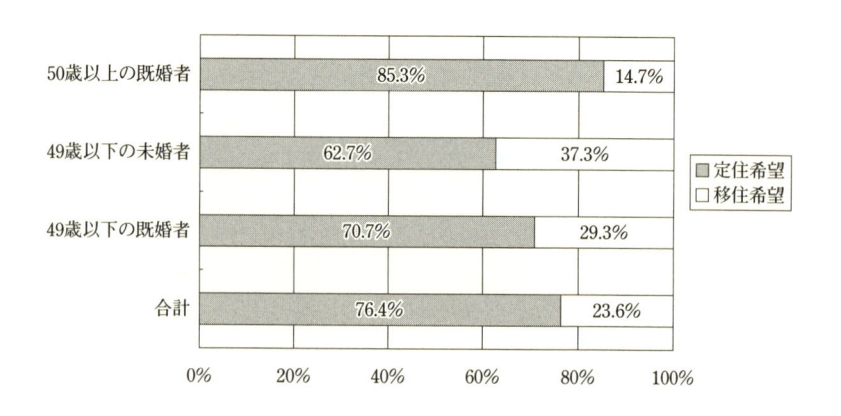

```
50歳以上の既婚者  定住希望 85.3%  移住希望 14.7%
49歳以下の未婚者  定住希望 62.7%  移住希望 37.3%
49歳以下の既婚者  定住希望 70.7%  移住希望 29.3%
合計              定住希望 76.4%  移住希望 23.6%
```

図5-11 回答者グループごとにみた現住市区内での定住意志

4．現住地での定住意志

(1) サンプル全体の傾向

「現住地での定住意志」と「現住市区内での定住意志」のふたつを従属変数としたロジスティック回帰分析の結果を順に検討していこう。まず，「現住地での定住意志」を従属変数とした分析結果を**表5-1**に示した[13]。この表には，サンプル全体で行った分析結果と並んで，「50歳以上の既婚者」，「49歳以下の未婚者」，「49歳以下の既婚者」という3つのサブサンプルに対する分析の結果も表示している。サンプル全体の分析からは，ネットワークに関する変数はいずれも有意な効果をもっていないことが明らかになった。一方，いくつかの個人・世帯特性変数が現在の居住場所への定住志向を規定していることがわかる。全般的に，年齢が高いほど，現在の住居の部屋数が多いほど，居住形態が賃貸ではなく持ち家（とくに一戸建て）である場合ほど，そして出身地が現住所である場合ほど，「ずっとここで暮らしたい」と考える人が多くなる傾向が統計的に有意である。また，対象となった5地区のなかでは東京のもっとも外延に位置するあきる野市を基準にして，より都心に近い地域の回答者ほど現住地での定住を望む傾向があり，とくに最都心の港区と多摩地区のあきる野市との間には統計的に有意な差異がある。さらに，回答者個人の家族観も定住志向と関連がある。結婚しない生き方や子どもをもたない生き方を肯定する，非通念的な家族観をもつ人は，「できればよそに移りたい」と考える移住志向性をもちやすい。逆にいえば，通念的な，普通の家族生活にこだわる人ほど現住地への定住志向が強い。

---

[13] 表5-1と表5-2に示したロジスティック回帰分析では，すべての独立変数を同時に強制投入している。それらの独立変数のうち，カテゴリー変数（性別など）はダミー変数として投入した。また，カテゴリー数が3以上になる3変数（「居住形態」，「現住市区」，「出身地」）に関しては，それぞれ，「賃貸住宅」，「あきる野市」，「関東（＋山梨）以外の地方」を参照カテゴリーとし，それ以外のカテゴリーを参照カテゴリーと単純に対比する方法を採った。

第5章　ネットワークのなかの定住と移住

表5-1　「現住地での定住意志」を従属変数としたロジスティック回帰分析

独立変数	サンプル全体 (n=756) B	50歳以上の既婚者(n=348) B	49歳以下の未婚者(n=138) B	49歳以下の既婚者(n=254) B
性別（女性=1／男性=0)	−.211	−.231	−.212	−.379
年齢（近似値）	.043***	.076**	.111*	.040
世帯年収（近似値）	.000	.001*	.000	.000
現在の住居の部屋数	.180*	.126	.395+	.176
居住形態(参照：賃貸住宅)				
一戸建て持ち家	1.144***	.668+	1.804*	1.495**
分譲マンション	.527+	−.238	2.192*	.778
現住市区(参照：あきる野市)				
港区	.902**	.114	1.149	1.601**
大田区	.414	.275	1.251	.535
世田谷区	.314	.548	.548	.132
清瀬市	.139	.220	−.510	.444
出身地（参照：関東以外）				
現住所	.777*	1.700+	.876	.670
同市区内	.395	.042	1.109	.126
東京都内	.095	.677+	.097	−.594
関東地方＋山梨	.099	−.156	−.051	.126
婚姻状態(既婚=1/未婚=0)	.154	−	−	−
未就学子 (有=1/無=0)	−.011	−	−	.258
親と同居 (有=1/無=0)	.355	.020	1.445	.472
非家族主義志向	−.156**	−.143+	.027	−.326**
30分未満の親族数	.003	.030	−.051	.019
30〜1時間の親族数	−.016	−.049	−.301+	.092
1〜2時間の親族数	−.072	−.041	−.188	−.066
2時間以上の親族数	−.033	−.019	−.028	−.048
30分未満の友人数	.016	.055	.094	.007
30〜1時間の友人数	.069	.097	.171	.029
1〜2時間の友人数	−.060	−.201*	−.047	.007
2時間以上の友人数	−.016	−.079	−.102	−.002
定数	−1.525*	−3.810+	−4.859	−.336
-2 Log Likelihood	807.564	329.914	131.707	280.484
Model Chi-Square	191.174***	57.015***	58.178***	69.364***

注）　***p＜.001, **p＜.01, *p＜.05, +p＜.10.

(2) 高齢既婚者層

　しかし，50歳を境界線にした場合の高齢層と若年層，さらに未婚層と既婚層とに分けて分析すると，こうした傾向は必ずしも一貫しているわけではなく，かなりの変異をみせる。第1に，高齢層（50歳以上の既婚者）では，年齢の効果のほかに世帯収入の効果も有意であり，世帯収入が高いほど定住志向が強い。ただし，現在の住居の部屋数の効果や居住形態（一戸建て持ち家か賃貸か）による効果は相対的に小さく，都心と郊外のどちらに住んでいるかということも定住希望の違いをもたらさない。一方，このグループの人びとは，出身地が現住所あるいは（現住市区以外の）東京都内である場合に定住志向に傾き，逆に関東以外の地方の出身者は転居志向に傾くという傾向がある（統計的検定結果はマージナルであるが）。とくに非通念的な家族観を許容する態度をもっている場合には転居への抵抗感も少ない。さらに，この層に特有なのは，1時間以上2時間未満の時間距離に居住する親しい友人数が多いほど転居希望をもつという傾向が統計的に有意となっている点である。

　つまり，高齢層の人びとの定住・移住志向性は，現在どの地域のどのような住宅に住んでいるかということにあまりかかわりなく，むしろ東京出身か（とくに遠方の）地方出身かということによって定住・移住の志向性が決定される傾向がある。しかし，そうした変数の効果とは独立に，日常的に接触可能な中距離の友人ネットワークが大きいことが移住志向を生み出す効果がある。これにはいろいろな場合が想定されるが，たとえば郊外に住んでいるが（かつての）職場のある都心部に友人が多い場合，あるいは都心に住んでいるが出身地である関東周辺部に友人関係を多く維持している場合などが考えられる。いずれにしても，現住地で定住したいか，転居したいかという意識に，中距離の友人ネットワークが関わっている点がこの層の特徴である。

(3) 若年未婚者層

　次に，49歳以下の未婚者を取り上げてみよう。このグループの特徴は，一戸建てにせよマンションにせよ賃貸ではなく住居を（本人あるいは親などの家族が）所有していることと住居内の部屋数に代表される居住スペースの大きさが，現在の住所に住み続けたいかどうかに影響する主要な効果となっている点である。つまり，どのような居住生活が確保できているかが重要である点で，50歳以上

の既婚者層と対照的である（このグループはサンプルが少ないので統計的な有意差が出ていないが，都心居住による効果も相対的に大きい）。加えてこの層に特有なのは，近中距離の親族ネットワークが絡んでいる点である。このグループに限って，30分以上1時間未満の時間距離に居住する親族ネットワークが大きいほど転居志向をもつ傾向がある（やはりサンプル数が小さいので検定結果はマージナルである）。これは，たとえば，本人が都心居住の場合は郊外に，郊外居住の場合は都心に，親やきょうだいが住んでおり，いずれ結婚などを機に親と同居あるいは近居となることを予定しているケースが想定できる。これも統計的には有意ではないが，49歳以下の未婚者層における親との同居の効果は相対的に大きく，親と同居している人の方が定住志向になる傾向がある（B=1.445, p=.14）。こうしたことから，若年未婚者層にとって，親子関係を中心にした親族ネットワークの影響のもとで，現在確保されている居住生活とその見通しが定住・転居志向を分ける条件になっているようにみえる。

(4) 若年既婚者層

最後に，49歳以下の既婚者層の分析結果を検討してみよう。この層の分析で，統計的に有意差があったのは，居住形態における一戸建て持ち家か賃貸住宅か，現住地が港区かあきる野市かという違い，および非家族的な価値観が強いかどうかの，3変数による比較の明確な効果だけであった。ネットワーク変数はいずれも有意な効果をもっていなかった。この層は，賃貸住宅暮らしの間は移住志向であるが，一戸建て持ち家取得とともに定住志向に転じていると考えられる。また，居住形態にかかわりなく，都心居住者は定住志向をもつ。このグループは，子育て期の家族生活を営む人を多く含んでいるわけだが，結婚して子育てをするという多数派の家族観をもつことが定住志向に結びつく（逆にそれにこだわらない家族観をもつことが転居志向に結びつく）傾向がもっとも強い。若年既婚者層では，世帯内の事情や家族ライフスタイルによる選択の効果が大きく，ネットワークによる効果は相対的に小さくなりがちなのかもしれない。

5．現住市区内での定住意志

つづいて，「現住市区内での定住意志」を従属変数とした分析結果を検討してみよう（表5-2）。現在住んでいる住所ではなく，「港区」や「清瀬市」など，

5．現住市区内での定住意志

表5-2 「現住市区内での定住意志」を従属変数としたロジスティック回帰分析

独立変数	サンプル全体 (n=763) B	50歳以上の 既婚者(n=348) B	49歳以下の 未婚者(n=141) B	49歳以下の 既婚者(n=257) B
性別（女性=1／男性=0）	.079	−.346	1.185*	−.314
年齢（近似値）	.049***	.054	.111*	.057+
世帯年収（近似値）	.000	.001	.000	.000
現在の住居の部屋数	.102	.073	.235	.129
居住形態(参照：賃貸住宅)				
一戸建て持ち家	.765**	.190	1.751+	.831+
分譲マンション	.913**	−.058	2.628*	1.998**
現住市区(参照：あきる野市)				
港区	.951**	−.064	1.363	1.995**
大田区	.145	−.160	.654	.177
世田谷区	.684*	.607	1.579+	.785
清瀬市	−.038	.610	−1.813*	.271
出身地（参照：関東以外）				
現住所	.151	1.627	.636	−.032
同市区内	.414	.350	.840	.043
東京都内	−.350	.162	.578	−1.149*
関東地方＋山梨	−.304	−.688	−.012	−.667
婚姻状態(既婚=1/未婚=0)	.334	−	−	−
未就学子（有=1/無=0）	−.591+	−	−	−.617
親と同居（有=1/無=0）	.170	−.203	1.548	−.265
非家族主義志向	−.044	−.092	.271+	−.185+
30分未満の親族数	.175**	.194+	.356+	.211*
30～1時間の親族数	−.092+	−.112	−.656**	.020
1～2時間の親族数	−.069	−.089	.084	−.047
2時間以上の親族数	−.046	−.056	.143	−.102
30分未満の友人数	.072	.024	.124	.135
30～1時間の友人数	.049	.006	.157	.108
1～2時間の友人数	−.027	−.050	.027	−.102
2時間以上の友人数	−.083	−.138	−.268+	−.081
定数	−.713*	−1.323	−4.702*	.143
-2 Log Likelihood	719.778	256.847	118.341	252.707
Model Chi-Square	125.479***	33.163	66.197***	62.787***

注）***p<.001, **p<.01, *p<.05, +p<.10.

居住している区あるいは市という比較的広い単位で現住地域への定住志向の有無を捉えた上で，それを規定する要因を探っていく。現住地から転出したいとしても，現住市区内にとどまりたいのか，そこから別の地域へ移動したいのかで，居住地選択行動の意味は大きく異なるからである。

(1) サンプル全体の傾向

サンプル全体に関するロジスティック回帰分析の結果は，「現住地」の場合と同様に，年齢が若いほど，そして賃貸住宅に居住している場合ほど，現住市区外への転出志向を抱く傾向がある。また，港区や世田谷区に居住する回答者は，そのまま区内に定住する希望をもちやすい。こうした傾向は，統計的に有意な効果となっている。一方，「現住地」の場合と異なる点は，①「現住市区」での定住意志においては（「現住地」の場合と異なり）出身地の効果は小さく有意差がないこと，②とくに近距離の親族ネットワークの大きさが定住志向をもたらすという点で，ネットワークの有意な効果がみられることにある。ただし，「50歳以上の既婚者」，「49歳以下の未婚者」，「49歳以下の既婚者」という3グループごとに分析を行うと，個人・世帯特性変数やネットワーク変数の効果のパターンはグループ間でかなり異なる。

(2) 高齢既婚者層

第1に，相対的に高齢な既婚者層だけは，投入した独立変数のほとんどが統計的に有意な独立の効果をもっていないという点で他の2つのグループと明確に異なっている。そもそもこの高齢層は現住市区外への転出希望者が14.7%と極端に少ない（図5-11）。年齢や収入，現在の住居の状況，出身地や現住地の違いにかかわらず，今住んでいる市区内に住み続けたいと思う傾向が強い。しかしながら，時間距離にして30分以内という近接した場所に住む親族数が定住と移住の志向性に対して比較的大きな効果をもっていた。他の要因の効果をコントロールしても，居住地域内に（別居子を含む）親族が多いほど，市区内への定住志向をもつ傾向が高まる。逆に言えばこの層は，それ以外には，郊外から都心へ，都心から郊外へ（あるいは東京から地方都市へ）という長距離の移住志向を促進する要因はみあたらない。

(3) 若年未婚者層

　つぎに，若年未婚者層に目を向けてみよう。この層の「現住市区」における定住・移住志向は，「現住地」の場合と同様に，個人属性や現在の居住状況に関する一群の要因の影響を受けている。年齢が高く，本人か親が住宅（とくにマンション）を所有している場合に，また男性より女性の方が，現住市区に住み続けたいと考える傾向にある。そして，都心に近い成熟したホワイトカラー住宅地である世田谷の居住者に比べ，比較的新しい郊外住宅地としての特徴をもつ清瀬市やあきる野市の居住者は転出意志をもつ傾向が強い。さらに，この層に特有なのは，非家族主義的な意識が定住志向に正の効果をもたらしていることである（この点，この変数が負の効果を示している49歳以下既婚層とは対照的である）。未婚者の場合，家族主義的志向が強ければ，いずれ結婚して他地域へ転出するという見通しをもつが，非家族主義的志向は（親と同居しているにせよ別居しているにせよ）現状維持の見通しと結びつき，定住志向をもたらすのであろう。

　一方この層は，世帯外の親族ネットワークと友人ネットワークの独立の効果も顕著である。時間距離にして30分〜1時間の場所に住む親族が多いほど転出希望をもちやすくなる効果が大きく，統計的に有意である。また，定住志向に対して，30分未満の近距離に住む親族数が正の効果をもち，2時間以上の長距離に住む友人数が負の効果を示す（ただし，p<.10）。親やきょうだいなどの親族が現住市区の範囲に含まれる近距離地域に住んでいる場合にはその市区への定住を促進する要因として，現住市区に隣接した別地域に住んでいる場合にはむしろ転出を促す要因として，親族ネットワークは重要な影響を及ぼしている。未婚者層にとっての友人ネットワークは，日常的に接触可能な範囲を越えた長距離の友人を多く含む場合に，長距離の移住志向を生み出す傾向がある。

(4) 若年既婚者層

　最後に49歳以下の既婚者層について触れよう。この層は，前述の未婚者層と同じように，現在の居住形態や居住場所によって定住・移住の志向性が分かれる。ただし，現住地については，都心の港区に住んでいるか東京西郊のあきる野市に住んでいるかの違いに統計的有意差がある。また，現住市区以外の東京出身者は，現住市区内出身者や関東以外の地方出身者に比べて市区外転出希望をもちやすいという出身地の効果も有意である。未婚者層と対照的なのが，非

家族主義的価値観の負の効果である。この層では，非家族主義的でない（つまり結婚と子育てに志向する）人ほど，現実に現住地域社会へのコミットメントが強くなっているため，現住地域での定住意志に結びつくのではないだろうか（すでに述べたように，この層は「現住地での定住意志」に対する非家族主義志向の負の効果もみられた）。さて，こうした個人の属性や意識，住宅の状況による効果を統制してもなお，近距離親族ネットワークの正の効果も統計的に有意であった。つまり，日常的に容易に接触可能な生活圏に親しい親族が多い人ほど，この地域内に住み続けたいと回答する傾向があった。

6．定住と移住を方向付けるネットワーク

これまでみてきたように，個人・世帯・住宅の特性に関する変数と親族・友人ネットワーク変数とを同時に投入したロジスティック回帰分析による探索的な分析からは，居住地移動に関するいくつかのヒントを引き出すことができた。一般的には年齢が上がるほど定住志向は強まるが，年齢や婚姻状態，世帯構成などの点で異なる状況に置かれている人たちは，異なるメカニズムに規定されながら定住・移住の意志をもつことになるようだ。しかし，いずれの場合にも，個人・世帯・住宅の特性による効果がどのようなものであれ，個人がもつ親族・友人ネットワークからも無視できない影響を受けている。

家族形成期にあり，子育てなどを重視する層は，家族の住居をどこにどのように構えるかを優先しており，ネットワーク構造を考慮しての定住・移住意識をもつ余地は少ないが，それでも現住市区への定住希望に対しては近居親族ネットワークの大きさの有意な効果がみられた。未婚層の場合も住宅の所有状況や居住場所による影響を受けるが，それらの変数からは独立にネットワークのいくつかの特性が定住・移住志向に効果を及ぼしている。生殖家族を形成せず，流動性や自由度が比較的高いこの層の場合は，とくにネットワーク内の状況に応じた定住・移住という側面が強まるようにみえる。一般に定住志向が強い50歳以上の既婚者層においても，ネットワーク効果が確認できた。このグループの定住志向を規定する有意な要因は数少ないのだが，現住市区定住意志に関しては近距離親族数が正の効果を，また現住地定住意志に関しては中距離友人関係数が負の効果をもたらしている。

どのグループにもほぼ一貫して見出されたのは，近距離親族ネットワークの

定住促進効果である。居住地域内に親密な親族関係を数多く維持していることは，現住地域内に住み続ける志向性を導く。地域内のネットワークが地域外への転出という行動を抑制するという意味で，それをネットワークの拘束効果と呼ぶことができるだろう。定住という行動は，居住地域内の親族ネットワークに埋め込まれていることによって安定する。

一方，中長距離のネットワークが大きいことは，移住促進効果をもつことが示唆されている。他の条件が等しければ，居住地域外のどこかに，より大きな親族・友人ネットワークをもつ人ほど，現住地域への定住にこだわらず，転居を積極的な選択肢と考える可能性が高くなる。現住地に住み続けることに拘泥しなくなるという意味で，このようなネットワークには居住地からの解放効果があると言えるだろう。ただし，この調査知見は，居住地域外のどこかに集住する親族や友人との絆があるためにその特定地域への移住志向が創出されるというネットワークによる引き寄せ効果を反映している可能性がある。だとすると，これも個人の居住行動に対するネットワークの拘束効果のひとつとみるべきかもしれない。いずれにしても，この点についてはさらなる探究が必要である。

今回の探索的な分析では，データの制約上，定住希望か移住希望かという単純な意識変数を従属変数としており，希望移住先の場所や形態の違い（移住したいのはどこか，一戸建てなのか集合住宅なのかなど）を検討することはできなかった。独立変数にも，より詳細な居住地移動経歴を取り入れる必要があるだろう。また，調査回答者の実際の居住行動は，他のさまざまな現実的な条件に依存するものであるから，定住・移住意識がそのまま現実の行動に結びつくわけではない。ネットワーク変数も，親族と友人のみを扱っており，職場ネットワークなどの効果も加味した多面的なネットワーク特性を吟味する余地がある。その意味では，上記の知見は，都市居住者の定住・移住行動の動向を探るための予備的分析の域を出ていない。

にもかかわらず，どこにどのように住まうかに関する志向が，家族や友人などとの関係構造の影響のもとに置かれている可能性を示す知見は重要である。定住・移住志向や住み替え行動は，おそらく，個人の社会経済的属性や価値観，あるいは世帯状況のみによって形づくられるわけではない。それは，住宅の外側に拡がるネットワーク，すなわち上野（2002）の言う「ハコを超える家族」および非家族のネットワークによっても形作られると考えるべきなのだろう。

第5章 ネットワークのなかの定住と移住

大江（2003）も指摘するように，居住に関する研究は，都市・住宅研究，家族研究，コミュニティ研究の3つが交差し，交流する地点に発展可能性をみることができる。その3つをつなぐ鍵概念のひとつが社会的ネットワークであることは間違いない。

第6章 生活史とネットワーク
―― 時代と磁場と自我のジレンマ

> 空を高く飛ぶ夜の鳥の目を通して，私たちはその光景を上空からとらえている。広い視野の中では，都市はひとつの巨大な生き物に見える。あるいはいくつもの生命体がからみあって作りあげた，ひとつの集合体のように見える。無数の血管が，とらえどころのない身体の末端にまで伸び，血を循環させ，休みなく細胞を入れ替えている。新しい情報を送り，古い情報を回収する。新しい消費を送り，古い消費を回収する。新しい矛盾を送り，古い矛盾を回収する。
> 　　　　　　　　　　　　　　　　　　　　　　　　（村上春樹『アフターダーク』）

1．都市の社会的世界と個人史

　都市は多元的な世界を内包する宇宙である。その意味で，都市をまるごと可視化することは不可能である。しかし，時間と空間と社会関係のなかに位置づけられた個人の人生の軌跡に焦点をあてることによって，都市をひとつの角度から照射することができる。ここでは，東京の下町に住むひとりの職人が語った自らの生活史に耳を傾けることによって，東京という都市が経験したマクロな変動の一側面を描くことを試みたい。生活史的方法の意義は，「個人というフィールドにおいて作用する社会の重層的な効果の発見」（佐藤 1995：35）にある。このような方法を意識的，戦略的に採用した都市研究への接近も試みられている（例えば，小林 1986；有末 1992；小浜 1993）。しかし，個人生活史の視点からの都市の可視化，すなわち鳥瞰図ではなく透視図の視点を生かした都市研究の可能性は，まだ多くの試みによって拡張される余地を残している。

　ここで東京を例にとりながら私がみようとしているのは，異質な社会的世界の競合の場としての都市であり，その変容過程である。パークの「道徳地域」（Park 1916=1978）からフィッシャーの「下位文化」（Fischer 1982=2002）に至る社会学的着眼の系譜は，空間的に集中・凝離し，あるいは空間的に分散した人々のネットワークが，インフォーマルなものから制度化されたものまで多様な規範を共有しつつ生成・維持する社会的世界の複合体として都市を捉えようとし

てきた。都市は，様々な焦点による人々の結合を促進し，多様な社会的世界を内包する[1]。そのなかでも，職業的世界は都市の重要な骨格のひとつをなすものであり，東京のマクロな構造変動は夥しい職業的世界間のせめぎ合いや時代的な盛衰という側面から捉えることも可能であろう。そして，職業的世界や職業に規定された社会層の居住地が，一定の「空間」に存在していることを忘れてはならない。個人の生活史との交差という視点からいえば，個人の職業経歴や地域移動経歴は，それぞれ何ほどかこうした都市（さらには全体社会）の構造的・空間的な変動を反映したものである。言い換えると，ミクロレベルの生活史に表れる個人の選択は，空間的・構造的な位置をめぐって競合する職業的世界や居住地域との接点をもつことによって，マクロレベルの変動の一部を構成すると同時に，こうした時代の流れからときに強くあるいは緩やかに拘束されることになる[2]。

　時代の趨勢と関わらせながら日本人の人生の道筋を分析している D. プラースは，「弧」[3]「円」「球」という幾何学的な比喩概念を使った分析枠組みを呈示している（プラース 1987）。彼にしたがえば，ともに成長し，相互依存する親しい人々の「円」のなかの協同作業によって，個人の行動の長期的な軌跡としての「弧」が作り上げられていく。自己を成熟させていく過程で，自分のありように指針と継続性を与え，自らのユニークさの感覚を保証する自己完成の理想図が「球」である。そして，この3者の相互作用の過程として，個人の人生行路を捉えようとする。こうした枠組みは，ここでの分析にとって有用である。

　ただし，プラース自身も注意を促しているように，ひとつの「円」のなかで，単一の安定した「球」が実現され，1本の「弧」が描かれるという物語を想定してしまうと，あまりに現実を歪めてしまうことになる。人々の自我像は

1 　共通のエスニシティを結合の焦点とする移民の世界がその一例である。広田（1995）は，広域にわたるエスニック・ネットワーク形成の観点から，日本における日系南米人世界の生成を鮮明に描出している。
2 　社会移動，とりわけ職業移動という現象は，単に個人属性の（世代内あるいは世代間の）変化なのではない。個人は，真空のなかで職業的な地位を手に入れたり，手放したりしているのではなく，社会的世界としての具体的な職業世界のなかで，あるいはその狭間で，自己の人生の軌跡を描くことになるという点に注意をはらう必要がある。
3 　彼の論文のなかでは「弧」ではなく「孤」という漢字を一貫してあてているが，その概念内容からして「弧」と表記するのが適切である。本稿のなかでは，私の判断で「弧」と表記することにした。

「球」ではなく複数の顔をもつ多面体であり，人生の道筋は相互に絡み合った複数の「弧」の束をなしている。そして「円」についても，必ずしも同質的あるいは相補的に連帯した同行集団ではなく，影響力の大きさも方向性も異なる多様な他者とのネットワークが形づくる社会力学的な「磁場」(野沢 1994a, 1995[本書1章])をなしているとみるべきである[4]。そのネットワークは，単一の円ではなく，さらに同心円でさえなく，多核心的な「社会圏の交差」(Simmel 1908=1994：6章) する場であることが多い。ときに反発しあい，ときに一致して，多面体としての自我のかたちに影響を与え，「弧」の行く末に影響を与える重要な他者のネットワークの構造は，まさに「アイデンティティの政治」(石川 1996) の場という様相を帯びる。自我を陶冶し，変形する，みえない「磁場」の諸力の交差のなかでなされる個人の選択の軌跡を透視図法的に可視化するひとつの方法として，個人をフィールドとする生活史法は有効なのである。

個人を取り巻くミクロな磁場をなす社会的ネットワークは，何らかの社会的世界に包摂されている。社会的世界は，一定の密度をもってその外側から区分されるようなネットワークによって構成され，また様々な程度に制度化された集団，組織というかたちをとって都市空間に一定の位置を占めている[5]。そして，多かれ少なかれ制度化された枠組みのなかで，より濃密な個人間の相互作用を通して規範を共同構築しているのである。つまり，個々の社会的世界は，全体としてひとつの磁場をなしているとみることができる。それは，その世界特有の自己イメージのモデルや標準的な経歴モデルあるいは社会関係に関する規範的文化を醸成・維持する過程を通して，個人の自我をめぐる政治が展開される舞台となっているのである。

もし鳥瞰が可能なら，個人を包み込む多様な社会的世界は，フォーマルな集

---

4 プラースはその著書のなかで，「成熟に関する原子論や素粒子論と同時に電磁場理論も必要である」(Plath, 1980=1985：viii) と述べる。私の「磁場」概念は，彼のこうした着眼と親和性をもつと同時に，ネットワーク概念に依拠した構造分析の系譜に連なる (例えば，Wellman 1988参照)。個人を取り巻く社会的ネットワークが，規範を生成・維持する過程を通して，個人属性には還元しきれない構造的な影響を個人の態度や行動に与えることがあることに着目し，「感受性を喚起する概念 (sensitizing concept)」(Blumer, 1969=1991：8章) として「磁場」という用語を使う。

5 ジンメルがつとに指摘していたように，こうした社会的世界を構成する集団や組織の形成にとって，具体的な家屋や建物という空間が重要な意味をもっている (Simmel, 1908=1994：9章)。

団や組織間のネットワークと,インフォーマルな個人間のネットワークとの2つの水準において,相互に対立,連携,相互浸透しながらその強度を競い合うというかたちで都市全体を形づくっていることになろう（Fischer 1982=2002）。個人のもつネットワークは,紐帯の連鎖によってその外縁を広げ,社会的世界間の溝を越えて,都市全体,さらには社会全体へと広がっているはずである（Milgram 1967=2006）。こうした社会的世界間の隙間をつなぐネットワーク,とりわけ「弱い紐帯」は,ときに磁場の影響を回避する迂回路を提供し,別の磁場への導入を媒介することによって個人の社会移動を促す（Granovetter 1973=2006）[6]。そのような個人の移動は,社会的世界の磁場の強度を反映し,また集合的にその世界の強度に影響を及ぼすと考えられる。その意味で,都市空間に広がる多元的な社会的世界間の関係構造全体が緩やかな（ときに強力な）マクロな磁場をなし,時代の空気を醸し出している。こうした重層的な磁場のなかで涵養される自我とその選択の道筋には,それゆえに時代の刻印が捺されることになる。「ちょうど私たちが人生という曲がりくねった時の流れにのって生活を送るように,その流れをつくりだす水路もまた,私たちのまわりで変化を続けている」（プラース 1987：158）とするならば,それはひとつひとつの社会的世界の内部と外部がつねに相互作用しながら変容していることと深く関わっている[7]。

2．東京下町と時代の文脈

このような視点から,東京都台東区下谷で,現在和家具職人として家業を営んでいる田所康作さん（仮名）の生活史に焦点をあててみよう[8]。50歳代半ばになる康作さんは1930年代前半に和家具職人のひとり息子として生まれ,終戦前

---

[6] グラノヴェター（Granovetter 1973=2006）の考え方にしたがえば,「弱い紐帯」は,社会的世界間の個人の移動を促すような情報流通の媒体になる傾向があるために,強い紐帯にはない強みをもつ。異質な社会的世界間を緩やかにつないでいるのは,磁場の影響圏外に広がるこうした橋渡し機能をもつ紐帯である。これは,都市の二次的な接触を無力なものとみる古典的な見解（Wirth 1938=1978）に対して,そこに積極的な意義を読みとるという意味で重要なアンチテーゼをなしている。

[7] 生活史は,「個人の人生という歴史的現実を記述したものである限り,個人史として社会史と交差しており,両者は互いに補強しあうことができる」（中野 1995：193）。本章は,そのような視点に立ったひとつの試みである。

後の一時期を除けば、ほぼ一貫して台東区内に居住してきた。同居している家族は、妻と康作さんの母親の2人。娘が1人いるが、結婚して世田谷区に住んでいる[9]。

台東区は、東京インナーエリアのなかのいわゆる伝統的な下町に属する。東京というメトロポリスは、かなり明確に分離した中小企業群の宇宙とホワイトカラーの宇宙から構成された社会であるとみられてきた（倉沢 1969：97-104）。空間的にみれば、近代以前からの伝統的下町（職人・商人の居住地）が商店・工場と住宅の混在地域として東部に拡大し、山の手（武士の居住地）が都心へ通勤するホワイトカラーの住宅地として西郊へと拡大するかたちで発展してきたのが東京という近代都市の特徴であった。1970年代の諸データを東京23区の地図上の空間構成に翻訳しなおした社会地区分析（倉沢 1986）からも、東京の社会階層的な居住地構成が、都心から西に広がる高学歴ホワイトカラー層のセクターと、東へ広がるブルーカラー・零細自営業者のセクターという2つの明確な空間パターンを示していることが確認できる。台東区下谷地区は、この東部のセクターのなかでも、流入人口の低さと残留（高齢）人口の高さ、卸売などの小規模事業所の集積によって特徴づけられる「伝統的卸商業地区」に含まれ、典型的な下町地域とみなされている（倉沢 1986：288）。

戦後に限ってみれば、東京の下町は2つの大きな時代的な変化の波を経験し

8　田所康作さんには、1988年7月19日と1989年3月4日の2度（それぞれ約2時間）にわたってインタビューした。快くインタビューに応じ、自らの生活史を語っていただいたことに心より感謝したい。このインタビューは、当時私が大学院生として在学した東京都立大学の倉沢進教授のゼミ（大学院と学部）で企画・実施された台東区下谷地区住民に関する共同調査の一環として行ったものである。インタビューは、共同調査のために用意された共通の調査項目（地域移動歴、家族関係、職業歴、住宅と生活設計、地域生活などに関する約20項目）にそって、自由に応えてもらう半構造化インタビューの形式をとった。本章は、この2回のインタビュー直後に書いた未発表原稿に1997年の時点で大幅に加筆し、再編集したものである。私は、1997年9月に田所康作さんと再会し、3度目のインタビューを行っている。しかし、記述の複雑化を避けるため、本章では、1回目と2回目のインタビューの際に録音された内容を主要な素材とし、当時の康作さんが語った内容に即して記述・解釈されている。3度目のインタビューの内容は、細かな過去の事実関係を補足するためだけに織り込まれている。なお、康作さんの話を本文中に直接引用した部分は「　」で示してある。引用文中の（　）によって括られた部分は、私が文脈を補うために挿入した。

9　年齢、家族の状況などは、1988年現在の視点で記述している。

た。ひとつは，1960年代に頂点に達する高度経済成長期の変動である。この時期は，地方からの急激な人口流入によって都市化が進展し，新たな生活スタイルが急速に普及し，就業構造が大きく転換した時代である（吉川 1997；加瀬 1997）。それは，同時に既存の都市的職業世界が大きく変貌した時代でもあった[10]。高度成長期以降の高学歴化の趨勢によって若年者の流入が途絶え，技術の習得を重ねて独立自営に至るという既存の経歴モデルが無力化することによって，下町における商工業小企業の世界も大きな影響を被った（竹中 1992；水谷 1989）。東京郊外の住宅地に居住する様々な業種のサラリーマン層の拡大は，下町の職住近接型の職業的世界にとっては（とくに跡継ぎ問題を通して）自らの存立基盤に関わる脅威でさえあった。

　もうひとつの波は，1980年代における都市空間の大規模な構造再編であった（町村 1994）。高度成長期以降，内部に老朽住宅を抱え人口の減少傾向を示していた東京インナーエリアの下町地区は，土地利用の転換による再開発の嵐と地価の高騰に直面する。すでに多様化していた住民層の間には，居住地域空間の意味づけをめぐる対立がますます顕在化することになる（町村 1994：7章；竹中・高橋 1990）。

　親の代からの職人である田所康作さんの個人生活史は，20代と30代が高度成長期にほぼ重なり，1980年代に住宅の再開発を経験したという意味で，東京のマクロな時代的変化を色濃く反映するものとなっている。語られる言葉のなかに，下町の職人世界の変容とアイデンティティの政治の交差を読みとることによって，都市の可視化を試みよう。康作さんの仕事場は，交通の激しい大通りに面した高層マンションの1階にある。そこには，塗りに出す前の小振りの茶箪笥などが並べられている。同じマンションの1階の並びはいくつかの店舗になっている。住居はこのマンションの2階にある。仕事場のすぐ外側に専用の階段があって，通りから直接自宅の玄関に通じている。玄関は引き戸になっており，現代風のマンションのなかでそこだけが幽かに下町の匂いを残しているかのようである。面接したのはまだ新しい和室だが，かなり時を経た黒柿の茶箪笥が部屋全体に落ち着きを与えている。片隅には注文主に渡す前の三味線箱

10　生活スタイルの変化とともに新たに登場した多様な業種や業界と同時に，消えていった職業世界も多かった。吉川（1997：35-36）は，高度成長期以後に姿を消した職業の例として最盛期に全国で5万人いたという紙芝居業者を挙げている。正木（1992）が詳細に描きだしたバス車掌の社会的世界も高度成長期以降ほぼ完全に失われた。

が置かれていた。

3．和家具職人の世界とその変容——親父の時代

　康作さんの父は，明治30年代に関東地方北部の農家の四男として生まれた[11]。同郷の有力者の紹介で東京に出てきて，鳥越（台東区）で和箪笥職人の親方に弟子入りした。しかし，その若い親方は「金があるとどこかへ行っちゃうような人で」，仕事もあまりなかったため，別な親方を紹介してもらい，本郷（文京区）へ移った。そこで20歳ぐらいになり，ちょうど「年（ねん）を明ける」（一人前になる）ころに，関東大震災にあった。避難した上野の山で，ある老舗百貨店の株主だった人にお金を貸した縁で，後に「嫁をもらう」（康作さんの母親と結婚する）ことになり，また商売のうえでもひいきにしてもらうことができた。本郷を焼け出された康作さんの父は一旦生家に戻ったが，再び東京に出て元の親方のところでしばらく働いた。その後25歳ぐらいのときに独立し，台東区浅草に「下がって」きた。康作さんの姉と康作さんは，昭和初期に浅草に移ってきた後に生まれた。

　当時の職人が弟子入りして修業を経て独立するまでの標準的な経歴は，康作さんの話によれば，ほぼ以下のようなものであったと言う。小学校卒業と同時に，あるいは小学校の４，５年生のときに「小僧」として親方のところに弟子入りし，そこに住み込んで，着るものと食事を与えられるほかは小遣い程度のお金で働き，仕事を習う。20歳ぐらいで「年が明けて」一人前になる。１年間ぐらいは，「お礼奉公」として親方のところに留まり，給料をもらいながら仕事を手伝うのが普通であった。その後，他の親方のところで３，４年修業し，違った種類の仕事もある程度おぼえる[12]。23歳から25歳で，お金をためて独立する。そして自ら弟子（「小僧」）をとるようになるわけである。

　康作さんの父親は，関東大震災後１年間ほど田舎へ帰っていたため独立するのが遅れた。生家は田舎では有力者で，祖父は村会議員をやっていたこともあ

11　インタビューが行われた和室の壁には父親の生家の古い写真（長屋門のある農家の全景）が掛けてあった。
12　康作さんによれば，家具の種類は「箱もの」と「足もの」に大別できる。「箱もの」とは箪笥，茶箪笥など箱型をしたもの，「足もの」とは椅子，机など足のついたものを指す。職人はどちらか一方を専門にしていることが普通であったという。

り，弟子は8割方はそこからの紹介だった。台東区の人口規模が頂点に達した戦前期，そして戦後の復興期の様子を，康作さんは次のように語る。

> どういうふうにお弟子になってくるかという内容ですが。親がお金がないんです。で，この子どもを年が明けるまで仕事をおせえてやってくれと，そのかわり1年間前金でくれと。1年間分の給料を，給料って言っても僅かですが，その分をもらうっていうね，大変な，ちょっと考えられないような（ことを），えー，やるんです。そのお金で親は生活の足しにした，っていうことを（自分の）親からよく聞いてましたね。そういう人もいらっしゃった。それから親がね，まあ割合に困ってない方は，子どもはこういう仕事をおぼえたいから，じゃ年が明けるまで預かってくれと。そこで小学校6年でしたらば，12，3（歳）ぐらいの子どもが来て，そしてはたちで21まで，いわゆる兵隊検査までやると，いうふうなね。当時は，昭和初期の時代ってのはそうでしたね。
> で，そういう方が，うちのなかに大体14，5人いたんですよ。全盛のときは14，5人いたんです。要するに大東亜戦争が始まる前ですね。戦争にあとはとられましたからね。さて，これね，まあいわれるように，35万っていう（当時の台東区の）人口は，そういうところから出てきているんですね。従業員さんをね，（住み込みで）置いてたですから。この狭いところに，10人以上の人がごった返しているわけです。朝，御飯を5升炊いてね，お昼にないって言うんですよ，うちの母親が。でそういう人たちの人口もそのなかに含まれるわけです。で，昭和20年代の，25，6年——うちは23年に帰ってきたんですから——から30年代に，そんだけの人がゴチャゴチャゴチャゴチャいたんですよ。

しかし，昭和初期から昭和30年頃まで数多くの弟子を抱えていた康作さんの家でも，高度成長期における求人事情の急速な変化にともない，弟子の確保が次第に困難になる。

> これが，あたしたちの代になってきたら変わってきたんですね。じゃ，どう変わったかって言うと，集団で就職に来た。（昭和）20年代の終わ

りから，朝鮮動乱の終わった後に来た。ところが，学校から来る，集団で来るお子さんは，中学校から出て来るんですよ。先生がいろんな条件つけてくるわけです，学校のほうで。要するに失業したときにどうなるかとか，退職金はどうなるかとか。で給料はこのぐらいくれとか，要求してくる。そうすると，とても普通言う木工屋さんでは，そんなね，今でさえないんですから。それだったらば，もう使わなくてもいいと。要するに，いわゆる後継者はいらないだろうというふうなものが段々出てきて，時代の変化とともにお弟子さんってのは段々段々昭和32，3年頃からなくなっちゃった。なる人がいない。で，家具屋さんのね，こういう職人になるんならば，もっともっとね違った方向へ進みたい。で，田舎の，地方の人も，その頃には中学という，6・3制に入ってきて（中学の）3年は出なくちゃなんない。そうすると年齢が遅れてくるわけですよね。で，6・3では間に合わないからまた3年入る。で，高校へ入ってからここへきて（仕事を）おぼえるってこともひとつは違ってくる。それから，もっと違ったね，苦労しなくてもいい——封建的ですからね，こういう職人さんは——そういうことしなくても楽な，楽って言うんじゃなくて，ここまで教育受けたんだから違った仕事をしてみたいって言うんで，それ以降逆にうちあたりは，人は減って，（一人前の）職人さんていう人だけが残っちゃったんです。これ，一人前の給料払わなくちゃならないから。これ，1本つくった場合いくらっていうふうなね。（そういう人）が残って，その人たちが年齢で仕事ができなくなった，まあもとは父親の弟子だったわけですが，そういう人たちも，ひとり死にふたり死にして，それから独立したりなんかして，いなくなってしまったっていうふうに変わったわけですね。（中略）業界のなかでは，（弟子が）10人と言ったらトップクラスの商売してましたから。それでもそういう条件づけられたりされるとできないですね。一応有限会社っていう会社にして組織でやったんですが，それでもそういう保証はできないから無理だということでね，やめるということに…。

　高度成長期にあった昭和30年代は，農村部の過剰人口（農家の二三男など）が問題化していた状況から，若年労働力が不足する状況へと急激に変化した時代

であった(加瀬 1997)。この時期には,地方の若年者が就業先を求めて集団就職し,金の卵ともてはやされた。その結果,求人難が深刻化し,若年者の賃金水準を押し上げ,少なくとも採用時の賃金では零細企業もそれに見合う額を提示せざるをえなくなると同時に,地域別,職種別に求人状況の格差が拡大したともいわれる(加瀬 1997:64-74)。和家具職人の世界は,高度成長期の急速で大規模な就業構造の再編のなかで,新規世代の流入ルートの枯渇という危機に直面した。この時期に職業の選択を迫られた康作さんの経歴は,こうしたマクロな時代変化を背景としている。

4.自我と磁場——父親との葛藤

　職人の親方のひとり息子であった康作さんの進路選択は,家具職人の世界のなかで自らの経歴の道筋を切り開き,その世界の規範を背景に自分なりの職人(親方)の生き方のモデルを体現してきた父親との葛藤の過程として立ち現れる。父親は,家具職人の世界(その規範とネットワーク)へ息子を導き入れる社会化の重要な担い手として,幼少のころから強力に進路を水路づけようとしてきた。康作さんの進学・就職の選択は,父親との関係を軸とする磁場のなかで,それに反発し,そこから逃れようとするかたちでなされたことが話の端々から透視される。

　康作さんは,小学生時代から父親に仕事をひと通り習っていた。同時に,学校から帰ると材木屋に木の石数計算を習いにやらされた。当時の職人は計算能力が低く材木商人にごまかされることが多かったため,父親に習いにいかされたのだと言う。小学校卒業前後の一時期は,家族と離れて父親の生家に疎開していたが,戦後下谷に戻ってからは,一時昼間は電気関係,夜間は簿記を勉強する学校に通ったりした。康作さん自身,物をつくることがもともと好きで,理工系の仕事をしたいと思っていたと言う。高校は親の意向もあり,商業系の高校に進んだ。自分の将来を強力に水路づけようとする父親をどのようにみていたか,彼は次のように語る。

　　うちの親父は,小学校6年(しか出てない)ですからね。字書けませんから。うちの親父は四男坊ですから。長男と次男までは当時の中等学校行ってますよ。しかしそれ以下は必要ないんですね。もう冷や飯食

4．自我と磁場——父親との葛藤

いでね，いてもいなくてもいいんです。だからそういうところにいてもしょうがないから（東京に出てきた）…。まあ，ひとつの宿命でしょうがないです。（父親は）そういう年代で出てきていますから，俺はここまでやった，ひとりでここまでやった，自分の実力でここまでやったんだぞっていう考えはあったから…。ただ自分の住所と名前ぐらいしか書けない。書けないから，せめて子どもにだけはそれだけのものをさせたいというのは強かったですよね。ただこっちはね，職人のせがれだからそんなところまで行く筋合いはねえっていうのはありましたよ。ただね，職人の世界の作法，職人だからっていうんじゃなくて，跡取りだからこれだけの作法は身につけろってことはきつかったですよ。それはどこへ連れていかれてもね，うちの跡取りだからひとつよろしくって言ってね。只食いもありましたが，恩典もあったですが，逆にここはこうしろああしろってきつかったです。口ではいえないようなね，きつさはあった。

ただし，父親が呈示した生き方のモデルは，康作さんからみると，物をつくる伝統的な「職人」モデルというよりも，「親方」モデルあるいは時代を先取りする「経営者」モデルという側面が強かったと意識されている。

役者は役者の子でね，坊主は坊主の子ですよ。みてるだけでね，大体こういうものだ，ああいうものだということはね，ひと通りは教わりました。ただ，おまえはこれからさき経営者になるんだから，そんなにね，技術的なことは，人の前で能書きいえる程度のことでいいと，それよりもいかに材料を安く買って，速くつくって，無駄を出さないか，それを経営者は考えろと，言うようなことがよくありまして…。昭和28，9年のとき，うちの父親はクルマ買ってきましたからね。これからはクルマの時代よ，って言ってね。オートバイなんかもうちで買ってもらって，集金はこれでやれって。そういうところはあったよね。（中略）職人っていうものは，まず無駄を出さないってこと，そういう問題を頭にいれておけと。人を使う，経営者だからそういうふうにしなさいと。

第6章　生活史とネットワーク

　康作さん本人は，とくに大学進学の希望をもっていたわけではない。父親は，自分の仕事を継がせることを前提にして，上述のような「経営者」モデルに沿った商学部への進学を強く望んでいた。それに対する反発もあったようである。そのあたりの葛藤を次のように語っている。

> （父親の仕事を継いで）やりたくなかったです。（父親は）やれ，やれって，もう俺のうちを継いでくれるって考えが…。しかし，やってるうちに段々段々変化が出てきたですから，とくに集団就職のなかでもそういういろんな条件が付いてくる。それ私そのときにはもうみてましたから，これはちょっとねこれからの商売ってのは難しいなっていうものももってきたし…。ただ，じゃ商人かっていうと，それほど商人に対するものはなかったし，自分でつくるってこと（への興味）は大体6割か7割ぐらいあったんですよ。自分でつくるってことは技術関係ですわね。電機関係は俺の性に向いてるというんで，そっちのほうばっかり勉強してた。生まれたときから親の商売みてるから，親が強制的に仕事はおせえてましたよ。一緒になってやって，親がいなけりゃどっかいっちゃうっていう程度だったですよ。耳が悪くなければ電機関係の仕事やってたでしょうね。

　康作さんは，このようなジレンマのなかで，「せめて高校，大学ぐらいは出なくちゃって，あたしがお金出してあげるから行け行け」と言って親以上に大学進学を強く勧めた姉の意見にも後押しされるかたちで進学を決める。大学へ進むなら理工学部へと考えたが，結局は都心にある私立大学の商学部に進学した[13]。高学歴化という時代の趨勢のなかで，職人世界の変貌の予感を父親の肩越しに感じながらも，家族内の強い紐帯の磁場のなかで自己の理想像への妥協を含んだ選択をしたのである。

---

[13] 高度経済成長は技術革新によって推進された部分が大きいが，その担い手としてのエンジニアへの需要も膨れ上がった。昭和32（1957）年には文部省が理工系学生を3年間で8,000人増員する計画を発表し，「理工系ブーム」という時代潮流のなかにあった1960年代には理工系学部の新設・拡充が相次いだ（吉川 1997：96-98）。康作さんが大学に進学した昭和26（1951）年は，理工系ブーム直前の時期である。

5．職人と営業マンの狭間——人生の遠回り

　大学に進学して間もない康作さんは，自らの人生の行く末に大きな影響を与える出来事に遭遇する。大学の運動部の先輩に殴られた耳の痛みがひどくなったため大きな病院に駆け込んで手術を受けたが，すでに手遅れに近い状態であった。手術は奇跡的に成功し，なんとか聴力を回復した。その後約3年間の入院生活を経たが，結局聴力に障害が残った。大学は中退し，「耳が聞こえなくなったから，人と会うってこともね，全然そういう気にもならないし，消極的になりました」と振り返るように，入院中は読書するだけの生活だった。

　しかし，そのような障害を抱えて，父親の仕事を継ぐかどうかという職業選択の局面をもう一度迎えることになる。求人事情の悪化ばかりではなく経営上の不運な出来事に巻き込まれたこともあり，父親は家具職人の仕事をすでにやめてしまっていた。このときに康作さんの職業選択に影響を与えたのは，治療にあたった医者や学生時代の先輩という弱い紐帯でつながる人々であった。彼らは，職人の世界の外側に広がる世界に目を向けさせ，別の職業的世界の経歴ルートへと彼を導いた。

> 再起の望みもないし，っていうのもあったんですが。でもその当時の（病院の）先生が，なんとか自分で聞くっていうことを考えなさいと。で，あなたのうちは職人ですから，うちにこもりっぱなしになると余計聞こえなくなるよ。何か外へ出て，できたら営業的なことをやれりゃいいんじゃないかと。じゃ，そうしようということで，一応鋼材関係のほうに学生時代の先輩がいたんで，その人の紹介でそっちのほうでちょっと働いたんです。初めはそんな長くいるつもりはなかったんですが，その人がえらい面倒見のいい人で，結局その会社に8年ばかしいることになっちゃったんですがね。（中略）その先輩の世話になりながら，営業関係（の仕事）をやったということがあったんです。その間親父の仕事のほうはあれしたんですが。

　化粧品の金具やスチール家具を扱っていたその会社での営業関係の仕事は，聴力障害のため，相当な苦労を重ねた。仕事上の聞き漏らしをなくすために，

自腹を切って助手を雇ったこともある。しかし，結局その会社が倒産したため，世話になった先輩と別な会社をつくった。彼はそこで経営的な成功を経験する。この時期は，ほぼ高度経済成長の最盛期（1960年代）にあたる。このときにも弱い紐帯に相当する知人の助言と紹介が重要な役割を果たしている。

> M物産のS先生ってね，紙上でも，産業新聞には絶えず出て，評論してる先生ですが，「先生，何やったらいいでしょうか」ときいたら，――（東京）オリンピック前ですから――「お金があるんだったらば自動車関係，いっときやるんだったらば革関係」。「ああそうですか」って。「革って，先生，どういうことですか」ってったら，「ワニ革買ってきて売れ」って言う。で先生にそういうほう紹介してもらいまして，ワニ革を直接輸入しまして，直接って言ってもいろいろあるんですが，そこからワニ革をベルトにして，加工してそして地方にもって行って売るっていう商売やりましたよ。これ，ちょっと遠回りなことやっちゃったんですが…。人生では遠回りしたんですが，当たりましたね。

20代から30代にかけての康作さんは，体調不良や聴力障害との折り合いをつけつつ，営業マンとして働き，その後の会社の創設と，「若いときの夢」を追いかけてきた。ある意味では，この時期の経験は，父親の呈示した「経営者」モデルを父親の世界の外部で実践するための迂回路だったのかもしれない。しかし，5度目の手術後に健康状態に限界を感じた康作さんは，父親の仕事を継ぐことを選択し，和家具職人の世界に戻ってきた。昭和48年（1973年）のことである。自らは40代にさしかかり，すでに昭和45年（1970年）に父（68歳）を亡くしていた。

> （父親に）もうちょっと生きていていただけるとね，また喧嘩しながらでも違ったものをもったってことはあった（だろう）し…。とてもユーモアのある父親で，面白い人でしたよ。

父親のいない家具職人の仕事場は，かつて父親との関係の磁場のなかで自ら

の「球」と「弧」を形づくっていった自我の政治の場ではもはやない[14]。職人の仕事と生活の場の社会的意味は変容しつづけ，正当化されるべき既製の経歴モデルは役に立たない。康作さんは，職人としてのアイデンティティを有意味な空間のなかに位置づけるという仕方で，自らのジレンマを表現している。

6．空間をめぐるジレンマ——下がるか留まるか

　康作さんが戻ってきた和家具職人の世界は，新規世代としての若年就職者の枯渇という状況のほかに，とりわけ地方産の，大量生産される安価な洋家具との競合によって存立基盤を脅かされるという問題を抱えていた。少なくとも康作さんはそう考えている。高度成長期以降加速された社会全体の居住スタイルの洋風化がその底流にある（前田 1985）。しかしそればかりではなく，今では東京の職人の仕事は，こうした地方産の家具にかなわなくなっているというのが康作さんの見解である。東京の職人たちは，「伝統工芸」ということで自分たちの仕事のほうがレベルがうえだと思っているが，技術的にも地方の家具のほうが優れている。東京の職人は「井の中の蛙ではないか」とさえ彼は言う。いずれ「岡もの（静岡産の洋家具）」に追い越されるときがくると言っていた父親の言葉が，こうした見方を補強しているのかもしれない。そこには，和家具／洋家具，東京の伝統工芸／地方の家具産業，という空間的にも分離した産業世界間競合の図式が明確に意識されている。組合加入者の名簿をみると，昭和20年代には荒川・足立・台東に200人の和家具の親方がいたが，1988年現在この地域に職人は30人足らずしかいない，と康作さんは指摘する。

　では，どうすればいいのか。和家具の職人として良質の仕事をしつづけることを可能にする方法を捜しあぐねていた康作さんに，新しい職人像のモデルを呈示することになったのは，3，4年前にみたテレビ番組であった。それは，

---

[14] しかし，亡くなった父親のイメージやその言葉が，職人としての康作さんの生き方に影響を及ぼしつづけており，その意味では，彼の自我をめぐる政治の磁場は存続しているともいえる。仕事場の壁に，「冷や酒と親の言葉は後になって利いてくる」「孝行をしたいときには親はなし」と書かれた貼り紙が掲げられていた点が印象的であった。むしろ父親の死後，自我と自我の対立を越えて，親子間に対話が生まれるようになったのではないだろうか。父親が残した言葉の記憶との対話を通して，康作さんは自己イメージを確認しているかのようにみえる。

第6章 生活史とネットワーク

親の代からの仙台の和箪笥職人が,ある程度の専門技術をもった若者たちを集めて,それまでの慣習的方法にとらわれない革新的な共同製作工程を実践している様子を伝える番組だった。その番組について康作さんは次のように語る。

> 製品を最後にみせたのは,桐箪笥とかいろいろな家具が出来上がったところ。やってるところも。若い方ですけれど,ズック履いてね,そして帽子かぶってやっている。これが僕たちがつくった,ひとつのチームでつくった家具ですと,こうみせた。あたしあれみたときにね,「俺の家具」って言うんじゃないんだね。富士の山のように家具をつくれとは親父が言ったんですけれども,絶えず俺がつくった家具だという自尊心が出てくるんです。ところが,あたしたちができないような家具を,「俺たち」がデザインして,「俺たち」がつくってる。だから差が出ちゃうんですね。(中略) 東京の職人ってのはあたしも含めて大体,俺がつくった家具と思っちゃう。ですがその仙台の,地方の人たちは,「俺たちの家具」だと,これを誇りにしたところをみて,ああやっぱりかなわない,地方の人にはかなわない。そう思いましたよ。その親方も経営者も,そういうふうにもてるっていう,大胆さっていうかな,変えられるっていうものと,またそれについていく人たちもね…。後継者問題はこんなふうに変わっちゃうのかな。

康作さんは,このままでは東京の伝統工芸はいずれ消滅すると言う。しかし,東京の職人の仕事のスタイルを変革し,共同製作を行うことによって生き残りを図ることができるのではないかとも考える。それを実現するのが,現在の夢である。それは同時に父親から受け継いだ親方(=経営者)としての自己イメージを実現する夢でもある。

> そりゃあ,夢はあります。それは当然ね。自分が知ってる範囲のことは言って,そしてその人たちに自由につくってもらってもいいし,自分からこういうものつくってくれと…。まあ教えなくちゃなりませんけどね。そういう夢はありますね。ですけど,ついてくる方がいらっしゃらないですよね。まあ給料の問題がね,非常に差がありますから。相手の人が納得できるっていう(見通しは)…全然ないですから。

6. 空間をめぐるジレンマ——下がるか留まるか

　夢と現実との間には，どこに住み，どこで仕事をするかという，空間の意味づけをめぐるジレンマが存在する。康作さんの父が，文京区本郷から現在の住所にほど近い入谷に移ってきたのは，康作さんが4，5歳のころであった。借地のうえにあったこの家は戦争中の空襲（昭和20年3月9日）で焼けたが，1年ほどのちには，父親の生家から木材を運び込み，現在の場所に父が家を建てている（借地，建坪40坪）。その後，康作さんが3回ほど改築した（最後には建坪60坪）。こうした経緯のなかで，ひとつには土地問題が，もうひとつには環境問題が，職人世界の外部から大きな挑戦を突きつけることになる。

　まず第1に，昭和43 (1968) 年に改築をしようと考えたときに土地問題に直面する。そのとき，20年に1度の借地権の更新をした。1960年代初頭の地価高騰（中林 1990参照）を経て，あまりに多額の支払いをしなければならないことを知った康作さんは，「ほんとに親がいなかったらあたしも出ていきたかった」と思いながらも，借金をしてそこに留まった。そして，第2に，都市の環境問題の顕在化とともに規制を強化した自治体の政策が，職人の仕事場を外側から変容させる力となった。居住環境としての空間という新しい社会的意味の登場である。この変化は，行政とのコンフリクトの経験として次のように語られる。

　　要するに関東大震災のときには，新橋，田村町あたりですか，（和家具職人は）あすこらへんに固まってた。それが，以降土地がなくなったから，職人さんは浅草の合羽橋近辺へ集中してきたんです。うちの親父はその当時は本郷にいたんですが，ひとり（で仕事をしていた）ですからね，当時は広いと思ったんでしょうね。ですが今現在じゃまるっきりだめです。やる場所がないし，公害問題起きたし。区役所行くと公害課ってところがありまして，ここで新しく仕事するには公害課の認可がいる。その認可をとるのには，仮にこれだけの部屋ならば，窓がいくつあって，換気扇がいくつあって，外には埃が出ないようにして，当然音も出ないように。その認可をとらないと営業できないんです。厳しいんです。そのわりには台東区の工芸（の重要性）だけを言ってくるんですよ。だからそれじゃできないから新しく工場をつくるって方はみんな，向こう（足立区など周辺部）に下がらざるをえない。だからそれはあたしゃやっぱり行政に問題が出てくる，って言っても，区が悪いのか，まわりの人が問題があって言ってんのか…。で僕もね，

第6章　生活史とネットワーク

下（の階にある仕事場）に認可とったのがあります。昭和54（1979）年頃ですかね。とってくださいって，公害課が来まして，とりに行った。お百度参りですよ。換気扇をもっと付けてくんないとだめだとか。そうするとお金かかりますからね。でもね，うちは親の代からやってんですよ，まわりにガタガタ言う人いませんよ，って言ってもだめなの。それはそれ。その時分はまだ伝統工芸なんて言葉はなかったですからね，まあ黙ってた。

　よりよい居住空間の創出という時代の価値観は，既存老朽住宅地の再開発の波というかたちでも現れた[15]。康作さんは，昭和58（1983）年に，近隣の10世帯の家屋の所有者とともに最終的に合意して，これまで住んでいた借地のうえに建設業者が新築する高層マンション内（現在の住居）に入居することになる（7世帯が等価交換方式で入居し，3世帯が売却して転出した）。共同住宅に建て替えるという考え自体には反対はないものの，高層ビル化に反対した康作さんは，人口減少問題を背景として集合住宅建設に推進的な立場をとる区役所（および建設会社）とのコンフリクトを再び経験した[16]。結局ここに留まることによって手に入れたマンション1階の仕事場（16坪）の面積はそれ以前の半分以下に縮小さ

---

[15] 中林（1990）は，東京区部における1980年代の建築活動の活発さは，「戦後に建てられた多くの建築物が30年，40年をへて，ちょうど更新期に達していることとも大いに関係している」と述べる（中林 1990：57）。そして，1980年代末の地価高騰に至るこの時期は，都心地域を中心とした「法人化」と「業務ビル建築の増大」を最大の特徴とするものの，住宅開発の面では，「従来の個人経営的貸家が節税対策の一環として企業化されるなど『企業経営的貸家化』が増大する傾向」があったことを指摘している（中林 1990：60）。

[16] 中林（1992）は，高度成長期以降の台東区の人口減少動向と区の政策的対応の経緯を要約している。台東区の夜間人口は，戦後は1960年の319,000人をピークとして，1970年に241,000人，1980年に186,000人と減少し，1990年には163,000人と戦後ピーク時から比べるとほぼ半減している（国勢調査）。それを受けて，台東区では，1976年に「基本構想審議会」を設置し，1979年に「長期総合計画」が公表され，「人口減少と産業地域社会の活力の低下」への対処が政策課題として掲げられた。それに続いて同年に設置された「台東区人口問題協議会」は，1981年に答申を出した。その内容は，「産業的発展」を志向するか，「居住人口の増加」を志向するかをめぐる「台東区の人口問題のジレンマの苦悩」（中林 1992：192）を浮き彫りにしたものとなっている。台東区は，この答申に依拠して，住宅建て替え等に関する助成・融資制度の充実を含むまちづくり関連事業を1980年代に展開した。この時期には，共同住宅・併用住宅が増加したが，人口の減少傾向に歯止めをかけることはできなかった（中林 1992：198-200）。

6．空間をめぐるジレンマ——下がるか留まるか

れ，仕事は大きく制限された。

> （今の仕事場では）材木立て掛けるってことが不可能ですから。南（風）が吹くとフッ飛んじゃいますから。今日は全然ないんですが，南風が吹くとそこにいられないんです。それと材木は立て掛けておきたいんです。今，家のなかで（材木が）寝てますから，下のほう（にある材木を）とりたくてもとれない。（仕事を）もうちょっとやらなくちゃなんないですからね。ここ，下（にある仕事場）を貸して，どっかね，立て掛けられて，仕事ができるところを（みつけたいという気持ち）ってのがあるんですよ。ですが，先へ行って，荒川区になると公害課の認可をとるのにとらしてくれないから，庭がいるんじゃ。じゃ足立区かっていうと足立区まで通ってられないですから。材料乾せないでしょう。だから生もの（の木材）は買えないから，結局乾燥したものを買う。だから製品が高くなりますよね。それ向こうで乾してもらうんですから。そして薪を使って材料乾燥させられれば一番いいんですが，それができないですからね，なかなかね。（中略）じゃ荒川区あたりにいきたいなと思っても，そこで設備投資してそれだけのことやって，もしまわりで，公害課につつかれたらもうおじゃんですから。こっち貸しちゃいますから。だから思うように仕事ができない。それがまあひとつありますね。

具体的には自治体の政策（担当者の対応）というかたちで迫ってくる時代の変化は，居住や仕事の空間を変形し，そのスタイルを変質させることによって職人の世界の基盤にインパクトを与えている。それにもかかわらず康作さんがここに留まろうとする背景には，彼自身の東京下町の都市空間への意味づけが強く関わっている。彼の話には，「下がる」という表現が繰り返し出てくるが，この「下がる」という言葉に込められた意味を，康作さん自身は次のように説明する。

> これはね，辰巳（南東）の方向から北へ下がるっていう方向ですね。それから，中心から下がるっていう言葉です。日本橋から——日本橋が境とするならば——下がるっていうのは中心から下がって行くって

第6章　生活史とネットワーク

いうこと。遠ざかる。下がる。向こう（中心）へ上がるってことは，誰も夢はあるんですよ。要するにね，日本橋を境に，ひとつの芯にしてそれに寄るってことは誰にも考えられるんですが，事情で悪いところの場所へ下がる。悪いところの場所って言うかどうか——今の人だとね足立区が新興的に土地が安いとなるとそっちいこうってなると…。ですが，当時はそういう言い方しちゃうですね。だから，「しょうがねえ，もう入谷へ下がるか」って…。だからね，「本郷から入谷へ下がったときはね，やっぱりちょっとね」ということは（父親は）言ってましたよ。（中略）あたしたちゃ，「向こうへ下がる？　とんでもない。そんなに落ち目じゃないよ」って。（荒川や足立に行くっていうのは）プライドが許さないですね。嫌です。それにはね，やっぱり抵抗があって（この場所に）しがみついちゃいますよ。ただ，こう場所が悪いと，空気が悪いと，健康的によくないから，じゃ向こうへいこうかってことをね，考えられますよ。今，そんなにないですからね，抵抗感は。それでも「足立区？　荒川区？　台東区へ下がってまた足立区へ下がるのはね」って，ちょっと…。あたしたちはね，もう（生まれたときから）台東区にいますからね，それほどじゃないですけれども，父親からみりゃ文京区から下がってきた。だから，とくに親父はあたしが跡継ぐっていう年齢に来たときに，「絶対浅草には住むんじゃない」って，「あそこでは，一夜で金儲けができるが，一夜で家がなくなるからやめろ」って，これはよくいいましたよ。

　家具職人の世界のなかにいる康作さんの視点からみると，現住地は，そこから東京の中心へ向かう方向とそこから周辺に向かう方向の2つのベクトルをもつ直線上にある。周辺部に「下がる」ということは職人としての地位を下げることを意味し，下降移動を意味すると考えられている[17]。そして，ここにも亡くなった父親の視点が投影されている。しかし，もう一方では，居住の快適性や仕事のしやすさという観点からは周辺部はむしろ高く価値づけられるという

17　康作さんの説明は，バージェスの都市同心円地帯理論を想起させる（Burgess 1925=1972）。彼の（父親の）想定する移動空間は，東京都心の下町からその外側（北側）に広がるセクター状の空間と把握され，さらに中心から外側へとゾーン状に段階的に価値づけられている。浅草のような盛り場には独自の意味づけがなされている点も興味深い。

ように，評価基準の変容あるいは二重化が意識されてもいる。東京の伝統的な職人世界の（父親から受け継いだ）視角と，社会変動の文脈にのせた職人の新しい生き方のモデル（そこにも父親の影響がみられる）の模索との間で，康作さんの「弧」の行く末は揺れ動いている。

7．下町の変貌

　「下がる」ことに抵抗する職人としてのプライドと重なり合って，康作さんをここに留まらせるもうひとつの要因となっているのは，このまちが具現していた下町的世界への郷愁と愛着かもしれない。高度成長期以前，町内の人々の生活が近隣の緊密なつきあいのなかで営まれていたことが，彼には懐かしいものとして思い起こされる。心の中の下町の原風景と言ってもよいであろう。

　　うちなんかね，前はこの（マンションの）裏手になってましたが，（隣家の戸を）がらっと開けて「ちょっとお醬油貸して」とかね，「お米ないからちょっと貸してよ」って，それは当たり前なんです。だから隣の人が何食ってるかわかるんですよ。そういうことは日常生活ですよ，ほんとに日常生活。（中略）それから，「お宅の子どもね，あたし今からお風呂行くのよ。お宅のガキ一緒にお風呂に連れてくわ。」「あ，悪いわね，お願いします。これ，下着とお金。」「あ，いいわ，いいわ，あたし払っとくわよ。」それも生活でね，当たり前のこと。

　一般に，高度成長期以前の東京下町の近隣関係は，近接した世帯間でのプライバシーの保てないほどの親しいつきあいが顕著であった（Dore 1958=1962）。康作さんの住んでいる近隣地域にも同様のことがいえるだろう。しかも，それが「当たり前」だと感じられていたことは，連帯性の強い，高密度な近隣ネットワークが，相互依存に関する「客観的に確立された一群のしきたり」（Dore 1958=1962：199-200）という規範を帯びた磁場をなしていたことを示唆している。しかし，こうした下町地縁ネットワークの磁場は，大きく切り崩されてきた[18]。

18　野沢（1992b）は，1980年代末の墨田区での調査データから，東京下町の近隣関係が一元的連帯性を失い，下町地域の居住者の形成する社会関係が多元化しつつあることを示唆している。

第6章 生活史とネットワーク

それを象徴的に示しているのは祭の変容である。

> あたしもここ20年（町会の）役員やってまして、お祭っていうとね、お願いします、（御輿を）担いでくださいってやらざるをえない。ところが昭和30年代までは結構ね、お祭って言いやあ、それなりに人が集まってわっしょい、わっしょいやって。レジャーもその当時は少なかったですから、それに集中したってところがある。もうひとつは、お祭に対する興味ってものがそれ以降なくなりましたからね。

祭への関心の衰退に象徴される高度成長期以降の町内の変化[19]は、さらに1980年代の住宅の再開発をともなう変化によっても加速され、生活文化を支えていた近隣ネットワークの磁場を弱めたとみられる。「当たり前」だった近隣の相互依存関係に関する規範はもはや存在しない。周辺住宅の日照問題などを含む、高層住宅への建て替えについての合意形成という出来事が近隣関係を変質させたのもその一因である[20]。それについて康作さんは、「うちはえらいやっぱし人間感情ってものできましたし、つきあいが随分減りました」と表現している。さらに、新しい住宅の建設によって増えた地域の人口についても、「増やしてみたって半分は幽霊でしょ。で、新しい人たちが入ってきたって、こんにちは（と挨拶するわけ）でもないしね。下町の変化ってのはそういうところから出てきている」と語られる。

> 同級生にしてもほとんどいないですね。ほんとにもう数えるほどしかいないです。（このマンションを建てたとき）借家の人がいましたから、そういう方は黙って立ち退き料だけ、ほんの気持ちだけもらって出てった。3軒、4軒くらいあったですかね。（全部で）14軒くらいはあっ

19　町内社会の変容と関連づけて都市の祭の変質を描きだした松平（1983）も、高度成長期にあたる1960年代の変化がとくに大きなものであったことを強調している（とくに5章と6章を参照）。ただし、それは必ずしも祭の衰退を意味しているわけではない。高度成長期における都市近隣型商店街の変貌については、天野（1994）を参照。

20　ただし、1980年代の墨田区における3時点のパネル調査データを分析した園部（1992）は、下町居住者の再開発高層住宅への移転は、近隣ネットワークの大きさ、深さ、統合度の点でつねに近隣ネットワークを弱めるとは限らず、建て替えによる影響はいくつかの社会的条件に依存することを示唆している。

たかな，出ていかれましたね。今，世田谷のほうに住んだり，田園調
　布，まあ娘さんがお嫁に行っているところのほうにいっちゃったり，
　それから，下がった方もいらっしゃるし…。

　康作さんにとって近隣空間は，一定の生活文化を共有した親しい世帯間の，可視的で密度の高いネットワークによって占有された場所から，少数の親しい関係を除けば，見知らぬ人たちと居住空間を隣接している場所へと変貌したといえるのかもしれない。しかも，ここを仕事場として意味づける康作さんは，もっぱら居住の場所としてこの空間を意味づける住民との間に，潜在的な対立を孕んでいる。その意味では，郷愁としての下町への愛着が康作さんをこの場所に留まらせているとしても，現実の地縁的なネットワークとそれが支える磁場は，彼をここに留まらせる力を弱めてしまっている。にもかかわらず，後継者（共同製作者）の確保など，「夢」の実現のための見通しが立たないことが，居住地や仕事場の移動を含む何らかの新しい選択をとることを躊躇させ，ジレンマを生みだしている。

　あたしは娘が1人ですから。3年前に結婚して今現在世田谷のほうに
　住んでんですけどね。（娘の）旦那さんってのは学校の先生ですから，
　継ぐわけにはいかないですね。あたし一代でもう終わりというのはも
　うしょうがないですね。

8. 時代と磁場と自我のジレンマ

　1980年代末に語られたひとりの家具職人の生活史に耳を傾けてきた。そこに大きな時代変化の波のなかで形づくられてきた人生の軌跡をみることができる。それは同時に，彼の視点からみえる職人世界と下町世界の変容を浮き彫りにもしていた。最後に，3つの点を指摘して，結語にかえたい。
　第1に，マクロな社会変動のインパクトが，康作さんの人生の道筋に確実に影響を与え，経歴の水路を屈折させている。とくに，戦後の高度成長期における社会・経済生活の多面的で相互連動した社会構造変動が，大規模な就業構造の転換と社会移動の波をもたらし，下町の職人世界と職住近接型の地域社会の

磁場を弛緩させたことが，彼を職人世界の外側に押し出す要因にもなり，また職人の世界に戻った後の苦悩とジレンマを生みだす要因にもなっている。一方で高学歴ホワイトカラーなど様々なサラリーマン世界の経歴ルートに若年者人口を奪われることによって，もう一方では東京周辺部や地方都市における家具生産者との競合によって，職人としてのプライドを保ちながらここで仕事をすることが困難になっている。近年の大規模な都市空間の再編は，居住地再開発の過程で，居住地を仕事の場として意味づける職人の世界に，空間の政治という新たな問題を突きつけてもいる[21]。

　第2に，ミクロな自我の政治に目を移すと，康作さんの人生の道筋が，職人の生き方を強く呈示した父親との関係を中心とした強い紐帯のネットワークのなかで水路づけられていることがわかる。とりわけ興味深いのは，家具職人の世界に一定の地位を占めた父親が強力に職人としての生き方を要求すればするほど逆にそれへの反発力を強めてその世界の外側へ出ていこうとした康作さんが，父親を失った後になって職人の世界に帰還し，むしろ抵抗なく父親の呈示した職人モデルを自己イメージのなかへ取り込んでいることである。それは，自我やその選択が単なる意味の相互作用ではなく，社会力学的な「磁場」のなかで作り上げられることを示している。重層する社会的ネットワークのなかに織り込まれた強い絆が，どのように自我の形成過程で強い反発を生じるのか。逆に，現実のネットワークから分離され，距離を生じたときになぜ引き合うのか。康作さんの生活史は，個人を取り囲むネットワークの密度，規模，空間的距離などに着目し，その背後にある社会的世界（間）の構造をも視野に入れながら，磁場と自我の相互作用を分析する視角の必要性を示唆している。

　最後に，いまの点とは対照的に，弱い紐帯が人生の道筋に与える効果に注目することも重要である。康作さんの生活史は，大怪我や会社の倒産など人生の隘路に直面した際に，弱い紐帯が新たな可能性へ視界を開き，別の社会的世界への移動を橋渡しすることを例証している。彼の語る父親の生活史からも，震災避難時における偶然の出会いによってできた弱い紐帯が，その後の経歴（結婚，販路の獲得）に影響を及ぼしたことがわかる。とくに社会変動の波が個人の

21　「伝統工芸」の再評価という新たな時代の波が，職人世界にどのようなインパクトを与えることになるのかという点にも注意がいる。稀少な伝統的職人のつくる工芸作品への人気が高まり，自治体もこれを保護育成する政策をとっている。最近台東区内には，職人の拠点となる「江戸下町伝統工芸館」も開設されている（服部 1997）。

経歴に激しい揺さぶりをかけるとき，自己を包み込む直接の社会圏の外側にある異質な世界に通じる弱い紐帯の連鎖が，迂回路を提供し，ジレンマを軽減することにもなる。それは，連帯したネットワークによる磁場の影響圏からの迂回路でもあり，自我変容への通路でもある。人生行路に焦点をあてる研究があまり重視してこなかった弱い紐帯に着目することによって，都市という宇宙の多元性に接近する新たな道が開けるだろう。

# 第7章　ネットワーク論の可能性
──家族社会学のパラダイム転換再考

1. なぜネットワークなのか

　社会的ネットワーク論は，家族社会学の新たな展開にとって，いかなる推進力を保持しているのだろうか。この問いへの解答は意外に見えにくい[1]。この章では，家族社会学のパラダイム転換という文脈で語られることの多い論点を取り上げて，家族研究におけるネットワーク論的アプローチの潜在能力を点検してみたい。家族を集団とみるべきかどうかという「集団論パラダイム」をめぐる問題に関しては，家族の集団性を変数化し，理論的な論争を経験的に開かれた仮説検証へと転換できる点に，分析概念としてのネットワークのメリットがある。家族の個人化やライフスタイル化をめぐる議論においても，ネットワーク論の応用可能性は大きい。なぜなら，ネットワークの構造特性は，個人が特定の規範に拘束されたり，逆に自律性を獲得したりすることに深く関わっているからである。その意味で，パーソナル・ネットワークは，個人のアイデンティティ構造と家族のライフスタイルを媒介する重要な概念である。現在までの研究成果を検討しながら，このアプローチが，家族とその外側に拡がる人間関係構造を把握し，家族の変動や多様性を分析するための潜在力を有していることを示し，今後の課題を明らかにしていこう。

1　社会的ネットワーク論における基本的な概念，および家族社会学におけるネットワーク研究の概観については，野沢（1999a［本書2章］），Acock & Hurlbert（1990），目黒（1988），安田（1997）などを参照されたい。

2. 家族は集団ではないのか

(1) 分析概念としてのネットワーク

　戦後日本の家族社会学は，家族を集団として捉え，分析する研究枠組みを作り上げてきた。「家族とは，夫婦・親子・きょうだいなど少数の近親者を主要な成員とし，成員相互の深い感情的包絡で結ばれた，第一次的な福祉追求の集団である」という森岡清美の家族定義が，そうした見解を代表してきた（森岡・望月 1983：3）。しかし，近年，家族を一定の要件を備える（べき）集団とみなす「集団論（近代家族論・核家族論）パラダイム」に対して疑義が提出され，再検討が促されてきた（山田 1986；落合 1989：6章；正岡 1989；木戸 1998；熊原 1998など）。一方では，「親族からなる集団」という家族定義を擁護する見解も根強いが（望月 1993），集団論パラダイムが転換しつつあるという認識も拡がっている。最近になって森岡（1998）は，自らが中心的な役割を演じた「核家族パラダイム」の形成過程を回顧しつつ，「高密度ネットワークとしての家族」という新たな家族定義を提案している。これを受けて落合（1998）は，やはり家族を「個人のネットワーク」として位置づけるべきだと主張するが，ネットワークとしての家族関係の多様性を前提とし，家族メンバー間の絆に特定の特性や価値づけを与件として設定すべきではないという見解を示している。

　確かに，ネットワークという概念は，家族の集団性をめぐる論争にとって重要な視点を提供する。しかし，「ネットワーク」と「集団」という2つの概念が相互にどのような関係にあるのかを明らかにしておかなければ，家族定義を修正することの意味がはっきりしてこない。この点を明確にするためには，分析概念（測定ツール）としてのネットワークと実体概念（あるいは理念型）としてのネットワークを区別する必要がある。

　ネットワークという語は，関係の連鎖を網状の作り物に喩えるアナロジーとして人類学や社会学で使われてきたが，バーンズ（Barnes 1954=2006）やボット（Bott 1955=2006, 1971 [1957]）のパイオニア的研究は，伝統的な「社会集団」という概念の限界を指摘し，それに代替する概念としてネットワークを対置させ，分析に使用した点で画期的であった。メンバー相互に緊密な相互作用があり，メンバーであるかないかの境界が明確であることが（小）集団の要件だとする

ならば,集団への所属という観点から捉えられる人間関係は現実の一部にすぎない。ネットワークという概念を採用すれば,親族・近隣・友人・職場仲間など多様な契機で作られた個人間の紐帯（tie）が網目状に連鎖して多様な構造をなしている現実を把握できる。その点で,ネットワーク論的アプローチは,集団論的アプローチよりも有利な位置を占めている,というのが初期ネットワーク研究が切り開いた地平であった。

そうした経緯から,「ネットワーク」と「集団」とは,現実に存在する人間関係の特定のパターンを指示する一対の実体概念であると考えられがちである。しかし,ネットワーク分析の研究系譜においては,ネットワークは一貫して人間関係の網の目の多様なパターン（構造）を記述し,測定するための道具であり,現実を説明するための分析概念であった。したがって,例えば,「集団状のネットワーク」という表現も可能である[2]。つまり,ネットワーク密度が高く[3],境界が明確であるネットワークほど,「集団」としての性格を備えていることになる。「集団」と「ネットワーク」は,相互排他的な対概念ではなく,むしろ前者は後者の下位概念なのである。

ネットワークを,実体概念ではなく分析概念として使用することによって,家族が（特定のタイプの）集団であるという与件を仮説化し,経験的検証に対して開かれた問いに置き換えることが可能となる。例えば,特定の家族がどれほど密度の高いネットワークになっているのか,集団としてどれほど明確な境界をもっているのか,メンバー間にどれほど強い絆があるのか（あるいは断層や対立が存在しているのか）など,個々の家族の構造特性に関する問いに対して,一定の解答を用意することができる。

(2) 認知ネットワークとしての家族

核家族世帯という単位を越えた家族の文脈（family contexts）に眼を向ける必要性を強調するウィドマー（Widmer 1999；Widmer & La Farga 1999）は,ネット

---

[2] ネットワーク内に含まれる小集団的な結合状態を「クリーク（clique）」と呼ぶ（安田1997：14章参照）。

[3] 「ネットワーク密度（network density）」とは,ネットワークに含まれるメンバーが相互に連結している程度を表す概念であり,ネットワークメンバー間に実際に存在する紐帯数を存在可能な紐帯の最大数で割った値（最小値0,最大値1）である（安田1997：12章参照）。

ワークとしての家族にアプローチする具体的な方法を提示していて示唆的である。米国西海岸の町に住む50代の女性を対象とし、彼女にとっての「重要な家族（significant family）」に焦点をあてた事例研究（Widmer & La Farga 1999）では、「現在，あなたの家族のなかで，あなたにとって重要な人々」の名前を挙げてもらい，「家族」の認知ネットワークを描き出すことを試みている。2度の結婚と離婚を経験しているこの女性の場合，対象者（ego）を中心とする「家族」ネットワークのなかに，息子，娘，元配偶者，きょうだい，友人（同僚）など9人の人々が含まれていた。スノーボール・サンプリングの手法により，これら9人全員にインタビューを行い，さらにその9人のうちの2人以上から指名された人々にも自分にとって「重要な家族」を回答してもらった。

　こうして対象者の認知ネットワークとして析出された「家族」は，境界の明確な閉じた集団ではなく，境界のない，外部へと連鎖するネットワークであることがわかった（図7-1）。対象者を含む15人の中核メンバーに含まれる2者が共通して認知する家族メンバーの割合は平均して14％であり，この15人によって構成されるネットワークの密度は0.34にすぎなかった。その15人全員に対して，自分を除く14人の中核メンバーとどれくらい親しいかを質問したところ，全体の29％が「まったく知らない」，11％が「ほとんど知らない」関係であることがわかり，「非常に親しい」関係は15％にとどまっていた。

　米国の女子大学生25人を対象とした別の研究（Widmer 1999）では，同様の方法で対象者の「重要な家族」メンバーを析出しているが，スノーボール・サンプリングは行わず，対象者個人のエゴセントリックな認知ネットワークのみを描き出した。25人の女子学生が認知する家族ネットワークの平均像は，5.7世帯にまたがって暮らしている8.6人（egoを含む）の人々によって構成され，egoのパートナーや（血縁関係のある）親・子・きょうだい以外の人々が4.0人も含まれるものだった。ただし，両親が離婚した経験をもつものがサンプルの60％を占めている。さらにこの調査研究では，対象者に対して，家族ネットワークに含まれる各人について，「あなたからみて，しばしばXさんの考えを変えさせることができる人は誰ですか」と質問することによって，家族メンバー間の影響関係の構造を描出している。その結果，サンプルの3分の1にあたるケースでは，三者関係（トライアド）が非推移性（intransitivity）を示す傾向が見いだされた[4]。つまり，緊密に編まれたネットワーク（closeknit networks）のなかで多くのダイアド（二者関係）がトライアド（三者関係）に含まれるケースばかり

2. 家族は集団ではないのか

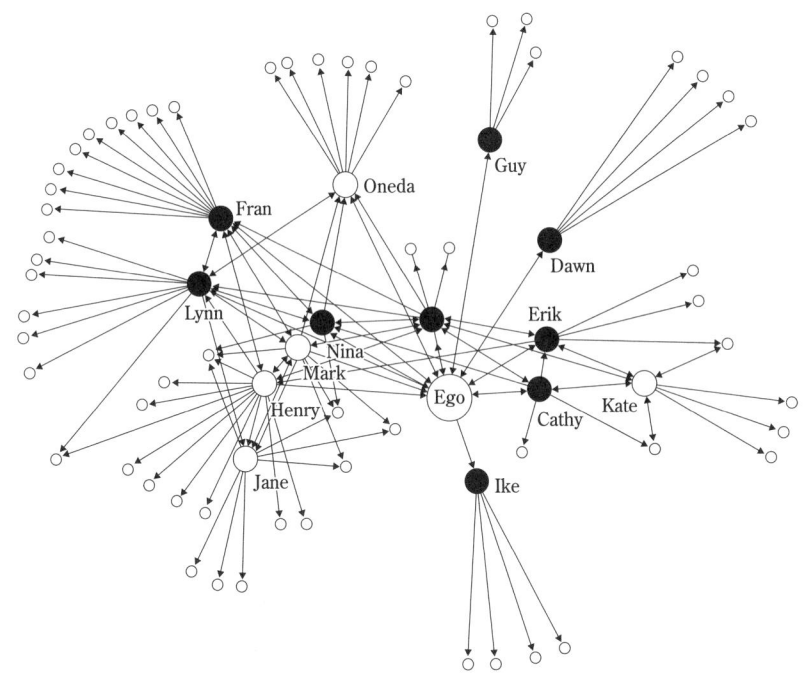

凡例
- ● Egoが指名した相手
- ○ Egoが指名した相手のうち少なくとも2人から指名された（がEgo自身は指名しなかった）相手
- ○ その他

図7-1　誰が誰にとって重要な家族メンバーか
出典：(Widmer & La Farga, 1999：32)

ではなく，(一方向あるいは双方向の) 影響関係のダイアドが連鎖しているが，それらがトライアドを形成することは稀な鎖型ネットワーク (chain-networks) をなしているケースが少なからず存在していた。

これらの探索的な研究は，境界の不明確な，密度の低い（つまり集団性の弱い）ネットワークとして「家族」が存在しうることを例証している[5]。離婚や再婚を経験した人にとっての家族は，とりわけこのような構造特性を示すのかもし

4　トライアド（三者関係）ABCにおいて，AB間およびAC間に紐帯があり，かつBC間に紐帯があるとき，「推移性（transitivity）」があるという（鹿又 1991およびGranovetter, 1973=2006参照）。ここでは，BC間に紐帯がない場合を「非推移性」と表現している。

167

れない。離婚・再婚に限らず、どのような条件によって家族ネットワークの構造が変化するのかという問題は、家族の集団性を検討するという意味で重要でありながら、経験的なデータに基づく分析はこれまで行われてこなかった。ネットワーク分析の応用によって、つまり家族（ネットワーク）構造を変数化することによって、本人やその家族メンバーの離家、結婚、離婚、再婚、出産などのライフイベントが、家族ネットワークの連結性・境界性にどのような影響を与えるかという問題の追究が可能になる。これは、ネットワーク論とライフコース論の両者を接合する視点でもある。さらに、個人の認知する家族・ネットワークの構造変数が、個人の生活適応や心理的安寧にとってどのような（否定的あるいは肯定的な）影響を及ぼすのかという問題への応用も期待できる。

(3) 仮説としての家族集団

しかしながら、現代の家族は次第に集団的性格を弱めているという命題は、自明の事実なのではなく、ひとつの仮説にすぎないことをあらためて強調しておかなければならない。家族の集団論的定義を棄却し、ネットワーク論的定義を採用することは、この命題に証明済みの刻印を捺すことではなく、検討可能な仮説を設定することを意味するにすぎない。家族がネットワークであるとしても、どのような構造のネットワークになりつつあるのか、そしてそれはなぜか、という点についての充分な証拠はまだ得られていない段階にある。

例えば、全国の有配偶女性のサンプルを使ったデータ分析からは、若い世代ほど、そして都市に居住する住民ほど、家族と認知する続柄の範囲が広いという傾向が示されている（西岡・才津 1996）。この知見は、都市化などによって、日本の家族ネットワークの相互連結性が次第に低下し、境界が曖昧化していることを反映しているのかもしれない。しかし、現実に個々の家族のネットワーク構造がどのように変化しているのかは明らかになっていない。認知ネットワークに近い方法を使った上野（1994：I-1章）は、同一世帯のメンバー間でも「家族」の認知範囲が一致しない様々な事例を報告している。ただし、伝統的なタイプの家族が必ずしも境界の明確な集団となっているわけではない。逆に、反性別役割分業的な意識と生活形態をもつ事実婚カップルと幼い子どもから成る非通念的な家族だが、核家族世帯メンバー3人の「家族」認知範囲が一致し

---

5 これらの研究に使われた調査・分析技法の意義については、Widmer & La Farga (2000) も参照。

ている例も報告されている。この事例は，家族役割（意識）の面では非伝統的でありながら，ネットワーク構造的には，「核家族集団」の典型例となりえている点で興味深い（上野 1994：23-24）。

　少なくとも現状では，（過去の）伝統的な家族は集団的であり，（新しく出現しつつある）非伝統的な家族は非集団的であるとみなしてしまうわけにはいかない。育児期にある母親のネットワークに関して1960年代と1980年代の調査結果を比較した落合（1993）は，高度成長期の「マイホーム主義家族」も孤立していたわけではなく，強力な親族ネットワークに支えられていたのではないかとの見解を示している。この時期に東京郊外のサラリーマン家族を調査研究したボーゲル（Vogel 1963=1968）も，夫と妻と子どもたちがそれぞれ職場・近隣・学校という分離した連帯的コミュニティに所属しつつ核家族が維持されている状況を描き出していた。60年代の核家族が境界の明確な集団と見えたのは，この時代に「家族の孤立性，良くいえば独立性が，日常意識においても家族理論においても信奉されるようになった」（落合 1993：125）ためであり，必ずしも世帯内外のネットワーク構造の実態を反映しているわけではないのかもしれない[6]。これまでの研究の盲点を明るみにだす家族研究のパラダイム転換を急ぐあまり，新たなパラダイムが別の死角（現代の家族は集団性を弱めているという暗黙の前提）を安易に生み出すことになってしまってはならないだろう。家族単位の余暇生活の拡大など，家族が集団性を強めている側面や社会的条件にも眼を向ける必要がある[7]。

　家族の集団性に関する研究は，世帯内外のネットワークを捉えるという視点に限定されるものではない。まったく逆に，「家庭（home）」という空間に着目し，それがどのような人々にとって，どのような活動のために，出入り可能な場所となっているかという観点からアプローチすることもできる。アラン（Allan 1989）は，家庭が家族にとっての閉鎖的な居住場所であるという観念に

6　この時期の「家族理論」をめぐる家族社会学の状況については，「核家族論争」を再考した木戸（1998）を参照。

7　東京大都市圏に居住する核家族世帯の夫・妻・子どもを対象とした調査データの分析によれば，夫・妻・子どもそれぞれの親しい交際相手が互いに共有されているほど夫婦間・親子間の紐帯が強くなること，そしてとくに夫（父親）のパーソナル・ネットワークの特性（規模と構成）が家族の連帯性と関わっている（野沢 2001b［本書３章］）。夫（父親）が，職場関係者や遠距離の友人を中心とした小さなネットワークを，家族と分離した状態で維持することが，都市核家族の連帯性を弱める条件のひとつとなっているようだ。

疑問を投げかけている。そして，住居に対する人々の関心が増大し，居住スペースや居住スタイルが変化するにともなって，家庭の部内者と部外者とを隔てる境界の透過性が増し，家庭が家族・夫婦・個人単位で別居親族や友人と私的に社交する場所としての性格を強めているのではないかと指摘する。これは，現代のコミュニティが私化し，家庭中心化しているという議論とも呼応する (Wellman 1999)。家庭という場所が世帯外のネットワークに対して閉鎖的か開放的か，そしてネットワーク・メンバーとの交際が家庭を中心に，世帯メンバーとともになされているのかという点に着目すると，同居家族メンバーの連帯性・集団性について別角度からの再検討が可能になる。

3．個人化する家族／ライフスタイル化する家族

(1) アイデンティティとネットワーク

　家族の集団性をめぐる問題と深く関連し，並行した論点となっているのが「家族の個人化」命題と「家族のライフスタイル化」命題である。「集団としての家族」パラダイムが急速に後退するのにともなって，この2つの論点が家族変動を論じる際のキーワードとみなされつつある (目黒 1987, 1991；野々山 1996；正岡 1988など)。しかし，家族の個人化にせよ，ライフスタイル化にせよ，様々な側面から論じることが可能であり，具体的にどのような現象を捉えて個人化やライフスタイル化が進んでいるとみなせばよいのかという点では必ずしも合意が形成されているとはいえない。ここでは，家族の個人化を，アイデンティティ構造の多元化とそれに対応したネットワーク構造の多元化によってもたらされる (伝統的) 家族役割規範からの個人の自律性の増大と捉えておこう。家族のライフスタイル化は，相対的に自律性を増した個人である家族メンバーが，相互交渉のなかから独自の家族 (集団内) 規範を選択的に作り上げる傾向を指すと考えておこう。

　構造的な視点を組み込んだ相互作用理論が説くように，現代人のアイデンティティは，複数の生活領域ごとに顕在化する複数の役割を内包しており，多元的で多面的な構造をなしている (Stryker 1980；McCall & Simmons 1978)。そうした複数の役割アイデンティティのうち重要なものは，その役割でつながる他者との相互作用を増し，一群の他者との関係ネットワークに埋め込まれる傾向を

強める。アイデンティティは，多かれ少なかれ連帯したネットワークのメンバー間で共同構築され，共有される規範のなかで形成・維持されるのである（プラース 1987；Bott 1971 [1957]，1955=2006）。つまり規範を共有するネットワークは，当該の役割アイデンティティを安定させるサポート源であるが，同時に拘束でもある。そして，役割アイデンティティ（例えば母親アイデンティティ）が埋め込まれているネットワークが，一元的に連帯したものであるほど，ネットワークからの規範的拘束は強まる。逆に，分離・分岐した紐帯によって構成されているほど拘束は弱まり，規範からの自律性が高まる。複数の役割アイデンティティをもち，それぞれが異なる生活領域に分離したネットワークによって支えられている場合も，全体として個人の自律性が高まることになる（Stryker 1994）。このような相互作用理論に従えば，自律性（自由）とは，個人に内在する特性ではなく，相互作用する他者との関係構造から発現する創発的な特性だということになる。

ネットワーク分析の伝統は，ある意味で，この点に焦点を合わせてきたといえる。転職者のネットワークに関するグラノヴェターの研究（Granovetter 1973=2006）は，強い紐帯によって構成される連帯的なネットワークに埋め込まれている個人が，常によい結果を得るわけではないことを発見した。つまり，外部の異質な社会的世界へと橋渡しする弱い紐帯をもっていることが，強さを発揮するという逆説を見いだしたのである（鹿又 1991も参照）。この視点を理論的に発展させたバート（Burt 1992=2006, Burt 2001=2006）は，「構造的空隙／隙間 (structural holes)」の豊富なネットワーク，すなわち重複・循環の少ない分岐したネットワークをもつ個人は，多様な情報源や異質な社会的規範への接触が可能となるため，特定の規範への同調から自由になり，自律性を増すという命題を導出している。このように，分岐・分散構造のネットワークが規範の拘束からの自律性をもたらし，アイデンティティの自由度を高めるという理論命題は，ネットワークのサポート機能に関する研究の成果とも響き合う。

(2) サポートとネットワーク

ソーシャル・サポート論は，他者からのサポートが個人の心理的な安寧に対して直接・間接に影響を及ぼすメカニズムを解明してきたが，サポートが交換される社会的文脈や社会構造にはあまり関心が向けられてこなかった。しかし，近年では，サポート論においてもミクロ／マクロの社会的文脈に着目する理論

モデルの重要性があらためて主張され (稲葉 1998；Veiel & Baumann 1992)，社会的ネットワークとソーシャル・サポートを概念的にも操作的にも区別してその両者の関係を研究する必要があると考えられるようになってきた (Thoits 1992)。サポート研究にネットワーク論を応用する意義は，サポートが交換される社会的文脈を，個々のダイアドが埋め込まれているネットワーク構造というかたちで把握する点にある。単なるダイアドの束 (総和) には還元できないネットワーク全体の諸特性が生み出す効果を捉えようとする視点である (Wellman & Gulia 1999；Wellman 1981)。

　ネットワーク構造が個人の心理的健康状態に与える影響を明らかにした一連の研究が，そうした研究視角の展開を推進してきた。例えば，離婚を経験した50人の女性を対象にしたウィルコックス (Wilcox 1981) の研究では，心理的不適応状態にあるグループと適応グループに分けて，離婚前と後のサポート・ネットワークの特性を比較分析している。この研究では，不適応グループの方が，離婚後のネットワーク密度がむしろ高いことが見いだされている。不適応グループの女性たちの多くは，離婚前に夫婦共通の友人だった人々との関係を失い，家族 (親族) 中心の (密度の高い) サポート・ネットワークに依存する傾向を強めていた。家族や親族は，強力なサポート源であると同時に離婚という出来事に対する否定的な評価者でもあるためにストレス源となり，適応状況を悪化させていたと考えられる。ハーシュ (Hirsch 1981) は，若くして夫と死別した女性たち，および30歳代以降に大学に復学した女性たちの小規模サンプルを対象とした研究の結果を報告している。そして，対象者の家族と友人との間の境界密度 (家族と友人の多くが知り合いである程度) が低いほど，そしてネットワーク密度が低いほど，心理的な健康状態が良好となる傾向を見いだしている。いずれも，ストレス状況下の個人にとって，連帯的なネットワークよりも分岐的なネットワークの方が良好なサポート効果をもたらすことを示している。

　特定のストレス経験者の小規模サンプルによる研究だけでなく，北カリフォルニアの一般住民を対象に行った大規模データを分析した研究 (Haines & Hurlbert 1992) からも，連帯的なネットワークの逆機能を示す結果が導かれている[8]。この研究では，女性に関しては，ネットワークの構成が親族中心であるほど心理的なディストレス (distress) が高まる直接効果，およびネットワーク

8　フィッシャー (Fischer 1982=2002) の北カリフォルニア調査データ (ただし有職者のみのサブサンプル) を使用した二次分析である。

の規模が大きいほどストレス源となる生活経験が多くなり，そのためディストレスが高くなるという間接効果が見いだされた。一方男性に関しては，地理的に分散したネットワークをもつほどディストレスが低減する直接・間接効果が確認された。ネットワークの構造特性の効果は，ジェンダー差がみられるが，親密な関係を多く含む，緊密に編まれたネットワークに埋め込まれていることが必ずしも心理的健康状態を高めるわけではないという点で共通している。親族以外の人々や，居住地の離れた相手を多く含む分岐・分散的なネットワークのなかに暮らしていることが，抑鬱などの心理的苦痛（ディストレス）をむしろ減少させているのである。

これらの研究結果は，家族・親族や親密な相手との紐帯がサポート資源として脆弱であることを意味しているわけではない。これまでの多くの経験的な研究は，家族・親族関係が個人にとって重要な援助源であることを一貫して明らかにしてきたし，上述の諸研究もそれを否定しているわけではない。むしろこれらの研究は，ネットワーク構造特性の諸側面に光をあてることで，個々の紐帯の援助性やその総和に還元できない構造効果が存在することを例証している。人生の様々な時点でアイデンティティが大きな変化を経験することが多く，多元的なアイデンティティを形成する現代人にとっては，家族・親族を中心とした連帯的ネットワークだけではなく，それとは分離した紐帯を含む拡散型ネットワークを活用することのメリットが拡大している，といえるのかもしれない。

(3) 家族の個人化とネットワーク

現代日本における「家族の個人化」の問題に戻ろう。家族の個人化は，ネットワーク構造を媒介として，個人が伝統的家族役割規範の拘束から自律性を獲得する問題として捉えられると述べた。具体的には，女性にとっての家族役割の相対化と，家族以外の領域に関わる役割アイデンティティの獲得（アイデンティティの多元化）が，家族の個人化をめぐる焦点となっている（男性に関しては，職業役割への一極集中の緩和と家族的な役割アイデンティティの創造・獲得が焦点化しているという意味で，むしろ「個人の家族化」が問題となるだろう）。つまり，社会に支配的な性別役割分業規範の拘束力を強めたり，逆にその拘束を相対化したりする条件は何かが問われなければならない。これまでの議論が示しているように，個人のネットワーク構造との関連からこの問題を追究することが可能であり，そうした研究はまだ萌芽的段階にあるものの，興味深い知見も導かれつつある。

第7章 ネットワーク論の可能性

例えば伊藤（2000）は，複数の都市に居住する男女をサンプルとした調査データから，パーソナル・ネットワークの特性が結婚や出産に関する非伝統的意見への寛容性と関連することを明らかにした。有職男性では親族ネットワーク規模が，有職女性では親族および近隣ネットワーク規模が，無職女性では近隣および友人ネットワーク規模が，それぞれ大きいほど非寛容的な意識が強まる傾向があった。また有職女性に関しては，遠距離の場所に住む友人ネットワークの大きさが寛容性を高めるという，通念的規範の相対化効果が見いだされている。立山（2001）は，有配偶女性を対象とした全国データを使って，パーソナル・ネットワークの特性と伝統的家族役割意識，夫婦平等意識，高齢者扶養意識との関連を検討している。そして，夫方（あるいは妻方）の親しいきょうだいが多く，それらがネットワーク全体に占める比率が高いこと（すなわち親族ネットワークへの傾斜）が，概して伝統的な家族役割意識を強める効果をもつのに対して，ネットワーク内の友人比率が高いことは，逆に（非伝統的な）夫婦平等意識を高める効果があると報告している。さらに菅野（1999）は，SSM調査データを使用して，「ネットワーク多様性」（パーソナル・ネットワークに含まれる相手の社会的属性の多様性）が伝統的な性別役割意識に及ぼす効果を，本人の社会階層と関連づけて分析している。そして，女性に関して，本人の社会階層が高いほど性別役割分業意識が強いという階層の直接効果と同時に，階層が高いほどネットワーク多様性が高くなり，ネットワーク多様性が高いほど性別役割意識が弱まるというネットワーク多様性の間接効果を析出した[9]。

ネットワーク特性と家族規範意識の異なる側面を測定し，両者の関連を検討しているこれらの研究から一貫した結論を導くことは難しい。しかし，①伝統的・連帯的であると推測される親族・近隣中心のネットワークが個人の通念的・伝統的家族意識を補強・再生産する，②地理的に分散し，多様な他者（友人など）に接続する（おそらく構造的に分岐的な）ネットワークが個人（とくに女性）の家族意識を伝統や通念の拘束から解放する，という2つの仮説が研磨されつつあるといえるだろう[10]。ただし，親族や近隣などのネットワークによって再生産される通念的な（多数派の）規範は，時代や社会，居住地域や社会階層によって異なることに注意しなければならない。例えば，地方都市の多数派の家

9　この点に関連して大和（2000）は，社会階層がネットワークの多様性に及ぼす効果が，ジェンダーによって，また「交際のネットワーク」か「ケアのネットワーク」かによって異なることを示唆している。

族にとっては，親族や近隣の連帯的ネットワークが伝統的な直系家族規範を再生産する母胎となるが，大都市郊外の多数派の家族にとっては，むしろ夫の職場ネットワークや妻の近隣ネットワークが夫婦の性別役割分業規範を補強している（野沢 1995 ［本書 1 章］；松本 1995）。性別役割分業の明確な核家族世帯という家族モデルは，高度経済成長期以降，大都市郊外という場所において多数派をなし，より純粋に通念化したといえるだろう（三浦 1999；田中 2000；石原 1999）。時代，地域，社会階層，ジェンダーなどの違いによって多様に偏在する社会規範の内容と，その生成・維持・変容を媒介するネットワーク構造の多様な側面とを，的確に分析に取り入れて理論仮説の展開を図ることが要請されている。

(4) **家族のライフスタイル化とネットワーク**

ネットワークの構造効果の解明という点で示唆的なのが，乳幼児をもつ母親の育児援助ネットワークと心理的安寧との関連を分析した松田（2001）である。この調査研究によれば，母親の育児不安は，育児援助ネットワークの規模が大きいほど低減するが，その親族比率が小さすぎも大きすぎもせず中程度のときにもっとも低くなる。さらに育児上の問題を抱えているサブサンプルに限定すれば，ネットワーク密度がやはり中程度であるときに母親の育児不安が最小化し，生活満足度が最大化するというカーブリニアな効果が存在するという。一方，関井ほか（1991）によれば，性別役割分業規範を相対化する意識をもつ母親は，妻方の親族ばかりではなく夫や友人など多様な育児援助者を頼りにする傾向がある。これらの知見，および上述のネットワーク研究の成果を総合すると，育児に関わるネットワークの多元的構造が，母親役割に関する通念的・伝統的な規範の拘束から一定の自律性を保証することで，母親の心理的状態を良好にするという仮説が導かれる。一方，ネットワークの密度が極端に低く，連帯がまったく拡散した状況では，（母）親アイデンティティが不安定化し，とくに特殊な問題に直面した場合，その対処を方向付ける（子育てに関わる）規範がゆらいでしまうために心理的な不適応状態をもたらしやすいという仮説も成り立つ。

---

10 男性よりも女性においてネットワークの伝統解放効果が強いのは，上野（1994：V-1 章）が都市主婦層の非親族ネットワークの選択性の高さを指摘しているように，男性に比べてネットワークの構成や構造が多様化しているためかもしれない。ただし，いわゆるサラリーマン男性のつきあいや友人関係の多様性については，渥美（1982）を参照。

第7章 ネットワーク論の可能性

そこで問題になるのは，ネットワークが通念的な家族規範を相対化する側面だけではなく，非通念的・対抗的なアイデンティティ形成を支え，強化する側面である。個人のネットワークの一部をなす連帯的なクリーク（clique）が，どのような規範や価値を共有しているかという点は，とくに多数派の家族規範に違和感を経験する少数派の人々にとって重要である。父子家庭の父親たちや，障害児の親たちが形成する自助グループを対象とした研究は，同じような経験をもつ親同士の集団が，固有のサポート源となり，独自の文化や価値を創発することを例証している（春日 1989；石川 1995）。特別な家族経験をもつ人々同士の相互作用は，（別な場所でなら多数派の規範によって否定されかねない）非通念的な家族役割アイデンティティを強化し，自らの家族ライフスタイルを多数派のそれとは質的に異なる方向へと変容させていく。子育てに関わる自助グループに限らず，何らかの意味で少数派的（あるいは非通念的）な家族ライフスタイルを志向する場合，近隣や親族のような既存のネットワークとは別に，ある点で同質的な相手との関係を選択的に形成できることが，家族のライフスタイルを分化させ，かつ安定させる重要な条件である。

その意味では，家族のライフスタイル化という現象は，ネットワークの選択的形成を促進する社会的条件に依存している。フィッシャー（Fischer 1982=2002, 1984=1996）の下位文化理論に従えば，日常的に接触可能な相手の量が増大することによって，同類結合原理（the homophily principle）に基づく選択的な関係形成が促進される。少なくとも理論的には，大都市居住や新しい通信メディアの普及（そして潜在的には経済的豊かさの増大）などが，関係形成における選択性を増大させ，ライフスタイルの多様性を増幅させると考えられる（野沢 1992；松本 1995；松尾 1997参照）。都市化やメディアによって拡張された関係空間のなかでは，より多くの同類メンバーとの接触が可能となり，（上述のような自助グループを含む）多様な価値・関心や社会的特性によって結びつく人々の下位文化（subculture）が増殖するからである。

ただし，こうした下位文化の増殖が家族のライフスタイルに与える影響はそれほど単純ではない。個人が特定の下位文化（ネットワーク）へのコミットメントを強めるほど，そこで共有されている価値・規範の拘束力も強まる。その結果，非通念的なライフスタイルに基づく家族の連帯（集団性）が強化されるのか，（性別役割分業型など）伝統的な家族生活が強化されるのか，あるいは家族的連帯からの個人の撤退（家族の個人化）が促されるのか，一義的な帰結を想定す

ることは難しい。どのような家族生活が帰結されるかは，下位文化が具現する価値・規範の内容に依存するし，その下位文化へのコミットメントが個人単位なのか夫婦・親子単位なのかによっても異なるからである（野沢 1992a）。いずれにしても，家族のライフスタイル化をめぐる理論とその実証は，ネットワークという媒介変数を導入して精緻化する余地を大いに残している。

4．ネットワーク現象としての家族

　ジンメルは，人々が同心円的な社会圏に埋め込まれている状況から，並存する複数の社会圏の交差のなかに身を置く状況へと社会が移行することで，「個人」が創出され，「個性」の伸張が促されると考えていた（Simmel 1908=1994）。本章の議論は，このようなジンメルの理論的着眼点を再評価することに重なる（Pescosolido & Rubin 2000 ; 居安 2000）。別な言い方をすれば，社会的な連帯の機能（および連帯喪失による逆機能）を強調してきたデュルケーム以来の社会学的伝統の偏向を修正することでもある。現代人は，社会的・地理的な移動や流動によって異質な複数の社会的世界を同時的・通時的に経験するため，そのライフコースが多様な軌跡を描く。したがって，アイデンティティの連続性を支える連帯的紐帯だけではなく，アイデンティティの転換・変容をもたらす脱連帯の紐帯が独自の意義をもつようになった。社会的紐帯の，このような両面性を視野に含めた分析を可能にすることで，ネットワーク論は独自の社会学的知見を手に入れてきたといえるだろう（Wellman 1999）。

　連帯的なネットワークの安定性によって「安心社会」を維持してきたとみられる日本社会においても，終身雇用制のゆらぎなど社会的不確実性が増すにつれて，ライフコースの岐路に立たされた個人を多様な選択肢へと媒介する紐帯の重要性に眼が向けられてきている（山岸 1999 ; 渡辺 1999）。個人が，選択的にネットワークを形成し，選択的に家族生活を共同構築し，そして自らのアイデンティティの意識的な維持管理者となる傾向が，次第に強まっているのかもしれない。しかし，家族の集団性のゆらぎ，家族の個人化，家族のライフスタイル化のいずれの命題に関しても，それがどの程度，どのようなメカニズムによって進行しているのかといえば，理論的枠組みの明確化と経験的な研究による実証が大きな課題となっているのが現状である。本章では，家族をネットワーク現象として捉える視点が，そうした課題に答えるための有力な方法であるこ

とを論じてきた。残された課題に対して，多くの果敢な挑戦が生み出されることを期待したい。

参考文献

Acock, Alan C., and Jeanne S. Hurlbert, 1990, "Social Network Analysis: A Structural Perspective for Family Studies," *Journal of Social and Personal Relationships*, 7: 245-264.

Allan, Graham, 1989, "Insiders and Outsiders: Boundaries around the Home," G. Allan, and G. Crow eds., *Home and Family: Creating the Domestic Sphere*, Macmillan Press, 141-158.

天野正子, 1994,「近隣型商店街——地域社会の変貌のなかで」間宏編『高度経済成長下の生活世界』文眞堂, 173-203.

安藤究, 1994,「新しい祖母の誕生?——祖父母のスタイルの変容の可能性について」森岡清志・中林一樹編『変容する高齢者像——大都市高齢者のライフスタイル』日本評論社, 79-118.

有末賢, 1992,「下町の生活世界——重層的都市文化への生活史的アプローチ」森岡清志・松本康編『都市社会学のフロンティア2 生活・関係・文化』日本評論社, 197-222.

Atsumi, Reiko, 1979, "*Tsukiai*: obligatory personal relationships of Japanese white-collar company employees." *Human Organization*, 38 (1): 63-70.

渥美冷子, 1982,「日本人の交際関係」杉本良夫・ロス・マオア編『日本人論に関する12章』学陽書房, 199-224.

Barnes, J. A., 1954, "Class and Committee in a Norwegian Island Parish," *Human Relations*, 7 (1): 39-58.(=2006, 野沢慎司・立山徳子訳「ノルウェーの一島内教区における階級と委員会」野沢慎司編・監訳『リーディングス ネットワーク論——家族・コミュニティ・社会関係資本』勁草書房, 1-29.)

Blumer, Herbert, 1969, *Symbolic Interactionism: Perspective and Method*, Prentice-Hall.(=1991, 後藤将之訳『シンボリック相互作用論——パースペクティヴと方法』勁草書房.)

Boissevain, Jeremy, 1974, *Friends of Friends: Networks, Manipulation, and Coallitions*, Basil Blackwell and Mott.(=1986, 岩上真珠・池岡義孝訳『友達の友達——ネットワーク, 操作者, コアリッション』未来社.)

Bott, Elizabeth, 1955, "Urban Families: Conjugal Roles and Social Networks," *Human Relations*, 8 (4): 345-384.(=2006, 野沢慎司訳「都市家族——夫婦役割と社会的ネットワーク」野沢慎司編・監訳『リーディングス ネットワーク論——家族・コミュニティ・社会関係資本』勁草書房, 35-91.)

参考文献

Bott, Elizabeth, 1971 [1957], *Family and Social Network: Roles, Norms, and External Relationships in Ordinary Urban Families*, 2nd ed., New York: Free Press.
Burgess, Ernest W., 1925, "The Growth of the City," R. E. Park, E. W. Burgess, and R. D. McKenzie, eds., *The City*, University of Chicago Press, 47-62.（=1972, 大道安次郎・倉田和四生訳「都市の発展——調査計画序論」『都市——人間生態学とコミュニティ』鹿島出版会, 49-64.）
Burt, Ronald S., 1984, "Network Items and the General Social Survey," *Social Networks*, 6 (4): 293-339.
Burt, Ronald S., 1992, *Structural Holes: The Social Structure of Competition*, Harvard University Press.（=2006, 安田雪訳『競争の社会的構造——構造的空隙の理論』新曜社.）
Burt, Ronald S., 2001, "Structural Holes versus Network Closure as Social Capital," Nan Lin, Karen Cook, and Ronald Burt eds., *Social Capital: Theory and Research*, Aldine de Gruyter, 31-56.（=2006, 金光淳訳「社会関係資本をもたらすのは構造的隙間かネットワーク閉鎖性か」野沢慎司編・監訳『リーディングス ネットワーク論——家族・コミュニティ・社会関係資本』勁草書房, 243-277.）
中国新聞社文化部編, 2003,「いつしか非婚」『男が語る離婚——破局のあとさき』文藝春秋, 192-285.
Dore, Ronald P., 1958, *City Life in Japan: A Study of a Tokyo Ward*, University of California Press.（=1962, 青井和夫・塚本哲人訳『都市の日本人』岩波書店.）
Fischer, Claude, 1982, *To Dowell among Friends: Personal networks in town and city*, Chicago: University of Chicago Press.（=2002, 松本康・前田尚子訳『友人のあいだで暮らす——北カリフォルニアのパーソナル・ネットワーク』未来社.）
Fischer, Claude, 1984, *The Urban Experience*, 2nd ed., New York: Harcourt Brace Jovanovich.（=1996, 松本康・前田尚子訳『都市的体験——都市生活の社会心理学』未来社.）
Fischer, S. Claude, et al., 1977, *Networks and Places: Social Relations in the Urban Setting*, Free Press.
藤崎宏子, 1981,「仮説検証型実証研究の再検討——Bott仮説の追試研究を事例として」『社会学論考』2: 45-70.
藤崎宏子, 1998,『高齢者・家族・社会的ネットワーク』培風館.
Granovetter, Mark S., 1973, "The Strength of Weak Ties," *American Journal of Sociology*, 78 (6): 1360-1380.（=2006, 野沢慎司・大岡栄美訳「小さな世界問題」野沢慎司編・監訳『リーディングス ネットワーク論——家族・コミュニティ・社会関係資本』勁草書房, 97-117.）
Haines, Valerie A. and Jeanne S. Hurlbert, 1992, "Network Range and Health," *Journal of Health and Social Behavior*, 33: 254-266.

参考文献

服部銈二郎, 1997, 「産業地域社会『台東』とその産業リーダーたち(1)」『都市問題』88 (11): 103-118.
樋口美雄・太田清・家計経済研究所編, 2004, 『女性たちの平成不況』日本経済新聞社.
広原盛明・岩崎信彦・高田光雄編, 2002, 『少子高齢時代の都市住宅学』ミネルヴァ書房.
広田照幸, 1999, 『日本人のしつけは衰退したか——「教育する家族」のゆくえ』講談社現代新書.
広田康生, 1995, 「エスニック・ネットワークの展開と回路としての都市——越境する人々と日常的実践」奥田道大編『コミュニティとエスニシティ』勁草書房, 191-239.
Hirsch, Barton J., 1981, "Social Networks and the Coping Process: Creating Personal Community," B. Gottlieb, ed., *Social Networks and Social Support*, Sage, 149-170.
Hurlbert, Jeanne S., and Alan C. Acock, 1990, "The Effect of Marital Status on the Form and Composition of Networks," *Social Science Quarterly*, 71: 163-174.
Imamura, Anne, 1987, *Urban Japanese Housewives: At Home and in the Community*, Honolulu: University of Hawaii Press.
稲葉昭英, 1992, 「ソーシャル・サポート研究の展開と問題」『家族研究年報』17: 67-78.
稲葉昭英, 1998, 「ソーシャル・サポートの理論モデル」松井豊・浦光博編『人を支える心の科学』誠信書房, 151-175.
石原邦雄, 1992, 「日本における家族社会学の確立と展開」『東京都立大学人文学部人文学報』233: 61-79.
石原邦雄編, 1985, 『家族生活とストレス』垣内出版.
石原邦雄編, 1999, 『妻たちの生活ストレスとサポート関係——家族・職業・ネットワーク』東京都立大学都市研究所.
Ishii-Kuntz, Masako, 1993, "Japanese Fathers: Work Demands and Family Roles," Jane C. Hood, ed., *Men, Work, and Family*, Sage, 45-67.
Ishii-Kuntz, Masako, 1998, "Fathers' Involvement and Children's Social Network: A Comparison between Japan and the United States," 『家庭教育研究所紀要』20: 5-16.
Ishii-Kuntz, Masako, and Karen Seccombe, 1989, "The Impact of Children upon Social Support Networks throughout the Life Course," *Journal of Marriage and the Family*, 51: 777-790.
石川准, 1995, 「障害児の親と新しい『親性』の誕生」井上眞理子・大村英昭編『ファミリズムの再発見』世界思想社, 25-59.

参考文献

石川准, 1996,「アイデンティティの政治学」井上俊ほか編『岩波講座現代社会学15 差別と共生の社会学』岩波書店, 171-186.
磯村英一, 1959,『都市社会学研究』有斐閣.
伊藤公雄, 1995,「父親のゆくえ」井上眞理子・大村英昭編『ファミリズムの再発見』世界思想社, 171-202.
伊藤泰郎, 1997,「意識の規定要因としての社会的ネットワーク——結婚・出生に関する規範意識を中心に」『総合都市研究』64: 61-73.
伊藤泰郎, 2000,「社会意識とパーソナルネットワーク」森岡清志編『都市社会のパーソナルネットワーク』東京大学出版会, 141-159.
岩上真珠, 1976,「都市親族研究への問題と視点——東京都内における事例より」『家族研究年報』2: 72-87.
岩間暁子, 1999,「晩婚化と未婚者のライフスタイル」『人口問題研究』55(2): 39-58.
居安正, 2000,『ゲオルク・ジンメル——現代分化社会における個人と社会』東信堂.
家計経済研究所編, 2000,『新現代核家族の風景』大蔵省印刷局.
家計経済研究所編, 2005,『若年世代の現在と未来』国立印刷局.
釜野さおり, 2004a,「独身男女の描く結婚像」目黒依子・西岡八郎編『少子化のジェンダー分析』勁草書房, 78-106.
釜野さおり, 2004b,「独身女性の結婚意欲と出産意欲」目黒依子・西岡八郎編『少子化のジェンダー分析』勁草書房, 107-123.
鹿又伸夫, 1991,「弱い紐帯の強さ——社会関係のネットワーク」小林淳一・木村邦博編『考える社会学』ミネルヴァ書房, 100-114.
加瀬和俊, 1997,『集団就職の時代——高度成長のにない手たち』青木書店.
春日キスヨ, 1989,『父子家庭を生きる——男と親の間』勁草書房.
木戸功, 1998,「『家族社会学』の構築——『核家族論争』を再考する」『家族研究年報』23: 2-17.
金貞均, 2000,「少子化における子育てと『ネットワーク居住』——『非血縁・ネットワーク居住』への期待を寄せて」『都市住宅学』29: 33-38.
小林秀樹, 1997,『新・集合住宅の時代——つくば方式マンションの衝撃』NHK出版.
小林多寿子, 1985,「都市の経験——ライフ・ヒストリーのなかの都市」『ソシオロジ』94: 47-67.
小浜ふみ子, 1993,「『体験』の社会学的構造——ワークヒストリーの試み」『社会学論考』14: 24-43.
国立社会保障・人口問題研究所編, 1999,『独身青年層の結婚観と子ども観——第11回出生動向基本調査』㈶厚生統計協会.
国立社会保障・人口問題研究所編, 2004a,『第12回出生動向基本調査——独身調査の結果概要』(http://www.ipss.go.jp/Japanese/doukou12_s/doukou12_s.html).
国立社会保障・人口問題研究所編, 2004b,『平成14年わが国独身青年層の結婚観と

家族観——第12回出生動向基本調査』財団法人厚生統計協会.
小山隆編, 1960,『現代家族の研究——意識の実態と緊張の調整』弘文堂.
小山隆, 1965,「都市の親族関係」『ケース研究』87: 1-6.
Koyama, Takashi, 1970, "Rural-Urban Comparison of Kinship Relations in Japan," R. Hill and R. König eds., *Families in East and West: Socialization Process and Kinship Ties*, Mouton, 31-337.
熊原理恵, 1998,「日本型近代家族の成立と核家族論」『家族研究年報』23: 37-55.
倉沢進, 1969,『日本の都市社会』福村出版.
倉沢進編, 1986,『東京の社会地図』東京大学出版会.
Lee, Gary, 1979, "Effect of Social Networks on the Family," W. Burr et al. eds., *Contemporary Theories about the Family*, Vol. 1, Free Press, 27-56.
Litwak, Eugene, 1960, "Geographical Mobility and Extended Family Cohesion," *American Sociological Review*: 25 (3), 385-394.
Litwak, Eugene and Szelenyi, Ivan, 1969, "Primary Group Structures and their Functions: Kin, Neighbors, and Friends," *American Sociological Review*: 34 (4), 465-481.
McCall, George J. and J. L. Simmons, 1978, *Identities and Interactions: An Examination of Human Associations in Everyday Life*, revised ed., Free Press.
町村敬志, 1994,『「世界都市」東京の構造転換——都市リストラクチュアリングの社会学』東京大学出版会.
前田尚子, 1988,「老年期の友人関係——別居子関係との比較検討」『社会老年学』28: 58-70.
前田尚美, 1985,「住居」高度成長期を考える会編『高度成長と日本人2家庭篇　家族の生活の物語』日本エディタースクール出版部, 29-60.
前田信彦, 1989,「都市家族のソーシャル・ネットワークとサポート——Tie Strength の概念を中心にして」『上智大学社会学論集』14: 71-88.
前田信彦, 1991,「ソーシャル・ネットワークの概念と方法——Weak Tie 概念を中心にして」『上智大学社会学論集』16: 115-135.
前田信彦, 1993a,「都市家族の世代間ネットワークに関する研究」『日本労働研究機構研究紀要』5: 1-32.
前田信彦, 1993b,「都市におけるパーソナル・コミュニティの形成——ソーシャル・ネットワーク論からの分析」『日本労働研究機構研究紀要』6: 35-50.
前田信彦・目黒依子, 1990,「都市家族のソーシャル・ネットワーク・パターン——社会階層間の比較分析」『家族社会学研究』2: 81-93.
Marsden, Peter V., 1987, "Core Discussion Networks of Americans," *American Sociological Review*, 52 (1): 122-131.
正木鞆彦, 1992,『バス車掌の時代』現代書館.

正岡寛司, 1988,「家族のライフスタイル化」正岡寛司・望月嵩編『現代家族論』有斐閣, 55-74.
正岡寛司, 1989,「過渡期の家族社会学」『家族社会学研究』1: 81-85.
松田茂樹, 2001,「育児ネットワークと母親のWell-Being」『社会学評論』52: 33-49.
松平誠, 1983,『祭の文化——都市がつくる生活文化のかたち』有斐閣.
松本真澄, 1998,「成人未婚者の東京圏内における居住実態」『総合都市研究』66: 79-92.
松本康, 1992a,「都市は何を生み出すか——アーバニズム理論の革新」森岡清志・松本康編『都市社会学のフロンティア2　生活・関係・文化』日本評論社, 33-68.
松本康, 1992b,「アーバニズムと社会的ネットワーク——名古屋調査による『下位文化』理論の検証」『名古屋大学文学部研究論集』114号（哲学38）: 161-185.
松本康, 1994a,「コミュニティ問題と下位文化理論の彫琢——名古屋と東京のパーソナルネットワーク」『名古屋大学社会学論集』15: 51-108.
松本康, 1994b,「都市社会学の多系的発展——80年代都市のコミュニティ論の論点」地域社会学会編『地域社会学研究年報6　転換期の地域社会学』時潮社, 53-65.
松本康, 1994c,「都市度, 居住移動と社会的ネットワーク」『総合都市研究』52: 43-78.
松本康, 1995,「現代都市の変容とコミュニティ, ネットワーク」松本康編『増殖するネットワーク』勁草書房, 1-90.
松本康, 2002,「アーバニズムの構造化理論に向かって——都市における社会的ネットワークの構造化」『日本都市社会学会年報』20: 63-80.
松本康編, 2004,『東京で暮らす——都市社会構造と社会意識』東京都立大学出版会.
松本康・原田謙, 2001,「2000年東京版総合社会調査の概要——調査設計, 調査方法, 回答率」『総合都市研究』76: 17-24.
松村眞吾, 2002,「都市居住のトレンドをどうみるか」広原盛明・岩崎信彦・高田光雄編『少子高齢時代の都市住宅学』ミネルヴァ書房, 224-234.
松信ひろみ, 2002,「郊外家族と近代家族——妻の就業と職住近接」『都市問題』93 (5): 73-83.
松尾浩一郎, 1997,「社会的異質性のネットワーク分析——異質性を高めるのは都市的環境かネットワークの特性か」『慶應義塾大学大学院社会学研究科紀要』45: 61-71.
目黒依子, 1980,「社会的ネットワーク」望月嵩・本村汎編『現代家族の危機』有斐閣, 77-100.
目黒依子, 1987,『個人化する家族』勁草書房.
目黒依子, 1988,「家族と社会的ネットワーク」正岡寛司・望月嵩編『現代家族論』有斐閣: 191-218.
目黒依子, 1989,「子どもの発達と都市家族のネットワーク」地域社会のネットワーキング研究会『家庭と地域社会の教育機能の活性化のための親・子のネットワーク

に関する調査研究』報告書, 78-97.
目黒依子, 1991,「家族の個人化」『家族社会学研究』3: 8-15.
Milardo, Robert, 1988, "Families and Social Networks: An Overview of Theory and Methodology," R. Milardo ed., *Families and Social Networks*, Sage, 13-47.
Milardo, Robert and Allan, Graham, 1997, "Social networks and marital relationships," S. Duck ed., *Handbook of Personal Relationships: Theory, Research and Interventions*, John Wiley & Sons, 505-522.
Milgram, Stanley, 1967, "Small-World Problem," *Psychology Today*, 1: 61-67.（=2006, 野沢慎司・大岡栄美訳「小さな世界問題」野沢慎司（編・監訳）『リーディングス　ネットワーク論——家族・コミュニティ・社会関係資本』勁草書房, 97-117.）
Mitchell, J. Clyde, 1969, "The Concept and Use of Social Networks," J. Mitchell ed., *Social Networks in Urban Situations: Analysis of Personal Relationships in Central African Town*, Manchester University Press, 1-50.（=1983, 三雲正博・福島清紀・進本真文訳『社会的ネットワーク——アフリカにおける都市の人類学』国文社, 9-42.）
光吉利之, 1974,「現代産業社会と親族関係——一・二の理論的検討」『社会学評論』25 (2): 49-61.
光吉利之, 1983,「現代日本の親族変動」喜多野清一編『家族・親族・村落』早稲田大学出版会, 303-325.
三浦展, 1999,『「家族」と「幸福」の戦後史——郊外の夢と現実』講談社現代新書.
三山節子（重松清原作）, 2001,『定年ゴジラ』秋田文庫.
宮本みち子・岩上真珠・山田昌弘, 1997,『未婚化社会の親子関係——お金と愛情にみる家族のゆくえ』有斐閣.
宮坂靖子, 2000,「親イメージの変遷と親子関係のゆくえ」藤崎宏子編『親と子——交錯するライフコース』ミネルヴァ書房, 19-41.
水谷史男, 1989,「没落する社会層——『自営業』をめぐる現代的課題」『明治学院論叢』440（社会学・社会福祉学研究80）: 45-69.
望月嵩, 1993,「家族概念の再検討」石原邦雄ほか編『家族社会学の展開』培風館, 17-31.
Moore, Gwen, 1990, "Structural Determinants of Men's and Women's Personal Networks," *American Sociological Review*, 55: 726-735.
森岡清美, 1973,『家族周期論』培風館.
森岡清美, 1993,『現代家族変動論』ミネルヴァ書房.
森岡清美, 1998,「家族社会学のパラダイム転換をめざして」『家族社会学研究』10(1), 139-144.
森岡清美・望月嵩, 1983,『新しい家族社会学』培風館.

参考文献

本山ちさと, 1998 [1995],『公園デビュー——母たちのオキテ』学陽文庫.
Munch, Allison, J. Miller McPherson, and Lynn Smith-Lovin, 1997, "Gender, Children, and Social Contact: The Effects of Childrearing for Men and Women," *American Sociological Review*, 62: 509-520.
長津美代子・細江容子・岡村清子, 1996,「夫婦関係研究のレビューと課題——1970年代以降の実証研究を中心に」野々山久也・袖井孝子・篠崎正美編『いま家族に何が起こっているのか——家族社会学のパラダイム転換をめぐって』ミネルヴァ書房, 159-186.
長山晃子・石原邦雄, 1990,「家族員として意識する範囲——居住形態との関係から」『家族研究年報』16: 65-76.
中林一樹, 1990,「東京の地価と都市構造の変化」石田頼房編『大都市の土地問題と政策』日本評論社, 45-79.
中林一樹, 1992,「インナーシティにおける土地・住宅問題——東京台東区の場合」高橋勇悦編『大都市のリストラクチャリング——東京のインナーシティ問題』日本評論社, 181-206.
中野卓, 1995,「歴史的現実の再構成——個人史と社会史」中野卓・桜井厚編『ライフヒストリーの社会学』弘文堂, 191-218.
中尾啓子, 2002,「パーソナルネットワークの概要と特性——東京都居住者対象のネットワーク調査から」森岡清志編『パーソナルネットワークの構造と変容』東京都立大学出版会, 17-39.
NHK放送文化研究所編, 2000,『現代日本人の意識構造［第5版］』日本放送出版協会.
西岡八郎・才津芳昭, 1996,「『家族とは何か』——有配偶女子からみた家族認識の範囲」『家族研究年報』21, 28-42.
西下彰俊, 1987,「高齢女性の社会的ネットワーク——友人ネットワークを中心に」『社会老年学』26: 43-53.
ニッセイ基礎研究所, 1994,『現代社会と家族の変容に関する研究3 都市の家族とパーソナル・ネットワーク』ニッセイ基礎研究所.
野邊政雄, 1997,「高齢女性の社会的ネットワークとソーシャルサポート——世帯類型と年齢別分析」『ソシオロジ』42 (2): 65-85.
野辺政雄・田中宏二, 1995,「地方都市における既婚女性の社会的ネットワークの構造」『社会心理学研究』10 (3): 217-227.
野尻依子, 1974,「現代家族の社会的ネットワーク——パス解析の応用」『社会学評論』143 25(2): 37-48.
野尻依子, 1977,「家族ネットワーク・家族周期・社会変動」森岡清美編『現代家族のライフサイクル』培風館, 126-147.
野々山久也, 1996,「家族新時代への胎動——家族社会学のパラダイム転換にむけて」

野々山久也・袖井孝子・篠崎正美編『いま家族に何が起こっているのか』ミネルヴァ書房, 285-322.
野沢慎司, 1990,「団地社会と下位文化——女性・近隣・家族」倉沢進編『大都市社会の共同生活——マンション・団地の社会学』日本評論社, 131-164.
野沢慎司, 1992a,「都市家族研究における新たなパースペクティヴ——パーソナルネットワーク論からの再検討」『静岡大学人文学部人文論集』42: 53-76.
野沢慎司, 1992b,「インナーエリアとコミュニティの変容」高橋勇悦編『大都市社会のリストラクチャリング——東京のインナーシティ問題』日本評論社, 125-152.
野沢慎司, 1994a,「磁場をめぐる家族のかたち——山形市と朝霞市の夫婦の事例分析」ニッセイ基礎研究所『現代社会と家族の変容に関する研究3　都市の家族とパーソナル・ネットワーク』ニッセイ基礎研究所, 27-53.
野沢慎司, 1994b,「夫婦間の援助とネットワークからの援助」ニッセイ基礎研究所『現代社会と家族の変容に関する研究3　都市の家族とパーソナル・ネットワーク』ニッセイ基礎研究所, 103-134.
野沢慎司, 1995,「パーソナル・ネットワークのなかの夫婦関係——家族・コミュニティ問題の都市間比較分析」松本康編『増殖するネットワーク』勁草書房, 175-233.
野沢慎司, 1996,「社交圏の変容とコミュニティ——社会的ネットワークの地域性と夫婦関係」『静岡大学人文学部人文論集』47 (1): 75-95.
野沢慎司, 1998,「職人の生活史と東京下町の変貌——時代と磁場と自我のジレンマ」倉沢進先生退官記念論集刊行会編『都市の社会的世界——倉沢進先生退官記念論集』UTP制作センター, 327-354.
野沢慎司, 1999a,「家族研究と社会的ネットワーク論」野々山久也・渡辺秀樹編『家族社会学入門——家族研究の理論と技法』文化書房博文社, 162-191.
野沢慎司, 1999b,「夫の援助とネットワークの援助は競合するか？——東京郊外と地方都市における妻たちの援助動員」石原邦雄編『妻たちの生活ストレスとサポート関係——家族・職業・ネットワーク』東京都立大学都市研究所, 239-261.
野沢慎司, 2001a,「ネットワーク論的アプローチ——家族社会学のパラダイム転換再考」, 野々山久也・清水浩昭編『家族社会学の分析視角——社会学的アプローチの応用と課題』ミネルヴァ書房, 281-302.
野沢慎司, 2001b,「核家族の連帯性とパーソナル・ネットワーク——夫婦・親子間紐帯の構造分析」『季刊家計経済研究』49: 25-35.
野沢慎司, 2004,「ネットワークとサポート」石原邦雄編『家族のストレスとサポート』放送大学教育振興会, 90-113.
野沢慎司・高橋勇悦, 1990,「東京インナーエリアにおける地域社会の多元性——パーソナルネットワークからのアプローチ」『総合都市研究』40: 47-67.
落合恵美子, 1989,『近代家族とフェミニズム』勁草書房.

参考文献

落合恵美子, 1993,「家族の社会的ネットワークと人口学的世代——60年代と80年代の比較から」蓮見音彦・奥田道大編『21世紀日本のネオ・コミュニティ』東京大学出版会, 101-130.

落合恵美子, 1994,『21世紀家族へ——家族の戦後体制の見かた・超えかた』有斐閣.

落合恵美子, 1997,『21世紀家族へ——家族の戦後体制の見かた・超えかた（新版）』有斐閣.

落合恵美子, 1998,「新しいパラダイムの課題」『家族社会学研究』10 (1), 145-150.

小笠原祐子, 1998,『OLたちの〈レジスタンス〉——サラリーマンとOLのパワーゲーム』中公新書.

大江守之, 2002,「家族・世帯の変動と住まい」大江守之・園田眞理子・石坂公一『暮らし・住まい——家族のライフサイクルと住まい』㈶日本統計協会, 1-30.

大江守之, 2003,「都市学・住宅学分野における家族研究の最新動向」『家族社会学研究』14 (2): 162-167.

大橋薫・清水新二, 1972,「都市における親族関係の一考察——川崎市S小学校区の場合」『明治学院論叢』195: 1-34.

大谷信介, 1992,「都市化とパーソナルネットワーク」鈴木広編『現代都市を解読する』ミネルヴァ書房, 311-330.

大谷信介, 1995,『現代都市住民のパーソナル・ネットワーク——北米理論の日本的解読』ミネルヴァ書房.

小野尋子・大村謙二郎, 1999,「育児期にある共働き世帯の居住地選択からみた都市整備の方向性に関する基礎的研究」『日本都市計画学会学術研究論文集』34: 289-294.

Orford, Jim, 1992, *Community Psychology: Theory and Practice*, John Wiley & Sons. (=1997, 山本和郎監訳『コミュニティ心理学』ミネルヴァ書房.)

Park, Robert E., 1916, "The City: Suggestions for the Investigation of Human Behavior in the Urban Environment," *American Journal of Sociology*, 20: 577-612. (=1978, 笹森秀雄訳「都市——都市環境における人間行動研究のための若干の示唆」鈴木広編『都市化の社会学』誠信書房, 57-96.)

Parsons, Talcott, 1954 [1943], "The Kinship System of the Contemporary United States," T. Parsons, *Essays in Sociological Theory*, rev. ed., The Free Press, 177-196.

Parsons, Talcott, 1956, "The American Family," T. Parsons and R. F. Bales, eds., *Family: Socialization and Interaction Process*, London: Routledge and Kegan Paul, 3-33. (=1981, 橋爪貞雄ほか訳「アメリカの家族」『家族』黎明書房, 16-59.)

Pescosolido, Bernice A. and Beth A. Rubin, 2000, "The Web of Group Affiliations Revisited: Social Life, Postmodernism, and Sociology," *American Sociological*

Review, 65: 52-76.
Plath, David W., 1980, *Long Engagements: Maturity in Modern Japan*, Stanford University Press. (=1985, 井上俊・杉野目康子訳『日本人の生き方――現代における成熟のドラマ』岩波書店.)
プラース, デイビッド, 1987,「孤・円・球――自己の生涯設計」ロス・マオア／杉本良夫編『個人 間人 日本人』学陽書房, 158-196.
Riley, David, 1990, "Network Influences on Father Involvement in Childrearing," Moncrieff Cochran et al., *Extending Families: The Social Networks of Parents and their Children*, Cambridge University Press, 131-153.
さらだたまこ, 1998,『パラサイト・シングル』WAVE出版.
佐藤健二, 1995,「ライフヒストリー研究の位相」中野卓・桜井厚編『ライフヒストリーの社会学』弘文堂, 13-41.
Scott, John, 1991, *Social Network Analysis: A Hand Book*, Sage.
正保正惠, 2002,「団塊世代を通してみたライフスタイルの変容」広原盛明・岩崎信彦・高田光雄編『少子高齢時代の都市住宅学』ミネルヴァ書房, 15-34.
関孝敏, 1980,「都市家族の親族関係に関する一考察――近隣, 友人との相関において」『現代社会学』7 (2): 3-37.
関井友子・斧出節子・松田智子・山根真理, 1991,「働く母親の性別役割分業観と育児援助ネットワーク」『家族社会学研究』3: 72-84.
重松清, 1998,『定年ゴジラ』講談社.
清水浩昭, 1992,『高齢化社会と家族構造の地域性』時潮社.
Simmel, Georg, 1908, *Soziologie*, Humbolt. (=1994, 居安正訳『社会学』白水社.)
Smith-Lovin, Lynn and J. Miller McPherson, 1993, "You Are Who You Know: A Network Approach to Gender," Paula England ed., *Theory on Gender/Feminism on Theory*, Aldine de Gruyter, 223-251.
袖井孝子, 2002,『日本の住まい変わる家族――居住福祉から居住文化へ』ミネルヴァ書房.
園部雅久, 1989,「東京の集団世界」『上智大学社会学論集』14: 40-70.
園部雅久, 1992,「都市再開発はコミュニティを破壊するか――都市更新の社会的影響評価」金子勇・園部雅久編『都市社会学のフロンティア3 変動・居住・計画』日本評論社, 81-108.
Stain, Catherine H. and Russner, William E., 1995, "Social Networks," D. Levinson, ed., *Encyclopedia of Marriage and the Family*, Vol. 2, Macmillan, 674-678.
Stryker, Sheldon, 1980, *Symbolic Interactionism: A Social Structural Version*, Benjamin/Cummings.
Stryker, Sheldon, 1994, "Freedom and Constraint in Social and Personal Life: Toward Resolving the Paradox of Self," G. Platt, and C. Gordon eds., *Self,*

参考文献

Collective Behavior and Society, JAI Press, 119-138.
菅野剛, 1999「性別役割意識の社会的規定要因――社会階層とネットワーク」『年報人間科学』（大阪大学人間科学部）20(2): 325-339.
菅谷よし子, 1980a,「家族のライフ・ステージと妻の第一次関係形成――鹿島工業地帯における新興住宅団地を事例として」『家族研究年報』6: 42-59.
菅谷よし子, 1980b,「地理的移動と第一次関係の形成」『現代社会学』7 (2): 66-93.
Sussman, Marvin B., 1959, "The Isolated Nuclear Family: Fact or Fiction," *Social Problems*, 6: 333-339.
Sussman, Marvin B. and Burchinal, Lee, 1962, "Kin Family Network: Unheralded Structure in Current Conceptualizations of Family Functioning," *Marriage and Family Living*, 24 (3): 231-240.
鈴木透, 1990,「親族の空間的分布と親族関係」『現代社会学研究』3: 67-89.
高木恒一, 2002,「東京圏における中心都市と郊外――ホワイトカラーの居住分化を中心に」『都市問題』93 (5): 61-72.
竹中英紀, 1992,「インナーエリアにおける社会移動と地域形成」高橋勇悦編『大都市のリストラクチャリング――東京のインナーシティ問題』日本評論社, 91-124.
竹中英紀・高橋勇悦, 1990,「東京インナーエリアにおける地域問題とまちづくり意識――墨田区住民意識調査（1989）より」『総合都市研究』40: 99-115.
田中重人, 2000,「性別分業を維持してきたもの――郊外型ライフスタイル仮説の検討」盛山和夫編『日本の階層システム4　ジェンダー・市場・家族』東京大学出版会, 93-110.
立山徳子, 2001,「有配偶女性のパーソナル・ネットワークと家族意識――『下位文化理論』による都市度効果の検討」石原邦雄編『公開個票データの活用による家族の国際比較の試み』文部省科学研究費研究成果報告書, 52-65.
Thoits, Peggy, A., 1992, "Social Support Functions and Network Structures: A Supplemental View," H. Veiel, and U. Baumann eds., *The Meaning and Measurement of Social Support*, Hemisphere Publishing, 57-62.
東京都政策報道室計画部, 2000,『東京構想2000――千客万来の世界都市をめざして』東京都.
上野千鶴子, 1987,「選べる縁・選べない縁」栗田靖之編『日本人の人間関係』ドメス出版, 226-243.
上野千鶴子, 1994,『近代家族の成立と終焉』岩波書店.
上野千鶴子, 2002,『家族を容れるハコ　家族を超えるハコ』平凡社.
上野千鶴子・電通ネットワーク研究会, 1988,『「女縁」が世の中を変える』日本経済新聞社.
上野加代子, 1989,「中高年女性のソーシャル・ネットワーク――有配偶と無配偶の比較分析」『家族研究年報』14: 73-86.

参考文献

浦光博, 1992, 『支えあう人と人——ソーシャル・サポートの社会心理学』サイエンス社.
Veiel, Hans O. F. and Urs Baumann, 1992, "The Many Meanings of Social Support," H. Veiel, and U. Baumann eds., *The Meaning and Measurement of Social Support*, Hemisphere Publishing, 1-9.
Vogel, Ezra F., 1963, *Japan's New Middle Class: The Salary Man and His Family in a Tokyo Suburb*, University of California Press. (=1968, 佐々木徹郎訳編『日本の新中間階級——サラリーマンとその家族』誠信書房.)
Wallman, Sandra, 1984, *Eight London Households*, Tavistock. (=1996, 福井正子訳『家庭の三つの資源』河出書房新社.)
渡辺深, 1980,「夫婦の勢力関係についての試論——勢力-依存理論とネットワーク分析の適用」『家族研究年報』6: 29-41.
渡辺深, 1988,「社会的ネットワークと社会的支持」『上智大学社会学論集』12: 1-20.
渡辺深, 1999, 『「転職」のすすめ』講談社現代新書.
Wellman, Barry, 1979, "The Community Question: The Intimate Networks of East Yorkers," *American Journal of Sociology*, Vol. 84 (5): 1201-1231. (=2006, 野沢慎司・立山徳子訳「コミュニティ問題——イースト・ヨーク住民の親密なネットワーク」野沢慎司編・監訳『リーディングス ネットワーク論——家族・コミュニティ・社会関係資本』勁草書房, 159-200.)
Wellman, Barry, 1981, "Applying Network Analysis to the Study of Support," B. Gottlieb, ed., *Social Networks and Social Support*, Sage, 171-200.
Wellman, Barry, 1982, "Studying Personal Communities," P. Marsden and N. Lin, eds., *Social Structure and Network Analysis*, Sage, 61-80.
Wellman, Barry, 1988, "Structural Analysis: from Method and Metaphor to Theory and Substance," B. Wellman and S. Berkowitz, eds., *Social Structures: A Network Approach*, Cambridge University Press, 19-61.
Wellman, Barry, 1999, "From Little Boxes to Loosely-bounded Networks: The Privatization and Domestication of Community," J. Abu-Lughod, ed., *Sociology for the Twenty-First Century*, University of Chicago Press, 94-114.
Wellman, Beverly and Barry Wellman, 1992, "Domestic Affairs and Network Relations," *Journal of Social and Personal Relationships*, 9: 385-401.
Widmer, Eric D., 1999, "Family Contexts as Cognitive Networks: A Structural Approach of Family Relationships," *Personal Relationships*, 6: 487-503.
Widmer, Eric D. and Linda-Ann La Farga, 1999, "Boundedness and Connectivitiy of Contemporary Families: A Case Study," *Connections*, 22 (2): 30-36.
Widmer, Eric D. and Linda-Ann La Farga, 2000, "Family Networks: A Sociometric Method to Study Relationships in Families," *Field Methods*, 12: 108-128.

参考文献

Wilcox, Brian L., 1981, "Social Support in Adjusting to Marital Disruption: A Network Analysis," B. Gottlieb, ed., *Social Networks and Social Support*, Sage, 97-115.

Wimberley, Howard, 1973, "Conjugal-role Organization and Social Networks in Japan and England," *Journal of Marriage and the Family*, 35 (1): 125-130.

Wirth, Louis, 1938, "Urbanism as a Way of Life," *American Journal of Sociology*, 44: 1-24.（=1978, 高橋勇悦訳「生活様式としてのアーバニズム」鈴木広編『都市化の社会学』誠信書房, 127-147.）

山田昌弘, 1985,「世代間の依存関係分析――核家族‐直系家族の分析枠組みは有効か?」『家族研究年報』11: 40-51.

山田昌弘, 1986,「家族定義論の検討――家族分析のレベル設定」『ソシオロゴス』10: 52-62.

山田昌弘, 1989,「家族の定義をめぐって――ネコは家族か?」江原由美子ほか『ジェンダーの社会学――女たち／男たちの世界』新曜社, 96-100.

山田昌弘, 1996,『結婚の社会学――未婚化・晩婚化はつづくのか』丸善.

山田昌弘, 1999a,『家族のリストラクチュアリング』新曜社.

山田昌弘, 1999b,『パラサイト・シングルの時代』筑摩書房.

山岸俊男, 1999,『安心社会から信頼社会へ――日本型システムの行方』中公新書.

山本貴代, 2001,『ノンパラ――パラサイトしない女たちの「本当」』マガジンハウス.

大和礼子, 2000,「社会階層と社会的ネットワーク再考――〈交際のネットワーク〉と〈ケアのネットワーク〉の比較から」『社会学評論』51: 235-250.

安田雪, 1997,『ネットワーク分析――何が行為を決定するか』新曜社.

吉川洋, 1997,『高度成長――日本を変えた6000日』読売新聞社.

唯川恵, 1996,『OL10年やりました』集英社.

索引

あ行

アイデンティティ　59, 62, 69, 115, 139, 142, 151, 163, 170, 173, 175-177
アイデンティティ構造の多元化　170
網の目　52
アラン, G.　169
家意識　34, 35
家規範　10, 35, 40, 47
家制度　34, 39
育児　14, 20, 29, 61, 65, 93, 116, 169, 175
育児援助ネットワーク　175
異質性　55
移住　113, 116, 118, 124, 127, 129, 132, 134, 135
磯村英一　64
移動型社会　9, 10, 13, 47
インフォーマルな関係　53, 58
インフォーマルな紐帯　53, 60, 61
ウィドマー, E.　165-167
ウェルビーイング　101
ウェルマン, B.　1, 3-6, 8, 15, 18, 30, 44, 45, 47, 70, 87
エゴセントリック・ネットワーク　54, 55, 59
OL　92
落合恵美子　2, 14, 29, 64, 65, 69, 164, 169
親子関係　2, 36, 59, 67, 71, 79, 85, 86, 89, 90, 95, 98, 103, 105, 109, 112, 130

か行

下位文化　2, 63, 137, 176, 177
下位文化理論　2, 176
解放効果　118
核家族　27, 28, 69, 70, 72, 74, 75, 79, 85, 113, 164, 168, 169, 175
拡大家族　37
家事　8, 11, 16-20, 26-30, 35, 40, 42, 44, 65, 89, 94
家族意識　60
家族規範　30
家族境界　60
家族構造　60
家族・コミュニティ状況　10, 29, 35, 46
家族・コミュニティ変動　46
家族・コミュニティ問題　1, 3, 6, 46-48
家族社会学　2, 51, 59, 60, 67, 69, 163, 164
家族周期論　67
家族ストレス論　61
家族定義　164
家族ネットワーク　166, 168
家族・ネットワーク状況　65
家族・ネットワーク論　66
家族の個人化　2
家族の集団性　59, 60, 69, 70, 163
家族の戦後体制　64
家族の定義　59
家族の変動　1
家族変動論　67
家族類型論　60

193

索引

家庭　　5, 169
関係の構造的特性　　52
機会　　62
規範的圧力　　65, 66, 112
規範の連帯性　　46
境界密度　　56
凝集性　　60
居住　　113, 115, 117, 151, 155, 170
居住地移動　　9, 15
義理　　31, 33, 39
緊密なネットワーク　　4, 6, 61
近隣　　5, 7, 12, 27, 35, 43, 46, 47, 58-61, 65, 76, 90, 92, 117, 118, 121, 157, 158, 169, 174
近隣関係　　7, 13, 14, 16-18, 24, 26, 35, 40, 42, 43, 47, 49, 57, 58
近隣の友人化　　58
空間的分散　　13, 55, 63, 65, 66
鎖型ネットワーク　　167
グラノヴェター, M.　　62, 74, 140, 171
グラフ　　53
クリーク　　56, 60, 65, 165, 176
血縁　　47, 65, 76, 77, 86, 91, 112, 117
結婚　　89-96, 98, 99, 101, 111, 130, 134, 166, 174
結婚意欲　　89, 90, 92-96, 99, 103-112
結婚適齢期　　90
郊外　　10, 13, 14, 42, 46, 47, 64, 65, 69, 113-116, 118, 130, 132, 169, 175
高学歴化　　142, 148
構造　　53
構造機能主義　　53, 60
構造効果　　66, 86, 173
構造の空隙／隙間　　171
構造的相互依存性　　62
構造的な圧力　　61
構造特性　　55, 117
構造分析　　52, 56, 60
拘束　　43, 62, 65, 66, 68, 87, 171, 173, 175, 176

拘束効果　　118
拘束としてのネットワーク　　60
高度経済成長　　148, 150
高度経済成長期　　9, 10, 47, 65, 69, 89, 90, 92, 113, 116, 142, 175
高度成長期　　63, 144-146, 151, 154, 157-159, 169
個人化　　59, 69, 85, 87-89, 163, 170, 173, 177
個人ネットワーク　　54, 57, 59, 164
個人の家族化　　173
個性　　177
子育て　　37, 42, 44, 93, 130, 134
コミュニティ　　1-6, 13, 92, 114-117, 170
コミュニティ解放化　　2, 5, 6, 63, 70
コミュニティ解放論　　1, 4, 5, 47, 64, 70
コミュニティ喪失論　　1
コミュニティ存続論　　1
コミュニティ問題　　1, 3
コミュニティ論　　1
小山隆　　37, 61, 64

さ行

再婚　　167, 168
サスマン, M.　　60
サポート　　55, 61
サポート機能　　61, 62
サポート源　　176
サポート資源　　62, 173
サラリーマン　　42, 47, 64, 65, 142, 160, 169, 175
ジェンダー　　63, 87, 95, 98, 105, 109, 111, 173, 175
私化　　39, 43
重松清　　113, 114
資源としてのネットワーク　　60
自助グループ　　176
下町　　10, 137, 140-142, 155, 157, 159

索引

しつけ　69
実用的援助　8, 11, 18, 29, 43
磁場　27, 33-36, 39-47, 66, 118, 137, 139, 140, 146, 148, 150, 151, 157-161
死別　172
社会階層　97, 174, 175
社会学理論　52
社会経済階層　63, 98, 103
社会圏　139, 161, 177
社会システム　51
社会人類学　52
社会的コントロール　4
社会的世界　55, 137-140, 160, 177
社会的ネットワーク　3, 4, 51, 53, 58, 61, 116, 117, 136, 139, 160, 172
社会的ネットワーク論　52, 90, 163
社会的文脈　55, 171
若年世代　89
社交圏　29
集団論的アプローチ　2
集団論パラダイム　2, 69, 163, 164
出産　93, 168, 174
主婦　13, 42, 47, 65, 66, 114
障害児　176
状況の定義　53
情緒的援助　8, 11, 17, 18, 20, 29, 30, 43, 47
情緒的サポート　74
職業キャリア　93, 111
職人　140-143, 146, 149-152, 156, 157, 159, 160
職場　7, 12-14, 16-18, 21, 22, 26-28, 35, 40-46, 49, 55, 65, 67, 76-78, 80, 83-87, 92, 95, 99, 110-112, 114, 116, 121, 135, 169
自律性　62, 170, 171, 173, 175
事例研究　7
親戚づきあい　31, 44
親族　7, 9, 12-18, 21-28, 30-35, 38, 45-47, 49, 55, 57-59, 61, 63-65, 71, 76, 78, 81, 83, 87, 90-92, 118, 121-124, 130, 132, 134, 135, 169, 170, 172-175
親族関係　10, 14, 17, 18, 33, 34, 36-39, 41, 47, 57, 58, 60, 61
親族ネットワーク　39, 43
親族の友人化　58
親密性　55
ジンメル, G.　139, 177
心理学　52
親類　35
ストレス源　62, 173
ストレス状況　61
生活史　137-140, 160
生殖家族　89, 119
制度化　53, 139
性別役割分業　35, 40, 41, 43, 65, 87, 168, 173-175
制約　62, 65
世帯内要因　18, 20, 21, 26, 30, 35, 86
接触頻度　37, 55
全体ネットワーク　53
選択化　39, 66, 116
双系化　66
相互作用　53
相談ネットワーク　100-102, 107
創発的な特性　171
ソーシャル・サポート　101, 171, 172
ソシオセントリック・ネットワーク　54
祖父母・孫関係　67

た行

第一次関係　58
第一次集団　61
第1次ゾーン　54, 55
第2次ゾーン　54
ダイアド　166, 167, 172
脱規範化　39

索引

脱磁場化　47
多様化　116
地位　53
地域移動　9, 65, 138
地縁　30, 32-35, 40, 41, 43, 47, 63, 65, 76, 77, 86, 91, 112, 117, 157, 159
父親の子育て　71
中高年期　61
紐帯の強さ　55, 74, 75, 79, 80, 83
調査票調査　7
直系家族　26-29, 175
地理的移動　9, 13, 58
つきあい　31-34, 38, 39, 44, 65, 175
強い紐帯　62, 92, 148, 160, 171
定位家族　89
定住　113, 116-118, 124, 129, 132, 134
定住意志　116, 124, 127, 128, 130-132, 134
定住型社会　9
定住志向　129
ディストレス　172, 173
同質性　55
同族　35
同調圧力　91, 101, 110
同類結合　63, 176
都市化　3, 6, 9, 10, 47, 65, 67, 142, 176
都市社会学　1
都市住宅学　117
都市度　6
都心　10, 114-116, 127, 130, 132, 133, 141, 148, 154
都心回帰　115, 116
都心居住　116, 118, 130
トライアド　70, 79, 166, 167

な行

二次的な接触　140
認知ネットワーク　166, 168

ネットワーク規模　76, 79, 81, 83, 86, 103
ネットワーク共有　77, 81, 83
ネットワーク居住　117
ネットワーク構成　70, 76, 83, 85-87
ネットワーク構造　55, 66, 70, 76, 134, 172, 173, 175
ネットワーク多様性　174
ネットワークとしての家族　57
ネットワークの解放効果　118
ネットワークの規模　55, 63, 101, 160, 175
ネットワークの結合度（密度）　3
ネットワークの構造効果　175
ネットワークの構造特性　56, 57
ネットワークの拘束効果　118, 135
ネットワークの地理的分散　2, 17, 35, 36, 39, 70, 173, 174
ネットワークのなかの家族　57
ネットワーク分析　52, 53, 56, 57, 67, 68, 165, 168, 171
ネットワーク密度　15, 45, 46, 55-58, 60, 62, 66, 70, 72, 77, 80, 86, 101-103, 107, 109, 160, 165, 172, 175
ネットワーク論　51-53, 56-58, 60, 163, 165, 168, 172, 177

は行

パーク, R.　137
バージェス, E.　156
パーソナル・コミュニティ　1, 2, 5, 59, 63
パーソナル・ネットワーク　1-3, 5-11, 13, 14, 41, 46, 54, 55, 59, 63, 70, 76, 85, 86, 88, 100, 115, 117, 118, 120, 124, 163, 169, 174
パーソンズ, T.　60
バート, R.　171
バーンズ, J.　164
パラサイト・シングル　89, 90, 94, 98, 109, 115

パラダイム転換　1, 69, 117, 163, 169
半構造化インタビュー　7, 141
晩婚化　89, 115
非家族主義志向　119, 120, 124, 128, 131, 133, 134
非通念的な家族観　127, 129
フィッシャー, C.　2, 6, 10, 117, 137, 172, 176
夫婦関係　2, 6, 15, 20, 30, 33, 34, 35, 40, 43, 58, 59, 61, 62, 66, 67, 70, 79, 86, 87
夫婦の役割分離　3
夫婦役割関係　4, 45
フォーマルな専門機関　61
父子家庭　176
父子関係　80, 81, 85, 86
部分ネットワーク　53, 54, 55
プラース, D.　138-140, 171
分岐的なネットワーク　172
分散的なネットワーク　173
方法論的構造主義　52
ボーゲル, E.　64, 169
母子関係　81, 85, 87
ボット, E.　3-6, 8, 11, 15, 18, 30, 34, 45, 46, 47, 57, 59-62, 65, 70, 72, 87, 164
ボット仮説　4, 5, 15, 34, 45, 56, 59, 62, 66
ボワセベン, J.　67
本家　31-34

ま行

マクロ　10, 51, 64, 138, 140, 146, 159, 171
祭　158
ミクロ　10, 51, 64, 138, 139, 160, 171

光吉利之　35
森岡清美　2, 69, 113

や行

役割　53
役割アイデンティティ　170, 171, 173
役割関係　45
山田昌弘　89, 90, 93, 94, 115, 164
山の手　10, 141
友人　7, 9, 12, 13, 16, 21, 23, 25, 26, 42, 46, 49, 55, 56, 58, 60, 61, 76, 77, 81, 83-85, 87, 90-92, 94, 101-103, 105-107, 110, 112, 115, 117, 118, 124, 129, 133-135, 169, 170, 174, 175
友人関係　13, 29, 41, 42
友人の親族化　58
緩やかなネットワーク　4, 6, 61
嫁　32, 33, 38, 42, 44, 143, 159
弱い紐帯　62, 140, 149, 150, 160, 161, 171

ら行

ライフコース　113, 115, 177
ライフコース論　67, 168
ライフスタイル化　60, 163, 170, 176, 177
離婚　166-168, 172
リトワク, E.　60
恋愛　107
連帯性　45, 61, 62, 64-66, 69, 72, 74, 75, 79, 85, 118, 157, 169
連帯的コミュニティ　77, 169
連帯的ネットワーク　86, 171, 172, 173, 177

著者略歴

1959年，茨城県水戸市生まれ．1989年，東京都立大学大学院社会科学研究科博士課程単位取得退学．静岡大学人文学部助教授（1995～96年，トロント大学都市コミュニティ研究センター客員研究員）を経て，1999年より明治学院大学社会学部教授（2006～07年，フロリダ州立大学家族・子ども科学科客員研究員）．家族社会学，社会的ネットワーク論，コミュニティ論．『Q&Aステップファミリーの基礎知識』（共編著，明石書店，2006年），『リーディングス ネットワーク論』（編・監訳，勁草書房，2006年），『オンライン化する日常生活』（共編著，文化書房博文社，2008年）ほか．

ネットワーク論に何ができるか 「家族・コミュニティ問題」を解く

2009年3月30日 第1版第1刷発行

著者 野沢慎司

発行者 井村寿人

発行所 株式会社 勁草書房

112-0005 東京都文京区水道2-1-1　振替 00150-2-175253
（編集）電話 03-3815-5277／FAX 03-3814-6968
（営業）電話 03-3814-6861／FAX 03-3814-6854
堀内印刷所・鈴木製本

©NOZAWA Shinji　2009

ISBN978-4-326-60219-3　Printed in Japan

JCLS <㈱日本著作出版権管理システム委託出版物>
本書の無断複写は著作権法上での例外を除き禁じられています．複写される場合は，そのつど事前に㈱日本著作出版権管理システム（電話03-3817-5670、FAX03-3815-8199）の許諾を得てください．

＊落丁本・乱丁本はお取替いたします．
http://www.keisoshobo.co.jp

野沢慎司	編・監訳	リーディングス ネットワーク論 家族・コミュニティ・社会関係資本	A 5 判	3,675円 60194-3
金光　淳		社会ネットワーク分析の基礎 社会的関係資本論にむけて	A 5 判	4,935円 60164-6
数土直紀 今田高俊	編著	数 理 社 会 学 入 門	〔数理社会学シリーズ1〕 A 5 判	3,465円 64867-2
佐藤嘉倫 平松　闊	編著	ネットワーク・ダイナミクス 社会ネットワークと合理的選択	〔数理社会学シリーズ3〕 A 5 判	3,465円 64869-6
土場　学 盛山和夫	編著	正　義　の　論　理 公共的価値の規範的社会理論	〔数理社会学シリーズ4〕 A 5 判	3,465円 64870-2
三隅一人 髙坂健次	編著	シンボリック・デバイス 意味世界へのフォーマル・アプローチ	〔数理社会学シリーズ5〕 A 5 判	3,465円 64871-9

―――――― 勁草書房刊 ――――――

＊表示価格は2009年3月現在。消費税は含まれております。